어떻게 일을
사랑할 것인가

인생의 변화를 만드는
가장 현명한 질문

어떻게 일을
사랑할 것인가

마커스 버킹엄 지음
송이루 옮김

LOVE
WORK

청림출판

미셸에게 깊은 감사와 사랑을 전합니다.

"당신은 사랑을 품고 일할 때 비로소 자기 자신과 하나가 되고,
다른 사람들과 하나가 되며, 또한 신과 하나가 된다….
일이란 우리 눈에 보이는 사랑이다."

– 칼릴 지브란 Kahlil Gibran, 《예언자 The Prophet》

당신이 하는 일에
사랑을 소환해야 하는 이유

안녕하세요. 저는 마커스 버킹엄입니다. 만나서 반가워요.

저는 잡지를 뒷장부터 읽습니다. 책을 볼 때도 마찬가지로 맨 뒷장을 먼저 읽죠. 어쩌면 저처럼 읽는 독자들이 있을 것입니다. 뒷장을 먼저 보고 온 독자라면 이 책의 앞부분과 끝부분의 글자 수가 스물세 글자로 완전히 똑같다는 사실을 이미 아실 테죠. 엄밀히 말해, 이 책은 스무 글자로 끝을 맺습니다. 마지막 페이지에 다다를 즈음에는 저를 제법 친숙하게 느끼실 테니 제 성인 '버킹엄'이라는 세 글자는 생략해도 괜찮겠다고 생각했거든요. 제 성을 제외하고 이 책의 앞부분과 끝부분은 완전히 똑같습니다.

서문은 참 재밌습니다. 독자인 당신은 저를 알지 못하고, 저도 당신을 알지 못합니다. 우리는 인사를 나누고, 고개를 끄덕이고, 악수를 하고, 자기소개를 합니다. 영어로 '들어가는 말(서문)'을 뜻하는 단어인 'introduction'은 '안내하다'를 뜻하는 라틴어 동사 'introducere'에서 파생되었습니다. '안내하다'라는 단어에는 당사자들이 서로에 대해 깊이 파고들며 자세히 알아갈 것이라는 가정이 깃들어 있습니다. 그렇지 않다면 서문을 쓰는 게 무슨 의미가 있을까요?

그런데 만일 자신을 '안내'하는 수준을 넘어, 스스로와 진정한 관계를 맺을 만큼 자기 자신에 대해 충분히 알지 못한다면 어떨까요? 충분히 알지 못한다고 해도 당신의 잘못은 아닙니다. 수학을 몇 년 동안 공부했나요? 과학은 어떤가요? 사회학은요? 스페인어나 프랑스어 같은 외국어를 익히려면 얼마나 걸릴까요?

그렇다면 자기 자신을 파악하는 데 몇 년이나 걸렸나요? 아니, 몇 년이나 걸리진 않았을 것입니다. 수개월이 걸렸다고요? 글쎄요. 일주일은 어떨까요? 자기 자신의 남다른 특별함을 깊이 들여다보는 데 일주일을 오롯이 쏟아부은 적이 있나요?

2년 전, 저는 어떤 대규모 리더십 학회에서 연사로 나선 적이 있습니다. 휴양 시설 소유주와 관리자들이 참석한 학회였죠. 공교롭게도 참석자 대부분이 여성이었고, 똑똑하고 재미있는 사람들이 모인 자리였습니다. 저는 수학, 과학, 스페인어 등을 언급한 후, "마지막으로 자기 자신의 특별함을 연구하는 데 조금이라도 시간을 쏟은 게 언제였나요?"라고 사람들에게 물었습니다.

침묵이 흘렀습니다. 이 질문을 던지면 언제나 침묵이 흐릅니다. 그리고 사람들은 무표정한 얼굴로 저를 빤히 쳐다보죠. 하지만 이번에는 열 번째 줄쯤에 앉은 누군가가 소리쳤습니다.

"스트렝스파인더Strengthsfinder(여론조사기관 갤럽Gallup의 자료를 바탕으로 개발된 강점 찾기 테스트로, 개인의 강점을 서른네 가지로 분류해 상위 5위까지의 강점을 알려준다 – 옮긴이) 검사를 해본 적이 있어요!"

그러자 사람들이 웃음을 터트리며 환호성을 질렀습니다. 천 명이 있는 공간에서 목소리를 내는 건 제법 용기가 필요한 행동입니다. 저는 그녀에게 자리에서 일어나 달라고 했죠.

"이름이 뭔가요?"

"데스티니예요."

그녀가 답했습니다.

"브리트니요?"

"아뇨, 데-스-티-니요."

제가 되묻자 그녀는 큰 소리로 말했습니다. 사실 저는 일부러 이름을 잘못 들은 척한 것이었죠.

"안녕하세요, 데스티니…. 검사하는 데 얼마나 걸렸나요?"

"20분 정도 걸렸어요."

"결과 보고서는 어땠나요? 보고서를 읽는 데 얼마나 걸렸죠?"

"15분 정도요."

그녀가 어깨를 으쓱하며 말했습니다.

"그렇군요. 그럼 그 보고서는 지금 어디에 있나요?"

"음… 책상 서랍에 넣어둔 것 같은데요?"

그녀가 잘 모르겠다는 듯 말꼬리를 올리며 답했습니다.

"그렇다면 총 35분이군요. 자기 자신을 알아내는 데 들인 시간이 35분밖에 되지 않네요, 데스티니?"

침묵이 흘렀습니다.

"음… 혹시 심리 상담 시간도 인정되나요?"

그녀가 껄껄거리며 묻자 사람들이 함성을 질렀습니다.

저는 2001년에 갤럽의 회장 도널드 O. 클리프턴Donald O. Clifton 과 함께 스트렝스파인더 검사를 공동 개발했습니다. 그로부터 정확히 10년 후에 스탠드아웃Stand out 검사를 만들었죠. 저는 수많은 국가를 순회하며 강연을 하고 연구를 진행했습니다. 성별, 나이, 인종, 종교, 국적, 문화에 상관없이 전 세계 사람들이 자기 자신이 누구인지 탐구하는 데 그다지 많은 시간을 들이지 않는 것 같았습니다.

물론 자신의 강점을 거의 찾아냈는데도 그것을 소중하게 여기지 않는 사람들이 많습니다. 어쩌면 당신도 그럴지도 모르죠. 우리는 고객의 이름을 쉽게 기억하고 수많은 고객을 구분해내거나, 아주 긴 컴퓨터 코드에 모든 신경을 집중해 본능적으로 잘못된 오류를 짚어내는 재주를 가진 사람들을 보고 놀라워합니다. 환자를 진정시키기 위해 적절한 단어와 어조를 구사하고 시선을 마주칠 줄 아는 사람들을 보며 타인을 안심시키는 재능을 타고났다며 부러워하기도 합니다. 당신은 어떤가요? 타인의 재능을 보고 깜짝 놀랐다면 이제는 그러지 않아도 됩니다. 당신은 자신이 가진 여러 재능의 소중함을 깨닫지 못한 채, 너무 깊이 뒤섞여 있는 그 재능에 매몰되는 것도 모자라 그 사실을 전혀 알아차리지 못하고 있기 때문이죠. 평생에 걸쳐 자신의 재능을 알아차리지 못할 수도 있습니다. 안타깝게도 우리 대부분이 그런 삶을 삽니다.

그리고 데스티니에게 이 책을 빌려 전하고 싶은 말이 있습니다. 첫 번째, 데스티니의 환한 웃음은 절대 잊지 못할 거예요. 지금도 그때를 떠올리면 절로 미소가 지어집니다. 두 번째, 심리 상담 시간은 인정되지 않습니다. 심리 상담에서는 당신 자체가 아닌 '당신에게 어떤 문제가 있는지'에 주로 초점을 맞추기 때문이죠. 심리 상담의 목표는 잘못된 점을 고치는 것입니다.

인간은 자기 자신의 문제점을 파고드는 데 대단히 능합니다. 이 세상에 인간으로 태어나 부모님에게 가장 많이 듣는 말은 아마도 "아니야" 또는 "안 돼"일 것입니다. 당신의 목숨을 안전하게 지키는 것이 부모님이 해야 할 일이었거든요. 부모님은 좋은 뜻에서 그런 말을 했다고 볼 수 있습니다. 덕분에 당신은 주변에 도사리는 온갖 위험한 존재에 대해 잘 알게 되었습니다. 예를 들면, 뜨거운 난로, 혼잡한 도로, 할머니의 비싼 보석 같은 것들이죠.

그 후 당신은 학교에 들어갑니다. 미술에서 A+를 받고 수학에서 C-를 받았다고 칩시다. 당신이 예술을 얼마나 사랑하는지에 대해 논하는 사람은 아무도 없습니다. 모두 좋지 않은 수학 성적에만 관심을 가질 뿐이죠. 졸업한 후에는 일터로 향하고 그곳에서 생애 첫 업무 평가를 받게 됩니다. 첫 13분 동안은 기분 좋은 이야기를 나누고 나머지

47분 동안은 '기회 영역'과 '개발 계획'을 논합니다. 그리고 시간이 지나, 당신은 결혼을 하고 심리 상담을 받으러 갑니다.

불편한 진실은 당신을 특별하게 만드는 요소가 무엇인지 아무도 신경 쓰지 않는다는 점입니다. 당신이 어떤 사람인지 스스로 소개하고, 정체성에 호기심을 갖고, 진정으로 깊은 관계를 구축해나갈 수 있도록 최선을 다해 도와주려는 사람은 아무도 없습니다. 학교도 그런 일에는 관심이 없습니다. 학교는 모든 학생이 익혀야 하는 내용을 학습하도록 지도할 뿐입니다. 회사도 마찬가지죠. 회사가 가장 중요하게 여기는 것은 업무 수행과 성과입니다. 어린 시절을 포함해 인생에서 만나는 사람들은 모두 '당신과 직접적으로 연관되지 않은 것'들을 기대하고 요구합니다. 당신이 특별히 좋아하는 것이 무엇인지 찾아내고 그것을 중심으로 인생을 구축하는 일에는 아무도 관심이 없습니다.

물론 부모님은 당신이 행복한 삶을 살길 바랄 것입니다. 그런데 정작 푸드 트럭에서 살면서 서핑하는 사람들에게 부리토를 만들어 팔면 행복할 것 같다고 부모님에게 말하면 부모님은 당신에게 좀 더 '성공'에 이르는 다른 길을 요구할 것입니다. 성공보다 먼저 당신을 바라보고, 당신의 이야기에 귀 기울이고, 당신이 본능적으로 관심을 갖는 분야에 주목한 다음 당신의 특별한 재능을 세상에 발휘할 방법과 기법을 알려주는 사람은 아무도 없죠. 바로 이것이 문제입니다.

스티브 잡스Steve Jobs는 스탠퍼드 대학교 졸업식에서 "자신이 하는 일을 사랑해야만 그 일을 잘 해낼 수 있을 것입니다"라는 유명한 말을 남겼습니다. 이 말에 동의하는 건 그리 어렵지 않은 일입니다. 자신이 사랑하는 일을 찾고 그 일을 하면서 남들에게 도움이 되는 가치를 창출해 돈까지 벌어들이는 삶을 마다할 사람이 있을까요? 이제 막 일을 시작하거나 진로를 바꿀지 고민하는 사람에게 조언하기에도 좋은 말입니다. 입에 착착 감길 정도죠.

"자신이 사랑하는 일을 찾고 그 일을 하면 됩니다!"

하지만 이 말을 행동으로 옮기는 건 어렵습니다. 물론 당신은 자신이 사랑하는 일을 많이 할 수 있는 삶을 원할 것입니다. 상당한 에너지와 통찰력, 엄청난 힘과 기쁨이 당신에게 내재되어 있죠. 당신은 인생의 마지막 순간에 과거를 뒤돌아보면서 그런 감정을 한 번도 느끼지 못했다는 사실을 깨달은 채 인생을 쓸쓸히 마치고 싶진 않을 것입니다. 그동안 얼마나 많은 돈을 벌었든 벌지 못했든 간에 마지막 순간에는 자신이 걸어온 길을 돌아보면서, 다른 사람에 휘둘리는 이류 인생이 아닌 자기 주도적인 일류 인생을 살았다는 사실을 마음속에 깊이 새기고 싶을 테죠.

그렇다면 어떻게 해야 할까요? 솔직히 이를 뒷받침하는 데이터는 약간 혼란스럽게 느껴집니다. 가장 성공적인 삶을 살고 집념이 있으며 자기 일에 가장 많이 몰두하는 의사, 교사, 기업가에게 물어보세요. 직업이 무엇이든 간에 성공을 거두고 있는 사람들을 설문 조사하면 자신이 하는 일을 전부 사랑한다고 답하는 사람들은 극히 소수인 것을 알 수 있습니다. 그러니 "인생에서 성공하려면 자신이 사랑하는 일을 해야 합니다"라는 조언은 당신을 실패로 이끄는 함정처럼 들릴 것입니다.

하지만 이를 조금 더 파고들면 스티브 잡스의 말이 여전히 옳다는 걸 알 수 있습니다. 인생에서 무엇이든 위대한 업적을 남기려면 자신이 사랑하는 일을 진지하게 받아들이고 그것을 일종의 생산적인 방식으로 표현해야 합니다. 매우 성공적이고 집념이 있으며 몰입도가 높은 집단과 그렇지 못한 비교 집단을 설문 조사할 때 이들을 구분하는 가장 좋은 두 가지 질문은 다음과 같습니다.

- 매일 자신의 강점을 발휘할 기회를 얻을 수 있는가?
- 지난주에 매일 신나는 마음으로 출근했는가?

성공하는 사람들은 이 두 가지 질문에 '전적으로 동의'한다고 답합니다. 그들은 매일 최선을 다할 수 있는 일, 흥분되는 일을 한다고 말합니다. 물론 온종일 모든 일을 그런 식으로 하는 건 아닙니다. 몇 가지 일에 그런 감정을 매일 느끼는 것이죠. 그렇다고 해서 그들이 '자신이 좋아하는 일'만 하는 직업을 가진 건 아닙니다. 자신이 하는 일에서 사랑을 찾고 그것을 매일 반복할 뿐입니다.

성공하는 사람들의 행동을 따라 하며 배우는 것은 누구나 할 수 있습니다. 그들의 방식을 배우고 인생의 모든 부분에 그대로 적용하는 것도요. 자신이 좋아하는 일만 할 수 있는 완벽한 직업을 꿈꾸며 현재 상황을 부정할 필요는 없습니다. 대신 자신이 하는 일에서 사랑을 발견하는 기술을 익히는 것이 더 현명합니다. 먼저 의욕을 불러일으키고 마음이 편안해지고 최선을 다할 수 있는 활동을 파악해봅시다. 그리고 자신이 사랑하는 순간이나 상황 또는 결과를 정확히 짚어낸 후, 매일 그런 요소들을 자신이 하는 일에 섞어 넣을 방법을 알아가면 됩니다.♥

당신은 이 책에서 깊이 파고들 연구 대상입니다. 우리는 함께 당신의 비밀을 파헤치고 당신이 얼마나 상상을 초월할 만큼 특별한 발자취를 세상에 남길 수 있는 사람인지 밝혀낼 것입니다. 앞서 소개한 데스티니는 35분을 들였지만, 당신은 그보다 더 많은 시간을 자기 자신에게 할애해주세요. 자기 자신을 안내하는 수준을 넘어 '나'를 이루는 다양하고 복잡한 요소에 천천히 몰두해보세요. 이 책을 입문서로 여긴다면 일생을 살면서 자신의 정체성, 하고 싶은 일, 그리고 세상에 사랑을 표현할 방식을 확고하게 알아갈 수 있을 것입니다.

세상에 당신과 똑같은 사람은 없고, 앞으로도 없을 것입니다. 당신이 사랑하고, 당신을 끌어당기고, 당신의 흥미를 계속 불러일으키며, 당신에게 기쁨 또는 슬픔을 주는 일은 당신을 이루는 패턴의 일부이며 다른 누구도 그것을 공유할 수 없습니다. 당신은 이런 진실이 반영된 삶을 누릴 자격이 있습니다. 인생에서 사랑을 끌어낸 다음, 그 사랑을 학교, 집, 직장 그리고 사람들과 맺는 관계에 능숙하게 엮어 넣어 세상에 기여하는 전문가가 되어야 마땅합니다. 당신은 인생의 모든 부분에서 평생 사랑을 논할 자격이 있습니다.

개인적으로 약속하건대, 이 책은 당신이 사랑을 이야기하도록

♥   Mary Hayes, Frances Chumney, and Marcus Buckingham, "17 Findings on Engagement and Resilience," ADP Research Institute, September 29, 2020, https://www.adpri.org/assets/17-findings.

도울 것입니다.

더 현명하고 다정한 방식으로 자신을 이해하는 법

당신은 제 이름 외에 아직 저에 대해 아는 바가 별로 없을 것입니다. 당신의 마음 깊은 곳까지 함께 다다르려면 우리는 서로를 신뢰해야 합니다. 당신은 많은 시간을 들여 가족, 학교, 직장의 가혹한 현실에 적응하고 자신을 지키기 위해 무장하며 애를 써왔습니다. 저도 마찬가지입니다. 각자 긴장을 내려놓고 서로에게 좀 더 마음을 열려면 자신이 생각하는 성공, 두려움, 희망, 실수, 사랑에 관한 이야기를 털어놓아야 합니다.

솔직히 제 이야기를 꺼내는 게 그리 쉬운 일은 아닙니다. 저는 비행기에서 옆자리에 앉은 사람과 대화를 나누지 않으려고 일부러 눈을 마주치지 않는 사람이거든요. 하지만 이 책이 이끄는 특별한 여정에 함께하고 싶다면 우리 사이에 거리를 두는 것은 그리 바람직한 방법이 아닐 것입니다. 우리는 호기심과 정직함, 그리고 (정말 내뱉고 싶지 않은 단어인) '취약함'이 필요합니다.

그럼 먼저 제 이야기를 해볼게요. 제 이름은 마커스이고, 영국 출신입니다. 어머니는 노스요크셔의 석탄 광부 집안에서 태어나셨고, 아버지의 부모님은 영국 남부에서 소매업을 하셨습니다. 영국 공군 중위였던 아버지는 공군 기지에서 어머니를 만나셨죠. 두 분은 남부 지방으로 내려가 정착하셨는데 어머니는 교사로, 아버지는 인사과에 재직하셨습니다. 저는 형, 여동생과 함께 비교적 행복한 유년 시절을 보냈습니다. 둘째로 자라면서 합의를 추구하는 평화주의자가 되었죠.

저는 아스널의 광팬으로 오랜 기간 고통받고 있습니다. 축구에 관심 있는 분이면 그 이유를 아실 거예요(잉글랜드 프리미어 리그에 속해 있는 아스널 풋볼 클럽은 FA컵에서 잉글랜드 최다 우승 기록을 보유할 정도로 명성이 자자하지만 안타깝게도 UEFA 챔피언스 리그 우승 기록은 단 한 번도 없다 - 옮긴이). 동시에 네브래스카 콘허스커스의 광팬으로 오랜 기간 고통받고 있습니다. 역시 대학 미식축구에 관심 있는 분은 그 이유를 아실 거예요(네브래스카 콘허스커스 미식축구팀은 홈 경기 표가 매번 매진될 정도로 많은 사랑을 받고 있지만 지난 10년간 대회에서 부진한 모습을 보이며 옛 영광을 되찾지 못하고 있다 - 옮긴이).

저는 영국에서 대학을 다닌 후 미국 네브래스카주 링컨으로 이주했습니다(미국으로 건너간 이유는 후에 좀 더 자세히 설명할게요). 저는 전공과 성향으로 따지면 계량심리학자psychometrician라고 볼 수 있습니다. 즉 한 사람을 이루는 요소 중에 중요하지만 셀 수 없는 것들을 측정할 방법을 찾아내는 직업을 가진 셈입니다. 키, 평균 학점, 급여, 결근 일수, 실적 등은 셀 수 있습니다. 그렇지만 강점, 리더십 능력, 집중력, 회복력은 어떨까요? 이것이 제가 지난 30년 동안 중점적으로 연구한 분야입니다. 사회생활을 시작한 후 첫 17년 동안 갤럽에서 일했고, 지금은 ADP 연구소ADP Research Institute의 공동 대표를 맡고 있습니다. 제 연구팀은 전 세계를 무대로 인간의 성공과 관련된 모든 측면을 연구하고 있죠.

요즘 세상에는 의견과 내용이 하도 넘쳐나서 '…라고 생각합니다'로 끝맺는 문장을 정말 많이 접하게 됩니다. 그중에는 가치 있는 의견을 선한 의도로 내놓는 경우도 있긴 합니다. 하지만 저는 그보다 데이터가 지닌 힘을 믿습니다. 최고의 리더들이 지닌 공통점에 대해 우리가 제대로 알고 있는 건 과연 무엇일까요? 가장 유능한 스승들이 지닌 강점은 무엇일까요? 가장 성공한 기업가들은 모두 어떤 태도를 기르고 있을까요? 강점, 재능, 태도를 측정한다면 이런 질문에 대한 답은 알기 쉽습니다. 다행히 강점, 재능, 태도는 측정할 수 있습니다. 주의를 충분히 기울인다면 말이죠.

이 책에서는 신뢰할 수 있는 모든 데이터를 불러와 당신과 당신의 인생, 일, 성공에 적용해보고자 합니다. 약속하건대, 이 책은 가장 믿을 만한 탐구서가 되어 당신을 이루는 모든 요소와 당신이 될 수 있는 모든 가능성을 철저히 분석할 것입니다. '…라고 생각합니다'처럼 단순히 의견만을 늘어놓지 않습니다. 확실히 알 수 있는 사실만 가지고 이야기합니다.

이 책은 제 열 번째 저서로 이전 책들과 매우 다를 것입니다. 앞서 출간한 아홉 권은 모두 과학을 토대로 쓴 책입니다. 저는 감정이 억눌린 영국인으로서, 그것도 데이터를 추구하는 딱딱한 영국인으로서 과학에 기댈 수 있어 더없이 기뻤습니다. 하지만 인생은 하나의 이야기입니다. 제가 길을 제대로 안내했다면 이 책이 끝날 때쯤 당신은 자신의 이야기를 새로운 관점으로 바라보게 될 것입니다. 어떤 도전이나 결정에 직면하든 더 현명하고 통찰력 있는 방법으로 그것을 이해하게 될 것이고요. 동시에 예전보다 더 현명하고 다정한 방식으로 자신을 이해할 수 있을 것입니다.

그러니 이 책에서 제 이야기를 꺼내지 않는다면 당신에게 그다지 도움이 되지 않을 테죠. 저는 그동안 길을 찾느라 고군분투하고, 사랑하고, 목표에 도달하고, 넘어지고, 또다시 목표에 도달했습니다. 직업적으로는 과감하게 규칙을 거스르는 의사 결정을 내린 적도 있었습니다. 당장 떠오르는 두 가지 결정은 80년대 후반에 네브래스카주 링컨으로 건너간 것과 소프트웨어 회사를 설립하는 데 모아둔 돈을 전부 투자한 것입니다. 돌이켜보면 정말 끔찍한 결정이었죠. 두 사례에 대해서는 나중에 이야기해볼게요. 저는 강점 평가를 만들고, 관리자에 관한 책인 《유능한 관리자First, Break All The Rules》를 썼습니다. 대기업에서 경력을 쌓고, 퇴사 후 기업가의 세계에 뛰어들고, 회사를 매각한 후에는 더 많은 책을 쓰고, 다시 재계로 돌아갔죠. 홀로 일을 시작한 다음부터는 한 팀을 운영하다가 여러 팀으로 확장하고, 그다음에는 여러 팀으로 구성된 여러 부서를 운영했다가 다시 혼자로 돌아왔습니다.

제 인생은 당신의 인생과 다를 것입니다. 솔직히 말해서 저는 제 성별, 인종, 제1세계 교육 덕분에 인생을 훨씬 수월하게 살았는지도 모릅니다. 하지만 다른 사람이 겪은 실제 경험은 현실 세계와 마찬가지로 저마다 고유할 것이며 다양한 교훈을 줄 것입니다. 제 인생은 제가 확실하게 전할 수 있는 유일한 인생 경험이므로, 이 책에서는 제가 인생을 살면서 배운 점과 데이터가 입증하거나 반박하는 점을 모두 공유하려고 합니다.

저는 당신 옆에 나란히 앉아 인생과 선택, 이야기에 대해 질문하고 싶지만, 책으로는 한계가 있습니다. 그러므로 저는 데이터를 공개하고, 당신 스스로 고민해볼 수 있는 몇 가지 질문을 제시하고, 당신의 세계에서 자신을 이해할 수 있도록 완전히 새로운 언어를 가르쳐드릴 것입니다. 그리고 제가 살아온 이야기를 들려드리겠습니다. 당신만의 이야기를 그려내는 데 제 이야기가 도움이 되길 바랍니다.

인생을 변화시킨 단 하나의 키워드, 사랑

책 제목에서 알 수 있듯 우리는 사랑, 그리고 일에 대해 이야기할 것입니다. 사실 둘은 동떨어진 개념이 아닙니다. 개인적인 감정, 즉 사랑을 일에 끌어들이면 안 된다고 말하는 사람들이 있습니다. 하지만 데이터를 살펴보면 오히려 인과 관계가 반대 방향으로도 강력하게 나타난다는 사실을 알 수 있죠. 직장에서 느끼는 감정은 고스란히 집으로 전달되어 당신과 당신이 사랑하는 사람들이 가장 강렬하게 경험하게 됩니다. 이를테면 일 때문에 힘이 나거나 몹시 단조로워 싫증이 나고, 충만함이나 공허함을 느끼고, 자기 자신을 가치 있는 사람 또는 완전히 쓸모없는 사람으로 생각할 수도 있습니다.

당신은 일에 있어서 무엇을 사랑하고, 누구를 사랑하고, 어떻게 사랑하고, 왜 사랑하나요? 당신이 사랑하는 사람들은 당신의 사랑에 대해 어떻게 느낄까요? 당신의 모든 사랑과 인생이 바로 이 책에서 다룰 주제입니다. 당신은 구획으로 명확하게 나뉘는 존재가 아닙니다. 한쪽에는 일이라는 조각이, 다른 한쪽에는 사생활이라는 조각이 자리하며 서로 균형을 이루는 것은 불가능합니다. 당신은 하나로 통합된 완전체이기 때문이죠. 당신에게는 일을 향한 사랑으로 가득 차 있거나, 반대로 완전히 비어 있는 컵 하나만이 있을 뿐입니다. 우리는 사랑과 인생을 논할 것입니다. 당신의 열정, 인간관계, 배움, 어린 시절을 살펴보고, 자녀가 있다면 자녀에 대해서도 이야기할 것입니다. 우리는 사랑이 인생을 어떻게 채우는지, 사랑으로 가득 찬 삶이 당신과 당신이 사랑하고 이끄는 사람들에게 무엇을 불러일으키는지도 알아볼 것입니다. 이 모든 것이 우리가 이야기할 주제입니다.

마찬가지로 사랑도 하나로 통합된 존재입니다. 사랑의 원천이 일이나 자선 활동, 인간관계, 믿음, 또는 자녀라도 상관없습니다. 사랑은 사랑입니다. 사랑이 없는 당신은 불안정하고 나약하지만, 사랑으로 가득 찬 당신은 경이로운 존재가 됩니다.

당신이 사랑이라는 주제에 온전히 빠져들 때 비로소 가장 많이 배우게 될 것입니다. 그렇다면 정말 배우고 싶은 것을 어떻게 배울 수 있을까요?

당신은 자신이 하는 일에서 사랑을 찾을 때에만 비로소 강인해질 것입니다. 일에서 어떤 활동을 할 때 사랑을 느끼고 설레나요?

당신이 자신의 강점을 이해하고 좋아하고 있음을 다른 사람들이 믿게 될 때 비로소 당신은 그들을 효과적으로 이끌 것입니다. 당신은 다른 사람들의 마음을 이끌 만큼 자신의 강점을 충분히 사랑하고 있나요?

당신은 다른 사람에게 반응할 때 비로소 가장 많이 발전할 것입니다. 그 상대방도 당신이 사랑하는 대상을 이해하고 그 사실을 기꺼이 받아들이고 있나요?

잘하지 못하는 일을 좋아하면 어떻게 될까요? 당신이 진정으로 좋아하는 일을 당신이 사랑하는 사람이 이해하지 못한다면 어떨까요? 그들이 당신의 사랑을 알아차리더라도 그것에 반대한다면 어떻게 해야 할까요?

저는 이 모든 질문을 이 책에서 깊이 파헤쳐보겠습니다. 물론 정답은 없습니다. 우리는 저마다 복잡하고 특이한 인생을 살고 있으니까요.

하지만 우리 스스로 이런 질문에 답하는 방법에 대해서는 알려드릴 수 있습니다. 우리는 매일 아침에 잠에서 깨어나 갑옷을 입습니다. 인생은 어려움을 견디고 무사히 완수해야 하는 것처럼 여겨집니다. 우리는 직원, 부모, 학생, 연인으로서 살아남기 위해 주변 소음을 차단하고 고개를 숙인 채 앞으로 나아갑니다. 물론 이 모든 과정에는 우리 삶이 줄곧 우리에게 말해주던 이야기를 제대로 듣지도 못한 채 삶을 마감할 위험이 따릅니다. 우리의 진정한 모습을 단 한 번도 제대로 마주하지 못한 채 말이죠.

부디 이 책을 통해 여러분이 모든 것을 바꿀 수 있기를 바랍니다. 인생, 그리고 자기 자신과 형성하는 관계까지 바꿀 수 있습니다. 사실 당신의 인생은 차단해야 할 소음이 아닙니다. 인생은 모든 기쁨, 열정, 힘, 노력의 원천입니다. 당신이 최선을 다하고 강점과 창의력, 매력을 가장 잘 발휘하고 특별해질 수 있는 분야를 알려주기 위해 수천 개의 신호를 매일 보내고 있죠. 당신의 인생은 당신만이 이해할 수 있는 언어로 매일 당신에게 말을 걸고 있는 셈입니다.

이 책을 읽은 후 인생의 언어를 유창하게 구사할 수 있도록 우리가 할 수 있는 모든 것을 함께 해보겠습니다. 인생이 보내는 신호를 해독하여 자기 자신에 대한 매우 강력한 진실을 알아낼 방법을 익힐 수 있도록 제가 도와드릴게요.

차례

3부 일을 계속 사랑하기 위한 실천법

LOVE

1부

LOVE

사랑하는 일부터
찾는 방법

자신의 일에
완전히 몰입하라

당신이 일터에서 공허한 이유

도니 피츠패트릭Donnie Fitzpatrick은 밴쿠버 북부에 있는 한 고등학교의 농구 코치이자 진로 상담사입니다. 그는 졸업반 학생들을 각각 한 시간씩 면담하면서 열두 개 정도의 개방형 질문을 던집니다(심리학에서 개방형 질문은 정해진 답이 없는 질문 형식으로, 학생들이 자유롭게 응답할 수 있다 – 옮긴이). "대학은 어디로 가고 싶니?" 같은 질문을 하는 것이 아닙니다. "너는 어떤 사람이니? 의사 결정은 어떻게 하니? 언제 마지막으로 하루가 순식간에 지나간다고 느꼈니?" 같은 질문을 합니다. 그는 8학년부터 12학년 학생들을 대상으로 이런 유형의 면담을 4,000번 이상 했습니다. 면담은 매일 아침 7시 30분에 시작하여 학교 수업이 끝날 때까지 계속됩니다.

도니는 면담을 진행하면서 다음과 같은 세 가지 주요 사항을 발견했습니다.

첫 번째, 지난 몇 년 동안 학생들은 처음에 하나같이 한 시간씩 면담하는 것을 꺼렸지만 점차 그 과정을 즐기는 모습을 보였습니다. 학생들은 온갖 이유와 변명을 대며 다른 좋아하는 일을 하기 위해 학교 일정을 빼먹기 일쑤였지만, 도니와 잡은 약속만큼은 거의 다 지킵니다.

두 번째, 거의 모든 학생이 질문에 답하면서 눈물을 글썽입니다. 도니는 학생들이 옳고 그름을 따지지 않고 자신의 진정한 모습을 드러낼 수 있는 여유를 갖게 될 때 비로소 벅차오르는 감정을 표출한다고 말합니다.

세 번째, 최고의 성적을 올리고 가장 훌륭한 대학에 지원하는 학생일수록 가장 많은 눈물을 흘린다고 합니다. 이런 학생들은 교육 시스템이 요구하는 모든 것을 열심히 해냈지만, 그만큼 스트레스를 겪으면서 자신의 진정한 목소리를 내지 못한 채 심각하게 단절된 기분을 느껴온 것이죠. 도니는 이에 대해 지적합니다.

"정성을 다해 학생들을 보살피는 선의의 교육자가 수천 명이나 있지만, 현재의 교육 방식은 고등학생들이 자신의 진정한 모습을 발견할 끈조차 놓아버리도록 만들고 있습니다."

저는 고등학교 때 이런 형태의 상실감을 경험하진 않았습니다. 그러다 스물아홉에 공황 발작을 겪기 시작했습니다. 당시 저는 갤럽에서 일하고 있었고 고객사인 월트 디즈니 월드Walt Disney World를 담당하기 위해 올랜도로 이주했습니다. 첫 공황 발작이 일어난 것은 제가 디즈니 임원들과 시끌벅적하게 저녁을 먹고 있을 때였습니다. 그들은 모두 따뜻한 사람들이었고, 저는 컨템포러리 리조트Contemporary Resort의 아주 쾌적한 스테이크 하우스에 앉아 있었습니다. 그때 갑자기 시야가 좁아지기 시작했고 주변이 흐릿해졌습니다. 심장 박동에 온 신경이 집중되었고 곧이어 압박감이 느껴졌죠. 압박은 가슴을 중심으로 가해졌지만, 동시에 제 주변을 엄습해왔습니다. 시간 그 자체에 압박이 가해진 듯했어요. 시간의 흐름이 점점 멈추면서 순간순간이 버벅거리더니 끝내 단절되더군요. 저는 좀처럼 숨을 쉴 수 없었고 어떤 무거운 것이 저를 짓누르는 기분이 들었지만, 거기에는 아무것도 없었죠. 그 자리에는 저와 함께 웃으며 저녁 식사를 하는 사람들만 있었습니다. 말도 안 되지만 당장 뛰어나가야겠다는 생각만 들었습니다. 식탁을 힘껏 밀치고 가능한 한 빨리 달려 나가고 싶었죠. 어디든 상관없었습니다. 그저 답답한 그 공간을 벗어나고만 싶은 마음뿐이었죠. 살면서 한 번도 경험해보지 못한 감정이었습니다.

요즘은 공황 발작이 무엇인지 다들 잘 알고 있는 것 같습니다. 공황 발작을 경험하는 아이들과 학생들이 많아지면서 공황 발작은 일반적으로 널리 쓰이는 용어가 되었죠. 사람들이 성적에 지나치게 신경 쓰고, 각성제 애더럴adderall을 자주 처방받아 복용하고, 각성제를 중화시키기 위해 신경안정제 재넥스xanax까지 찾다 보니 다들 불안과 공황 증상에 대해 전문가 뺨치는 지식을 갖게 된 것도 어찌 보면 당연한 일입니다. 공황 발작이 인체에 미치는 영향과 증상을 치료하거나 줄이는 방법도 숱하게 공유되고 있죠. 이제 공황 발작은 여드름처럼 성장하면서 겪게 되는 과정일 뿐입니다.

하지만 저는 공황 발작을 처음 겪었을 때만 해도 아무 지식이 없었습니다. 그저 정신을 잃은 줄만 알았죠. 결국 저는 병원을 찾았고 의사 선생님이 제게 무슨 일이 일어난 건지 알려주셨습니다. 저는 이렇게 말했습니다.

"공황이라니 말도 안 돼요! 다른 건 몰라도 겁이 나지도 않고 제 일도 잘 해내거든요. 제가 대중 연설을 정말 많이 하는데 아무 문제 없이 다 괜찮았어요."

그러자 의사 선생님이 이렇게 말하셨죠.

"그럴지도 모릅니다. 하지만 말씀하신 증상은 확실히 공황 발작입니다. 스트레스 호르몬이 몸을 덮치면서 극심한 압박을 가한 거예요. 이런 압박은 시간이 지나면 점차 마음을 갉아먹기 시작합니다. 마음이 지쳐버려요. 조심한다고 해서 막을 수 있는 게 아니에요. 압박감이 인생의 모든 부분으로 넘쳐흐르면 공황을 경험하게 됩니다. 꼭 눈앞에 닥친 상황이 공황 발작을 일으킨다고 볼 수는 없어요. 지금 인생이 굉장히 불안하고 초조한 상태에 이른 거예요."

그 후 저는 명상을 시작했습니다. 명상 덕분에 최악의 상황을 극복할 수 있었죠. 명상을 할 때 안도의 숨을 들이쉬고 내쉬면서 '하나one'라는 단어를 조용히 내뱉습니다. 이는 저만의 주문, '만트라mantra'입니다. 바위 위에서 "하나", 침대에서 일어나 앉으면서 "하나", 비행기가 이륙 준비를 할 때 헤드폰을 쓴 채로 "하나"라고 말합니다. '하나'는 압박감을 덜어줬습니다. 저는 '하나'를 알게 된 것에 대해 신에게 감사하고 있습니다.

하지만 '하나'는 공황 발작을 막는 효과만 있었고 제 공허한 마음을 채우진 못했습니다. 이런 만트라는 성공이 아닌 대처를 위한 심리 과정이었습니다. 저는 여전히 자아를 찾지 못한 채 방황하고 있었고 계속해서 공허함을 느끼며 제 인생을 어떻게 충만하게 만들어야 할지 좀처럼 갈피를 잡지 못했습니다. 회사를 세우고, 책을 쓰고, 〈오프라 윈프리 쇼The Oprah Winfrey Show〉에 출연해 저와 제 일을 소개할 기회까지 얻었을 정도로 엄청난 일이 연이어 펼쳐졌지만 제 마음은 너무도 공허해서 그 모든 일이 기쁨으로 느껴지지 않았습니다.

녹화를 마친 후 오프라와 포옹하며 찍은 사진 속의 저는 겉으로는 웃고 있지만 사실 행복한 가면을 쓰고 목에 휘감은 끈에 팽팽하게 당겨진 채 딱딱하게 서 있습니다. 도대체 저 남자는 누굴까요? 지금 보면 사진 속 그는 제가 아닙니다. 그의 행복은 설득력이 없습니다. 행복하지만 공허한 남자라니. 이런 제 얘기가 응석 부리는 것처럼 들릴 수 있을 것입니다. 인생의 커다란 축복에 감사해도 모자랄 판에 불평만 늘어 놓고 있으니 말입니다. 그렇지만 제 경험은 강렬하고 생생했습니다. 요즘에는 흔한 경험으로 받아들여지는 것 같지만요.

모든 사회 경제적 계층과 지역, 인종에 걸쳐 불안이 전례 없는 수준으로 해를 끼치는 모습이 나타나고 있습니다. 우리는 자기 자신과 아이들을 치료하기 위해 처방받은 약에 점점 더 의존하고 있죠. 일본의 테니스 스타 오사카 나오미와 미국의 세계적인 기계 체조 선수 시몬 바일스Simone Biles 같은 유명한 젊은 운동선수들도 정신 건강을 지키기 위해 경기를 기권했습니다. 100년 만에 처음으로 미국의 평균 기대 수명이 감소하고 있고, 이런 감소세는 지난 3년 동안 계속되었습니다. 대부분은 소위 절망사가 원인입니다. 즉 스트레스를 받고 고통을 없애기 위한 행동 때문에 결국 죽음을 맞이한 것이죠. 이를테면 자살, 오피오이드opioid(아편과 유사한 작용을 하는 합성 진통 마취제 – 옮긴이) 과다 복용, 간경변, 심장병과 같은 비극을 들 수 있습니다.

최근 데이터에 따르면 직장에서 일에 완전히 몰입하는 사람은 16퍼센트에도 미치지 못하며 나머지는 시간과 재능을 팔고 고통에 대한 보상을 받을 뿐입니다. 특히 유통 센터, 응급실 간호, 교육과 같이 상시 가동되어 스트레스 강도가 높은 직업군은 최악으로 꼽힐 만합니다. 심리적 외상 후 스트레스 장애PTSD 발생률이 전쟁 지역에서 돌아온 참전 용사보다도 높게 나타나기 때문이죠. 한번 상상해보세요. 우리는 저마다의 어려움을 느끼지 못하게 막는 노동 환경을 스스로 만들어냈습니다. 그렇기 때문에 다른 인간이 살해되고 해를 입은 모습을 목격한 군인보다도 몹시 암울한 고통을 더 많이 경험하는 상황에 처하고 말았죠. 물론 의도적으로 그렇게 만든 것은 아니지만 수백만 명의 사람들이 이미 그런 고통을 경험했습니다.

자아를 잃는 순간 사랑도 사라진다

진정한 자아를 되찾는 길은 일생에 걸쳐 진행되는 긴 여정이며, 그 길에서 멀어지게 하려는 모든 세력(때로는 선의에서 비롯된 행동일 수도 있습니다)에 맞서 싸울 힘이 아주 많이 필요합니다.♥ 그렇지만 당신이 맞서 싸워야 할 상대는 바로 자기 자신입니다. 당신은 스스로 자신의 행동과 반응을 어느 정도 통제할 수 있죠.

하지만 그보다 더 힘든 일은 사랑하는 사람이 진정한 자아를 잃어가는 모습을 지켜보는 것입니다. 그런 경험을 한 적이 있나요? 인생에 어떤 일이 닥쳐도 당신은 대처할 수 있지만, 사랑하는 사람이 현재 겪고 있거나 그동안 시달려온 고통을 밝힐 때 당신은 감정의 파도에 휩쓸리고 맙니다. 방금 그 사람에게 들은 이야기를 아무리 애써 이해하려 해도 충격이 가시질 않는 것이죠. 그 과거의 고통을 눈앞에 앉아 있는 사람, 그동안 당신이 잘 안다고 생각했던 사람과 연결 지으려 해도 잘되지 않으니 혼란스러울 수밖에요. 당신은 그 사람이 다칠 수 있었고, 스스로 해를 끼칠 수도 있었고, 도와주는 사람 하나 없이 혼자 괴로워하고 방황하고 있었다는 사실을 알고 나면 분노를 느낄지도 모릅니다.

당시 상황으로 다시 돌아가도 그들에게 도움을 줄 수 없다는 사실에 애잔한 마음이 들기도 합니다. 당신은 그들이 다시는 방황하는 기분을 느끼지 않도록 손을 뻗어 꼭 붙잡고 싶을 것입니다. 그들의 작게 부서진 조각을 찾아 다시 조립한 후 이제 다 괜찮다며 내면 깊은 곳

♥ Mary Hayes, Frances Chumney, and Marcus Buckingham, "Global Workplace Study 2020," ADP Research Institute, September 29, 2020, https://www.adpri.org/assets/global-workplace-study.

에서는 그들이 다시 온전하고 행복해졌다는 것을 보여주고 싶겠죠. 지금은 아무 문제가 없어 보일지 모릅니다. 하지만 당신은 밤에 잠에서 깨어나 그들의 고통스러운 이야기를 다시 떠올리고는 그들이 얼마나 비참하고 극도로 외로운 감정을 느꼈을지 상상하며 새벽 세 시에 조용히 눈물을 흘릴 것입니다.

미셸은 제 약혼녀입니다. 그녀는 원래 제 동료였죠. 서로 5년 동안 알고 지내다 사귀기 시작했습니다. 저는 일일이 열거할 수 없을 만큼 다양한 이유로 그녀와 사랑에 빠졌습니다. 당시 그녀를 표현하자면 자신감이 넘치고, 열정적이며, 기쁨과 즐거움을 주는 사람이었습니다. 그녀는 저와 함께한 지 1년이 지난 후에야 자신의 이야기를 털어놓았죠. 폭력에 관한 이야기는 아닙니다. 세상에는 전쟁, 실향, 가정 폭력의 희생자가 되어 더 잔인한 고통을 겪은 사람들이 많습니다. 그녀의 이야기는 그저 상실에 관한 이야기일 뿐입니다. 학교의 사람들과 사랑하는 부모님의 시선이 그녀 자신이 아닌 다른 곳으로 쏠리면서 그녀는 방향을 잃어버렸다고 합니다. 이후 그녀는 자기 자신과 단절한 후 스스로를 왜곡하고 괴롭히며 10년간 고통스럽게 살았습니다. 결국 한 달 후에 죽어도 이상하지 않을 만큼 무척 쇠약해지고 말았죠.

그녀의 이야기가 엄청 특별한 건 아닙니다. 하지만 바로 그런 이유에서 이 책에 그녀의 이야기를 공유하려 합니다. 미셸이 일기장에 쓴 내용은 다음과 같습니다.

세상에는 비정상과 정상이라는 두 개의 진영이 있다. 그게 전부다.

큰 언니는 정상 진영을 다스리는 여왕이었다. 언니는 나보다 네 살 많았고, 돌핀 쇼츠dolphin shorts(옆부분이 트이고 모서리가 둥근 매우 짧은 바지-옮긴이)만 입어대는 수다쟁이에 개구쟁이였다. 파란색과 흰색 줄무늬가 그려진 핫팬츠 사이로 쭉 뻗은 길고 가느다란 다리는 언제나 돋보였다. 언니는 원하던 관심을 한 몸에 받는 듯했다. 사랑스러운 얼굴과 둥근 머리는 가지런히 내린 앞머리와 반짝이는 긴 검은 머리와도 완벽하게 어울렸다. 언니는 활기차고 사교적이며 자신감이 넘쳤고 누구든지 사로잡을 수 있는 매력을 갖고 있었다.

나는 앞머리도 없었고 다리도 길지 않았다. 어떤 매력도 없었다. 말도 잘하지 못해 늘 조용히 침묵을 지킬 뿐이었다. 그래서 언니가 하느님이 나를 비정상 진영에 넣었다고 말했을 때도 나는 수긍했다.

우리 가족은 포르투갈계 대가족이라 할 수 있다. 할머니는 일곱 자매 중 한 분이셨는데 자매들 모두 영어를 잘 구사하지 못하셨다. 포르투갈어를 할 줄 아는 손자는 한 명도 없었지만 우리는 거의 모든 단어를 이해했다. 나는 어렸을 때부터 식탁 아래에 앉는 것을 좋아해서 '주스'라는 단어를 많이 듣고 자랐다.

대화를 엿들으려고 식탁 밑에 숨은 건 아니었다. 그저 그래야 할 것 같았고, 식탁 아래에 있으면 기분이 좋아져서 자연스레 본능적으로 그렇게 하게 되었다. 식탁은 마당에 있는 떡갈나무, 고심해서 고른 덤불 몇 그루, 내 작은 옷장이나 돼지우리 같은 내 방처럼 내겐 안전한 비밀 장소 중 하나였다. 내 모습을 감출 수 있는 곳. 그곳에 들어가면 꿈을 꾸고 그림을 그리며 마음껏 상상할 수 있는 또 다른 세계가 펼쳐졌다. 나는 걸을 수 있는 나이가 되기 이전부터 부엌 식탁 밑에 들어가 앉아 있곤 했다.

나는 포르투갈어를 영어로 완벽하게 옮기진 못했지만, 식탁 아래에 앉는 것이 정상적인 행동이 아니라는 것을 금세 알게 되었다. 그것은 이상한 행동이었다. 내가 자연스럽게 보여준 많은 행동들이 할머니와 고모의 눈에는 모두 이상하게 보였다고 했다.

나는 화가 밥 로스Bob Ross가 빈 캔버스를 행복한 작은 세상으로 바꾸는 과정을 빤히 지켜봤는데 그런 행동도 이상했다.

매일 같은 록키 티셔츠를 입으며 언젠가 유명한 권투 선수가 될 수 있다고 믿는 것도 이상했다.

몇 시간 동안 방에 틀어박혀 건초와 옥수수 껍질로 직접 옷을 만드는 것도 이상했다.

매년 핼러윈에 공주님이 아닌 농장 일꾼 복장을 입으려 한 것도 이상했다.

팝콘 냄새를 맡으면 불안해지는 것도 이상했다.

정보성 광고에 매료되는 것도 이상했다.

전부 이상했다. 나는 조언을 구하러 오래된 떡갈나무를 타고 올라간 날을 기억한다.

"난 눈에 띄지 않는 게 지겨워. 언니를 좋아하지만, 또 언니가 싫어. 언니는 눈에 띄는데 나는 눈에 띄지 않는다니 불공평해. 안 그래?"

나는 나무에 물었다.

"지금 누구한테 말하는 거니?"

사촌 마이클이 어리둥절한 표정을 지으며 내게 소리쳤다.

"나무를 친구로 두는 게 잘못된 건 아니잖아."

나는 큰소리로 되받아쳤다. 그렇게 나는 나무와 이야기하는 이상한 아이가 되었다.

'이제 그만하자.'

나는 나무에서 내려갔다. 그날 밤, 모두가 잠들었을 때 엄마의 서랍을 뒤져 가장 날카로운 가위를 찾아 손에 쥐고 화장실에 있는 발판 위에 올라섰다. 나는 어둠 속에서 거울에 비친 내 모습을 겨우 들여다볼 수 있었다. 심호흡을 하고 머리카락을 댕강 잘라버렸다. 그렇게 앞머리를 잘랐다.

5년 후, 나는 치어리더 팀 주장이 되어 팀을 챔피언십으로 이끌었다. 언니가 그랬던 것처럼. 그로부터 5년 후 나는 미스 메이데이 프린세스Miss May Day Princess가 되었다. 언니가 그랬던 것처럼. 다시 그로부터 5년 후 나는 샌디에이고 주립대학교를 졸업했다. 언니가 그랬듯이.

온 가족이 작은 시골 마을에서 차를 몰고 내려와 대학 졸업식에 참석했다. 나는 졸업식이 끝나고 계단을 달려가 가족을 찾았다. 할머니는 '아즈텍 할머니Aztec Granny'라고 적힌 밝은 흰색 티셔츠를 입고 계셨다. 나는 두 팔을 벌려 할머니를 꼭 안아드렸다.

내가 돌아서서 엄마를 봤을 때 엄마는 얼굴을 가리셨다. 눈물이 멈추지 않았던 것이다.

'내가 우등상을 받고 졸업해서 감동하신 게 틀림없어.'

나는 생각했다.

'내가 얼마나 똑똑하고 열심히 공부했는지 이제 엄마도 아시겠지. 언니는 우등상을 받지 않았으니까.'

엄마는 등을 돌리셨다. 나는 그것이 기쁨의 눈물이 아님을 그때서야 깨달았다.

한동안 나는 크리스마스 이후로 가족을 만나지 못했다. 여학생회를 그만둔 후 밤에는 웨이트리스로 일하고 낮에는 노드스트롬Nord-strom(미국의 고급 백화점 체인 – 옮긴이) 화장품 매장에서 일하며 흠잡을데 없는 학점GPA을 유지하기 위해 미친 듯이 공부했다.

내 몸무게는 33.5킬로그램밖에 나가지 않았다. 포르투갈계의 굵은 머리카락도 대부분 빠져버렸다. 나는 몹시 쇠약해졌다.

그리고 엄마에게 실망을 안겨주었다.

데이터를 살펴보면 미셸에게 일어난 일은 다른 수백만 명의 사람들에게도 일어날 수 있음을 확인할 수 있습니다. 섭식 장애까지는 아닐지라도 자아를 잃어버리는 일은 누구에게나 일어날 수 있습니다. 집, 학교, 직장에서의 경험은 마치 허공에 붕 떠 있는 기분이 들 때까지 당신을 사랑에게서 점점 멀어지게 할 수 있죠. 언젠가부터 당신은 접시에 담긴 음식과 씨름하고, 생긋 웃는 직장 동료를 보고 당황하거나, 대학 상담사가 당신에 대해 몇 가지 질문을 하고 그저 들어주기만 해도 상담사 앞에서 눈이 통통 붓도록 눈물을 쏟아내기도 합니다.

세상 아래에 묻힌 자아의 일부와 그 안에 담긴 다른 모든 모습으로 돌아가는 길을 찾으려면 먼저 많은 사람이 방황하는 원인이 무엇인지부터 밝혀야 합니다. 이처럼 대규모로 일어나는 자아 상실과 유행처럼 번지는 자기 소외는 우연히 발생하지 않습니다. 그것은 당신을 자아로부터 분리하도록 적극적으로 설계된 시스템에서 탄생한 피할 수 없는 결과입니다.

당신만의 독특함이 사라지는 과정

"아빠, 사다리꼴과 직사각형의 차이점이 뭐예요?"

"어디 보자…."

저는 열여섯 살 된 딸의 기하학 숙제를 도우면서 이 특별한 수학 개념을 가르치기 위해 고안된 커리큘럼에 얼마나 많은 노력이 들어갔는지 알아차릴 수 있었습니다. 여기서는 먼저 다음과 같은 유사점을 분석해야 했습니다. 평행사변형과 마름모의 유사점을 분석하고, 정삼각형과 비교하여 이등변의 특성을 설명하고, 직선 아래의 면적을 계산하는 방법을 익혀야 했습니다. 그다음은 곡선 아래 면적을 익힐 차례였죠. 커리큘럼은 정확한 용어, 방법, 기능, 연습, 규칙으로 구성되어 수년에 걸쳐 대단히 상세하게 진행되는 프로그램으로 짜여 있었습니다.

그런데 이런 형태의 사고방식과 수업 설계를 그대로 적용하여 제 딸이 가장 충만한 삶을 살아가는 데 도움이 될 만한 기술을 알려주는 사람은 아무도 없었습니다. 딸이 서른 살이 되었을 때 또는 당신이 그 나이 즈음이 되었을 때 깨달음을 얻을 수 있도록 이끌어줄 중요한 질문이 교육 시스템에서 모두 빠져 있었습니다. 이를테면 삶에서 무엇을 사랑하는지, 그것을 진심으로 사랑하는지, 직장에서 그런 사랑을 끌어내어 목표를 달성하는 활동으로 연결할 수 있는지, 자신의 사랑을 어떻게 활용하여 인생을 힘차게 살아갈 수 있는지, 허풍을 떨지 않고도 연인에게 그 사랑을 설명할 수 있는지, 다른 사람의 사랑을 함부로 판단하지 않고 그대로 이해할 수 있는지에 대해 아무도 질문하지 않습니다. 고등학교, 대학, 직장 등 어디에서도 신경 쓰지 않죠. 아이가 그저 스스로 알아내야 합니다.

물론 스티브 잡스의 졸업식 연설이나 흥미진진한 팟캐스트 방송을 들을 수도 있지만, 기하학 수업만큼 정밀한 수준으로 이 문제에 접근하는 방법은 찾아내지 못할 것입니다. 이는 정말 이상한데, 부모로서는 매우 걱정스러운 일입니다. 비슷한 일이 고용주에게도 벌어질 수도 있죠. 직장에서 일할 때 최선을 다할 줄 모르는 직원을 고용하게 될 수도 있습니다.

오해하진 말아주세요. 저는 기하학을 정말 좋아합니다. 삼각법과 통계도 좋아하죠. 저는 전공과 성향으로 볼 때 데이터 괴짜라고 해도 좋을 연구자로서 숫자에 주의를 기울일 수밖에 없습니다. 저는 어떤 것이 유효하고 신뢰할 수 있는지, 그것들이 어떻게 인생의 방식과 아름다움을 드러내는 데 사용될 수 있는지 흥미롭게 분석하죠. 하지만 우선 제 딸은 저와 다릅니다. 게다가 딸이 저와 같은 유형일지라도 세상에서 가장 상세한 수학 수업(또는 역사, 프랑스어, 창작, 그 외 아이가 수강할 수 있는 다른 기술 수업)은 매우 충만하고 생산적인 자신만의 인생을 사는 방법을 익히는 것과 그다지 관련이 없고 도움도 되지 않을 것입니다.

사실 딸에게, 그리고 당신에게 이런 교육 형태는 단순히 관련성이 없는 것 이상으로 해로운 영향을 미칩니다. 고등학교, 대학, 직장과 같은 기관들은 당신의 독특한 사랑과 혐오로부터 시선과 관심을 돌리게 하고 오히려 당신만의 지속적인 개성이 없다는 확신을 심어주는 방식으로 개발되었습니다. 이 기관들은 마치 당신을 아무런 개성도 없는 빈 그릇으로 보고, 인생에서 가장 중요한 도전이 그 빈 그릇을 사다리의 다음 단계로 올라가는 데 필요한 기술, 지식, 성적, 학위로 채우는 것이라고 당신을 설득합니다.

하지만 당신의 삶은 분명 그런 식으로 시작되지 않았을 것입니다. 당신은 사랑을 받으며 자랐습니다. 어린 시절에 트라우마를 경험하는 사람들도 많지만, 부모님은 분명히 당신의 어린 시절을 사랑으로 가득 채워주고 싶으셨을 테죠. 부모님은 이제 막 걸음마를 배우는 어린 당신을 바라보며 당신의 곱슬머리와 실실 웃는 소리, 비틀거리고 빙글빙글 돌고 돌진하고 구르는 모습에 기뻐하고 당신의 미래를 상상하셨을 거예요. 부모님은 당신에게 가장 적합하고 잘 어울리는 모든 것을 찾아 나섰고, 가장 아름답고 성숙한 당신의 모습을 마음속에 그리면서 소중히 여겼습니다. 그리고 당신을 향한 사랑과 앞으로 당신이 나아갈 미래를 간절히 기도하며 애틋한 마음이 들었을 것입니다. 당신은 부모님에겐 세상의 중심이자 모든 도덕, 윤리, 기쁨의 토대가 되었습니다. 당신, 그러니까 당신이 느끼는 독특한 사랑과 그 사랑이 어떻게 성장할 수 있는지가 부모님에게 가장 중요한 문제였죠. 그리고 '아이가 행복할까? 아이를 어떻게 도울 수 있을까? 아이가 넘어졌을 때 어떻게 아이를 일으켜 세우고 붙잡고 위로해줄 수 있을까?' 같은 질문을 부모님 스스로 던졌을 때 이 모든 질문의 답은 '사랑'이라는 것도 알고 있었습니다.

그 후 당신은 조금 더 자라서 학교에 진학했고, 바로 그곳에서 변화가 시작되었습니다. 사랑이 의도적으로 배제되기 시작한 것이죠. 당신의 독특한 개성은 표준화된 시험의 가혹함에 묻혀버렸고, 당신은 사랑이 빠진 교실에 자리를 잡고 앉았습니다. 외부에서 요구하는 모든 기준에 맞추기 위해 내적 정체성은 경시되었습니다. 학습은 단순히 정보를 전달하고 확인하는 과정이 되어 당신을 사실과 기술로 채우고, 충만함의 수준은 시험을 통해 주기적으로 점검되었죠. 최고의 학생이 가장 충만한 삶을 사는 것으로 여겨졌습니다.

집에서도 다르지 않았습니다. 부모님도 사랑이 없는 이 세상에 같이 휩쓸린 듯 체중, 키, 독서 학년 수준, 생일 파티에서 나타나는 정서 지능 등 성장 문제에 대해 걱정하셨죠. 이때 새로운 질문이 쏟아졌습니다. 마치 자녀의 능력이 정상적으로 잘 적응한 90분위수에 해당하는지에 따라 부모님이 평가받는 것만 같았습니다. 당신의 행동에 부모님의 평판이 달려 있었죠. 당신의 진정한 모습을 바라던 부모님의 사랑은 정작 그런 모습을 마주할 때 느끼는 두려움과 당신이 기대에 부응할지에 대한 걱정으로 바뀌었습니다. 시간이 흘러 당신은 대학을 졸업합니다. 그리고 결국 당신의 '그릇'이 기술, 경험, 자격증으로 얼마나 가득 차 있고 또 얼마나 더 충만해질 수 있는지에 집착하는 조직에 고용되죠.

이제 당신은 노동의 세계에 뛰어든 사회 초년생으로서 다음과 같은 요소들을 접할 것입니다.

- 상부에서 정한 목표를 부여받게 됩니다.
- 직무 설명은 최적의 구직자에게 요구되는 기술을 상세하게 정의합니다.
- 피드백 도구는 필수 기술들을 기준으로 당신을 평가하고 판단할 권한을 동료와 상사에게 부여합니다. 당신이 그중 몇 가지 기술을 갖추지 못한 것으로 결론이 나면 더 많은 기술 훈련을 받아 그릇을 채워야 합니다.
- 성과 검토는 이런 기술을 기준으로 당신을 측정하고 연말 평가와 자기 계발 계획을 제공하여 내년에 어떻게 더 좋은 성과를 올릴 수 있을지 기록합니다.
- 경력 경로는 사다리를 올라가는 데 사용할 수 있는 몇 가지 경로를 규정합니다.
- '성장 마인드셋growth mindset'과 같은 개념은 처음에는 친절해 보이지만 본질적으로는 당신이 가진 그릇 안에 특별한 것이 전혀 없어도 '근성grit'을 기르거나 '철저한 연습'을 충분히 한다면, 자신의 그릇에 무엇이든 담을 수 있다고 믿는다면, 비로

소 성공할 수 있다고 말합니다.

위의 어느 것도 내적 자아와는 아무 관련이 없습니다. 당신이 사랑하거나 혐오하는 대상이 갖는 독특한 특성은 중요한 문제가 아닙니다. 대신 당신은 학교에서 사회에 이르기까지 일련의 모범 사례를 기준으로 평가를 받게 됩니다. 독특한 자신만의 사랑을 얼마나 지능적으로 키워냈는지가 아니라 모범 사례에 얼마나 근접하게 성장했는지에 따라 평가받습니다.

따라서 사실상 당신은 단순히 방황하진 않을 것이며 '감춰질 것'입니다. 당신의 진정한 모습을 드러낼 수 있도록 이끌어야 할 기관들이 당신을 가릴 것입니다. 그러니 요즘처럼 방황하는 사람들이 유행병처럼 늘어나는 것도 그리 놀라운 일은 아닙니다.

사랑하는 것에 집중하기 힘든 이유

왜 그럴까요? 학교와 직장에선 당신의 사랑을 왜 진지하게 받아들이지 않는 걸까요? 왜 당신에게 고유한 사랑의 언어를 가르치고 그 사랑으로 무언가를 이뤄내는 데 도움을 주려고 하지 않는 걸까요? 왜 자아와 단절된 곳으로 당신을 밀어 넣는 걸까요? 왜 이런 형태의 압박을 끊임없이 가하며 순응하라고 하는 걸까요? 왜 개인인 당신을 먼저 바라보고 당신의 독특한 사랑과 혐오로 안내하는 모든 관문과 복도, 비밀 통로를 따라가며 당신에 대해 더 알아가려 하지 않는 걸까요?

미셸은 식탁 아래에 숨어 식탁보에 비치는 색상과 패턴에 푹 빠졌을 때 그곳에 자신이 사랑하는 무언가가 존재한다는 사실을 깨달았습니다. 그 사랑은 다 어디로 갔을까요? 그녀가 느끼는 사랑에 대해 왜 아무도 궁금해하지 않았을까요? 특히 어떤 패턴을 왜 좋아하는지, 왜 아무도 그녀에게 묻지 않았을까요? 그녀의 사랑에 대한 정확한 내용을 살펴보고 이를 노력이나 학습으로 전환할 방법을 찾도록 왜 아무도 도와주지 않았을까요? 그녀에게 학교나 직장에서 겪을 수 있는 일상 경험을 활용하여 그녀의 사랑을 더 구체적으로 확장하고 그 사랑으로 무언가를 만들어낼 방법을 왜 아무도 가르쳐주지 않았을까요?

도니의 학교에 다니는 학생 수천 명이 경험한 대화 방식을 왜 미셸에게는 아무도 적용하지 못했을까요? 도니는 한 시간 동안 대화를 나누며 학생들에게 자유로운 질문을 던지고, 정답을 알려주거나 조언을 해주는 게 아니라 그저 그들의 이야기를 듣고 학생들의 생생한 답변을 끌어냅니다. 왜 이런 형태의 학습 기회가 이전에는 한 번도 제공되지 않았을까요?

어쩌면 학생들은 마침내 자신들의 그릇을 채워주겠다며 나서는 행동을 멈추고 이미 그 안에 무엇이 담겨 있는지에 관심을 보이는 어른을 만났다는 안도감에 눈물을 흘린 건 아닐까요? 아니면 그들은 자신의 모습을 생긴 그대로 바라보고 이야기를 들어주는 도니에게 '정답'을 내놓지 않아도 되니 해방감을 느낀 걸까요? 또는 자신이 무엇을 좋아했는지, 어떻게 의사 결정을 했는지, 마지막으로 하루가 순식간에 지나간 적이 언제였는지 더 이상 기억할 수 없다는 생각에 슬픔과 후회를 느끼며 눈물을 흘린 걸지도 모릅니다.

기관들이 악의적으로 우리를 압박하는 건 아닙니다. 회사가 직원들이 방황하고 가식적으로 행동하길 바라지 않듯, 학교도 학생들이 소외되고 스트레스를 받길 적극적으로 바라지 않습니다. 사랑이 빠진 학교와 직장을 비롯한 많은 기관들은 실용적인 방향으로 운영되고 있습니다. 학교는 표준화된 시험을 잘 볼 수 있는 학생을 양성하도록 설계되었습니다. 직장은 동일한 직무를 맡은 모든 사람이 동일한 방식으로 업무를 수행할 수 있도록 설계되었고, 제품과 서비스 경험을 모두 동일한 수준의 품질로 제공합니다.

학교와 직장이 획일적인 결과를 내놓도록 고안된 세상에서 당신의 독특한 사랑 패턴은 어떤 가치가 있을까요? 실용주의자에게 당신의 사랑이 갖는 가치는 '0'입니다. 더 정확하게는 마이너스 값을 갖죠. 당신의 독특한 사랑은 학교와 직장이 생산하려는 것에 장애물로 여겨집니다. 학교와 직장에서 거두는 성공은 당신의 사랑을 잘게 부수는 경우와 밀접하게 연결되어 있습니다. 학교에서는 표준화된 시험을 치르고 직장에서는 미리 규정된 목표, 기술, 특성, 경력 경로를 선택해야만 하죠.

이 모든 것은 당신이 정말 '빈 그릇'이어야 의미가 있을 것입니다. 당신의 독특한 사랑과 혐오에서 나타나는 어떤 패턴이 외부 요인에 정말 쉽게 영향을 받는다면, 충분한 연습만으로도 원하는 기술이나 특성을 정말 얻을 수 있다면, 열한 살 때 생생하게 느껴졌던 자신의 독특한 개성이 그저 어린 시절의 망상이라면, 그 사랑에서 탈피하여 학교나 직장에서 요구하는 획일적인 기준으로 대체하는 것이 진정한 성장의 의미라면 말이죠.

물론 이 모든 건 사실과 다릅니다. 당신은 빈 그릇이 아니며 앞으로도 그럴 것입니다. 아무도 미셸에게 식탁 아래에 앉아 색을 칠하고 모양을 그리라고 강요하지 않았습니다. 미셸의 언니는 미셸처럼 하고 싶지 않았고 미셸한테도 그런 행동을 바라지 않았습니다. 미셸의 어머니도 마찬가지였죠. 그렇지만 미셸은 그림을 그리고 싶었고 그려야 했습니다. 그런 욕구는 쉽게 사그라들지 않았습니다.

도니의 학생 중에 빈 그릇은 없습니다. 학생들은 진심으로 도니와 감정을 공유합니다. 마침내 그들의 진정한 모습을 바라보는 사람을 만난 셈이죠. 이제 그들은 다음과 같이 말할 수 있게 되었습니다.

"안녕하세요. 저는 이런 사람이에요. 제 안에는 이미 사랑하고 혐오하는 것들이 있어요. 제 안에 있는 것을 봐주세요. 고치려고 하지 말아 주세요. 제 패턴을 깨는 방법을 알려주지 마세요. 제 패턴을 이해할 수 있도록 도와주세요. 그다음에 제가 패턴을 최대한 활용할 방법을 알 수 있도록 도와주실 수 있나요?"

저와 미셸에게, 그리고 학생들과 우리 모두에게 눈에 띄지 않는 것은 너무나 고통스러운 일입니다. 본질적으로 방황하는 학생들과 소외되는 노동자들이 유행병처럼 퍼져나가는 원인에는 거짓말이 있습니다. 사람들은 자신의 사랑이 진짜가 아니라는 거짓말에 속아 넘어가고 있습니다. 이대로 계속 흘러가면 안 됩니다. 선생님이 기대어 울 수 있는 어깨를 학생들에게 내어주는 데만 그치지 않는다면, 미셸이 식탁 아래에서 나온다면, 당신이 용기 내어 자신의 정체성을 받아들인다면 이제 변화를 꾀할 차례입니다. 학교와 직장, 양육과 관계를 비롯해 우리 삶에 사랑을 다시 돌려 놓을 방법을 찾아야 합니다.

우리는 모두 다릅니다. 흑인 페미니스트 학자인 킴벌리 크렌쇼Kimberlé Crenshaw는 '다름'에 대해 "서로 다른 것을 똑같이 취급하는 것은 똑같은 것을 다르게 취급하는 것만큼이나 상당한 불평등을 일으킬 수 있습니다"♥라고 말했습니다.

당시 크렌쇼는 주로 인종과 경제적 불평등을 거론했지만, 그녀의 통찰은 더 광범위하게 적용할 수 있습니다. 우리 모두를 똑같이 대하는 것을 고집하는 학교와 직장은 억압의 원천입니다. 이제 이런 억압을 멈추고 더 나은 학교, 더 지능적인 직장을 고안해야 할 때입니다. 변화는 우리 모두에게 달려 있습니다. 변화는 기관에서 시작되는 것이 아니라 바로 당신이 자신의 사랑을 진지하게 받아들이는 데서 시작됩니다.

다음 장에서는 사랑을 받아들이는 방법을 안내하겠습니다. 자아를 되찾기 위한 여정에 나서는 방법, 도중에 만나게 될 악마들의 이름과 그들을 물리치는 데 필요한 도구도 알려드릴게요. 자, 더 강력하고 진실하고 사랑스러운 삶의 방식을 만들러 떠나볼까요?

♥ Kimberlé Williams Crenshaw, "Color Blindness, History, and the Law," in *The House That Race Built: Original Essays* by Toni Morrison, Angela Y. Davis, Cornel West, and Others on Black Americans and Politics in America Today, ed. Wahneema Lubiano (New York: Vintage Books, 1997), loc. 5599, kindle.

마음속의 은하를 빛나게 밝혀라

자신의 운명을 발견하는 방법

지금까지 살면서 자신이 사랑하는 것이 무엇인지 너무나 분명하게 알고 있었지만 표현할 기회를 얻지 못했던 사람을 본 적이 있나요? 하늘에 감사할 정도로 훌륭한 재능을 타고났는데도 운이나 상황이 따라주지 못해 그 재능을 세상에 펼칠 방법을 찾지 못한 사람들이 있습니다. 그들은 좋은 삶을 살았고 어쩌면 풍요로운 삶을 살았는지도 모르지만, 어떤 면에서는 부족한 삶이었습니다. 물론 쓸모없는 삶은 아니었지만 기회를 잡지 못하고 독특한 개성을 드러내지 못한 삶이었죠. 인생의 절반만 누리는 격입니다.

그 사람은 당신이 살면서 마주한 사람이 아닐 수도 있습니다. 어쩌면 그 사람은 바로 당신일 수도 있죠. 당신은 그럭저럭 사람들과 잘 어울리며 살고 있고, 일도 그럭저럭 잘 해내고, 은행 잔고도 비교적 넉넉한 편이지만 무언가가 빠져 있습니다. 비유하자면 레코드판이 턴테이블에서 돌고 있는데 바늘이 홈에 닿지 않으니 소리가 나지 않는 것과 같아요. 당신은 직장에서 시간을 보내지만, 그 시간은 당신이 아닌 회사가 소유합니다. 당신은 성격이 급한 편인데 왜 그런지 알지 못합니다. 직장에서 거둔 성공이 공허하게 느껴지지만 역시 왜 그런지 모르죠. 심지어 직장에서 칭찬을 받고 지식을 얻고 돈도 벌지만 불쾌한 기분만 듭니다. 사실 모든 것이 마음에 들지 않습니다. 그리고 당신은 그 이유를 알지 못합니다.

이상하리만치 끔찍한 기분입니다. 마치 자신의 인생에서 단순히 승객이 된 것처럼 세상 밖으로 나가지 않고 아무런 조치도 취하지 않은 채 그저 흘러가는 세상을 지켜보고 있는 것 같죠. 그와 반대인 인생은 어떨까요? 인생을 살면서 자신이 사랑하는 일을 꼭 붙잡고 있는 사람을 본 적이 있나요? 가족, 금전적 유인, 좌절 등 어느 것에도 흔들리지 않고 묵묵히 자신의 길을 걷는 사람을 만나본 적이 있나요?

미셸 오바마Michelle Obama는 기업 변호사로 성공했지만 사회봉사야말로 자신이 진정 좋아하는 일이라는 결론에 이르렀습니다. 당시 그녀가 어머니에게 자신의 직업이 싫다며 속내를 털어놓자 "지금 돈을 벌면 나중에 행복해질 수 있어!"라는 답이 돌아왔고, 그것이 전환점이 되었습니다. 그녀는 고액 연봉을 받는 탄탄한 직장을 그만두고 비영리단체와 교육 분야에서 경력을 쌓기 시작했죠.

배우인 켄 정Ken Jung은 내과 의사로 경력을 쌓은 지 10년이 되었을 때 코미디 연기를 향한 강렬한 애정을 더 이상 억누를 수 없다고 판단했습니다. 그는 영화 〈행오버The Hangover〉 시리즈 세 편에서 미스터 차우 역을 맡으면서 이름을 알렸고 다른 많은 영화와 TV 프로그램에도 출연했습니다.

레시마 소자니Reshma Saujani는 기업 재무 분야에서 높은 평가를 받으며 많은 돈을 벌었고 이미 사회적으로 성공 가도를 달리고 있었지만, 편안한 인생을 뒤로하고 컴퓨팅 기술의 성별 격차를 줄이는 데 헌신하며 살기로 마음먹었습니다. 그녀는 투자 회사를 그만두고 비영리 단체인 걸스 후 코드Girls Who Code를 설립했습니다.

매들린 올브라이트Madeleine Albright는 브리태니커 백과사전에서 일하면서 두 딸을 키우고 여러 곳에서 자원봉사를 하던 중에 자신이 진정으로 좋아하는 분야가 국제 관계라는 사실을 깨달았습니다. 아마도 1968년 프라하의 봄Prague Spring에 관한 석사 논문을 쓰면서 자극을 받았던 것으로 보입니다. 그녀는 미국 대통령 행정부 전반에서 다양한 역할을 맡으며 국제 관계에 일생을 바쳤고 빌 클린턴Bill Clinton 행정부 시절에 미국 역사상 첫 여성 국무장관이 되었습니다.

당신은 인생을 살면서 이들처럼 진지하게 자신의 사랑을 받아들인 사례를 본 적이 있나요? 그들이 마음속에서 무엇을 발견했는지, 어떤 선택을 내렸는지, 쉽게 지치지 않고 스스로 충만한 삶을 살기 위해 어떻게 방법을 찾아냈는지, 그리고 어떻게 그렇게 충만한 삶을 살았는지 아시나요?

그들의 모습은 신비롭게 느껴집니다. 이들을 떠올리면 충만한 삶을 사는 것이 실제보다 훨씬 수월해 보이기도 하죠. 당신이 사랑하는 일을 찾으러 떠난 사람들을 알고 있다고 해도 그들이 어떻게 해냈는지, 실제로 당신이 따라 할 수 있는 본보기로 삼을 수 있는지는 명확하게 알 수 없습니다. 그들의 시점과 선택, 그리고 특별한 사랑은 저마다 고유한 특성이 있습니다.

그렇다면 그들의 사례에서 어떤 부분을 가져와 자신의 상황에 접목해야 할까요? 자신의 정체성을 되찾고 자신만의 충만한 삶을 살며 성장하는 데 도움이 될 만한 새로운 언어, 즉 '사랑의 언어'를 익혀야 합니다. 새로운 언어를 배울 땐 처음에는 조금 어색하게 느껴지기 마련입니다. 새로운 어휘와 문법은 당신의 세계를 드러내기는커녕 너무 모호해서 이해하기조차 쉽지 않습니다. 그러나 언어를 구사하는 연습을 조금만 하다 보면 얼마 지나지 않아 다시 유창해지고 이전에 신비하게 느껴졌던 많은 것을 이해할 수 있게 될 것입니다.

고유한 사랑의 언어를 유창하게 구사하면 어떤 선택에 기대고 어떤 선택을 피해야 하는지 알 수 있습니다. 이는 현재 맡은 업무에서 최고의 기량을 발휘하는 데 도움이 될 것입니다. 취업 면접에서 자기 자신을 매우 명확하게 설명해 다른 구직자들보다 두드러지거나 팀에서 적합한 역할을 맡을 수도 있고요. 팀원들이 재빠르게 신뢰할 수 있는 리더로서 입지를 굳힐 수도 있습니다. 때로는 현재 맡은 직무를 주의 깊게 살펴본 후 '현재 하는 일에 사랑이 빠져 있으며 자신에게 전혀 맞지 않는 일'이라는 결정에 이를 수도 있죠.

세상에 나와 똑같은 사람은 없다

사랑의 언어에서 가장 먼저 배울 단어는 '운명Wyrd'입니다. 영어로 'Wyrd'는 '이상한weird'이라는 단어와 발음이 같지만 '운명을 타고났다'라는 문장에서 알 수 있듯 명사로 쓰입니다.

그렇습니다. 당신은 운명을 타고났습니다. 이 운명이라는 단어는 고대 스칸디나비아어로, 사람들이 저마다 고유한 영혼을 가지고 태어난다는 개념을 담고 있죠. 이와 같은 영혼은 각자에게 고유한 형태로 나타나며 어떤 것을 사랑하고 혐오하도록 인도합니다. 운명이 있다고 해서 평생 배우고 성장할 필요가 없다는 의미는 아닙니다. 당신이 운명과 접촉하고 그것이 이끄는 대로 따를 때 가장 많이 배우고 성장할 것임을 의미합니다.

운명은 분명히 정신적인 개념이었습니다. 오늘날 각자가 타고난 운명의 존재를 확인하려 할 때 영성이 필요하진 않습니다. 당신이 느끼는 사랑과 혐오의 패턴은 염색체들이 충돌하면서 나타나지요. 부모의 유전자가 만나 당신의 뇌에 다른 사람들과 크게 차별화된 신경망, 즉 시냅스synapse(신경세포와 접촉하여 정보를 주고받는 자극 전달부 – 옮긴이) 네트워크를 형성합니다. 뇌에서 나타나는 이 독특한 패턴은 같은 성별이나 인종, 가족이 갖는 공통점에 비할 수 없을 정도로 매우 복잡하고 세밀하게 엮여 있으며 광범위합니다. 뇌에는 무려 1,000억 개의 신경세포가 있는데, 이와 같은 신경세포 간 연결에서 진정한 개성이 나옵니다.

여기서 우리는 압도적인 수치를 확인할 수 있습니다. 각 신경세포는 다른 신경세포와 접촉하여 최소 1,000개 이상의 연결을 만들어냅니다. 즉 어린 시절을 거치면서 우리 뇌가 시냅스 가지치기를 몇 차례 실행한 후에도 여전히 뇌에는 최소 100조 개의 연결이 남게 된다는 사실이지요. 이는 정말 엄청난 수치입니다. 우리 은하계에는 약 4,000억 개의 별이 있고, 1조에는 1,000억이 열 개가 있는 셈이니 (100조면 1,000억이 1,000개) 우리 뇌에는 5,000개의 은하보다도 많은 연결이 형성되어 있다는 의미입니다.

이것은 당신이 지닌 개성의 진정한 범위이자 운명의 크기입니다. 당신의 뇌와 똑같은 100조 개의 연결 패턴을 보이는 사람은 이 세상에 없으며, 과거에도 없었고, 앞으로도 없을 것입니다. 당신이 기억하고 잊어버리는 것, 웃음과 초조함, 분노를 일으키는 것, 당신에게 기쁨과 두려움을 주는 것, 당신을 진정시키고 무기력하게 하는 것…. 이 모든 것이 남과 차별화된 패턴을 이룹니다.

정확히 당신과 똑같은 패턴을 보이는 사람은 세상에 아무도 없습니다. 당신이 인생을 살아가면서 바라보는 세상은 오로지 당신의 눈에만 비칩니다. 이 세상에 대한 당신의 반응도 오직 당신만이 취하는 것입니다. 당신이 사랑을 위해 취하는 특정한 행동과 상호 작용, 사랑하는 사람의 웃음, 대립, 여행, 빈 캔버스, 당신이 작성한 컴퓨터 코드 라인, 당신이 선택한 두 개의 주방 타일이 이루는 완벽한 색상 조화 등은 모두 당신만이 경험할 고유한 사랑입니다.

이 진실을 명심하세요. 당신 안에는 수많은 은하가 있습니다. 이

은하는 당신이 살아 있을 때만 밝게 빛날 것입니다. 그리고 당신이 죽고 은하가 더 이상 빛나지 않게 되면 그 어떤 것도 다시는 당신의 은하와 똑같은 방식으로 빛나지도 않을 것입니다. 이것은 정말 강력하고 어마어마한 책임이자 훌륭한 기회입니다. 당신의 사랑이 우리 모두에게 얼마나 큰 선물인지 모릅니다.

당신이 이 모든 사랑을 활용해 무언가를 이뤄내야 하는 상황에서 우리는 어떻게 당신을 도울 수 있을까요? 사람들은 당신 안에 있는 은하의 상당한 규모와 복잡성에 위축된 나머지, 당신에게 시선을 돌려 바깥세상을 내다보라고 말합니다. 그리고 평행사변형, 문법, 대통령, 국가에 대해 가르치죠. 이때 당신은 사랑과 운명이 내면에서 시작해 위로, 그리고 밖으로 소용돌이치는 것을 느낍니다. 이제 더 이상 자신을 억누르지 못하게 되죠.

운명에 대해 꼭 알아야 할 세 가지

첫째, 운명은 자아의식에 지나치게 얽혀 있어 그 운명이 어떻게 생겼는지 정확히 파악하기가 꽤 까다로울 수 있습니다. 운명을 발견하려면 사랑을 믿어야 합니다. 당신이 의지하는 것, 당신을 행복하게 하는 것, 자신감을 북돋아주는 것, 기쁨을 주는 것을 믿고 따라가보세요. 이 모든 작은 사랑의 신호를 진지하게 받아들일 가치가 있다고 믿어야 합니다. 남들이 뭐라고 말하든 각각의 신호는 당신에게 아주 특별하니까요.

대부분의 심리학과 사회 심리학에서는 당신을 비롯한 모든 사람을 특정 범주에 넣어 해석하려 하기 때문에 이런 사랑의 신호는 아마 들어본 적이 없었을 것입니다. 이를테면 누구는 사교적이지만 또 누구는 수줍음이 많다거나, 누구는 체계적인데 또 누구는 즉흥적이고, 누구는 경쟁심이 강하지만 또 누구는 이타적이라면서 사람들을 특정 범주로 묶으려 하죠. 이런 방식은 수조 개의 시냅스 연결에서 나타나는 운명의 복잡성을 단순화해서 다루기 쉽게 만들지만, 엄밀히 보면 사실과 거리가 멉니다. 당신은 어떤 하나의 범주에 속하지 않으며 하나의 범주에만 들어맞지도 않습니다. 당신 전체를 이루는 운명 중에 한 범주를 논하는 거라면 또 모르지만요.

미셸에겐 두 아들이 있습니다. 한 아이는 요리를 좋아하는데 부엌에 있을 때면 만화 《피너츠Peanuts》의 피그펜pig-pen (이름이 '돼지+우리'를 뜻할 정도로 매우 지저분하고 먼지가 잘 들러붙는 등장인물이다 – 옮긴이)과 닮은 것도 같습니다. 요리할 때마다 버터가 사방으로 튀고 딸기가 벽의 깊은 틈새에 박힐 정도죠. 그럼 이 아이는 '산만한' 아이일까요? 아뇨. 아이의 방에 있는 옷장을 열어 보면 옷이 색상별로 정리되어 있습니다. 매일 밤 자기 전에 다음 날 입을 옷까지 준비할 정도죠. 반면 형은 부엌에 들어가 주스를 하나 꺼내 마시거나 오렌지 껍질을 벗기면 곧바로 싱크대로 가서 손 세정제로 손을 닦고 주변에 묻은 잔여물을 말끔히 닦아낸 다음 사용한 모든 물건을 냉장고나 식료품 선반 등 제자리에 깔끔하게 갖다 놓습니다. 그렇다면 이 아이는 '성실한' 아이일까요? 다시 말하지만, 아닙니다. 아이 방에 가보면 마치 수건 요정이 몰래 들어와 방 곳곳에 구토라도 한 것처럼 모든 옷가지가 어질러져 있거든요.

당신과 운명은 분명하게 정의하기 어려운 특성이 있습니다. 미셸의 아이들을 보면 특정한 감정에 따라 한 명은 옷장을 정리하고 다른 한 명은 부엌을 정리합니다. 첫 번째 특성, 결국 사랑은 운명을 알아내는 데 가장 좋은 단서가 됩니다. 이제 당신은 다음에서 다룰 몇 장에 걸쳐 누군가가 당신에게 평생 가르쳐줬어야 하는 내용을 배우게 될 것입니다. 바로 사랑의 신호를 알아차리고 이 신호를 사용해서 당신의 마음속에, 당신의 운명에 무엇이 있는지 발견하는 방법입니다.

당신이 알아야 할 운명의 두 번째 특성은, 운명은 성장할 수 있다는 점입니다. 운명은 그 자체로 더 지능적이고 효과적이며, 덜 방어적인 형태가 될 수 있습니다. 그러나 운명은 그 형태를 바꿀 수는 없습니다. 신경생물학에 따르면, 시냅스 네트워크는 이미 강력한 영역에서 더 강력해지고 이미 취약한 영역에서 더 취약해집니다. 우리 뇌는 일생에 걸쳐 유연성을 유지하지만 기존에 가장 많이 연결되어 있는 영역에서는 더 많은 시냅스 연결을 생성해냅니다. 반면 시냅스의 밀도가 낮은 영역에서는 시간이 갈수록 약해지고 밀도도 더 낮아지죠. 뇌 과학자들이 뇌의 발달을 새로운 가지가 아닌 기존의 가지에 새로운 새싹을 틔우는 과정으로 설명하는 이유가 바로 여기에 있습니다.

당신은 이미 편안하게 발휘할 수 있는 타고난 재능, 식욕, 능력을 갖고 있으며, 바로 그 영역에서 가장 큰 배움을 얻고 성장을 경험하게 될 것입니다. 반대로 당신이 애를 먹었거나 사랑 또는 기쁨을 거의 찾지 못한 영역에서는 상대적으로 가장 덜 성장할 것입니다. 이것은 당연한 이야기처럼 들리죠. 하지만 뇌 과학자들은 당신의 선생님이나 관리자에게 이 사실을 알려주지 않았을 것입니다. 학교와 직장에서 당신이 고군분투하는 영역은 '기회 영역' 또는 '개발 영역'으로 분류되어 있기 때문이죠. 사실은 그 반대입니다. 물론 당신의 약점을 잘 다뤄서 극복할 필요도 있습니다. 하지만 그보다 당신이 본능적으로 느끼는 사랑이야말로 기하급수적인 성장을 경험할 영역입니다.

운명에 대해 세 번째로 알아야 할 사항은, 자기 자신에 대해 필사적으로 바꾸고 싶은 부분이 있는 경우 운명이 최고의 안내자이자 자원이 된다는 점입니다. 반직관적으로 말하자면, 불안과 대중 연설에 대한 두려움, 조급증을 치료하는 비결은 이런 '약점'을 조사하고 근본 원인을 파악하고 고치려 하는 데 있지 않습니다. 오히려 당신이 '사랑을 느끼는 영역'을 조사하는 데서 치료가 시작됩니다. 당신이 특정한 활동, 상황, 맥락, 순간에서 느끼는 사랑에는 현명한 구석이 있습니다. 다음 몇 장에 걸쳐 살펴보겠지만, 당신의 사랑은 너무도 강렬하고 구체적이며 현명해서 오직 그 사랑만이 인생의 도전 과제를 극복할 당신만의 올바른 방법을 제시할 수 있습니다.

따라서 인생에서 성공을 거두려면 사랑을 굳게 믿고 시작해야 합니다. 당신 안에는 사랑과 혐오로 매우 복잡하게 결합된 운명이 있습니다. 이 조합에는 더욱 아름답고 강력해질 잠재력이 있습니다. 그것은 모든 성공의 원천이며 세상이 당신에게 불리하게 돌아가는 것처럼 보일 때 당신을 구원해줄 것입니다.

　　마지막으로 한 가지 더 있습니다. 고대인들은 행성의 움직임, 질병 이론, 지구의 형태 등 많은 것에서 틀렸지만 운명의 근원에 대해서는 옳았습니다. 운명과 '당신다움'은 태어날 때부터 늘 함께했으며 성장하면서 겪은 경험에만 기인하지 않습니다. 하지만 오늘날 당신은 완전히 반대되는 말을 듣습니다. 당신의 내면에는 '당신'이 없고, 당신은 단지 경험과 트라우마, 그리고 그것들에 대해 당신 스스로 말하는 이야기가 모여 만들어졌을 뿐이라는 것, 그리고 인생에서 성공을 거두려면 트라우마에서 벗어나 자기 자신에게 다른 이야기를 들려줘야 한다는 것이죠.

　　생물학적으로 현실은 이와 완전히 다릅니다. 당신의 트라우마와 본인 스스로 터놓는 이야기는 당신의 충만함, 즉 운명을 보지 못하게 할 수 있습니다. 트라우마를 치유하면 당신의 운명을 더 명확하게 볼 수 있는 것도 사실입니다. 그러나 오히려 트라우마는 단지 당신 안에 진정 무엇이 있는지 알아내지 못하도록 방해하는 장애물이 됩니다. 트라우마는 운명을 일으키지도 만들어내지도 않습니다. 당신이 갓 대학에 입학했든, 직장 생활을 하고 있거나 창업한 회사의 최고경영자CEO이든 상관없습니다. 인생의 여정에서 어느 지점에 있든 당신 내면에 유일하게 당신만이 소유한 운명이 자리하고 있다는 굳건한 자신감을 잃지 마세요.

　　우리는 다음 몇 장에 걸쳐 운명에 상세한 정보를 추가할 방법을 익힐 것입니다. 약속하건대, 당신의 운명은 가치가 있고 경이로우며 잠재력이 있고 특별합니다. 아직 운명을 찾는 방법을 아무도 알려주지 않았다고 해서 평생 운명을 찾을 수 없다는 의미는 아닙니다.

사랑과 일의 연결고리를 찾아서

충만한 삶을 살아간 지인을 잠시 떠올려보세요. 그들은 항상 무언가를 하고 있습니다. 어떻게든 모든 소음을 차단하고 자신만이 들을 수 있는 신호에 귀를 기울입니다. 그리고 이 과정을 일과 별개로 수행하지 않았습니다. 오히려 자신의 일을 통해 무언가를 하는 것 같았습니다. 그들의 사랑과 일은 떼려야 뗄 수 없는 관계였죠.

그들에게 '일'은 단순히 '직업'을 의미하지 않습니다. 육체노동이나 지식 노동에 그치지도 않습니다. 일은 다른 사람을 위해 창출하는 가치가 있는 모든 활동을 가리킵니다. 잘 수행된 직업은 일이 됩니다. 하지만 배움도 일입니다. 관계에서 사랑하는 사람을 지지하는 것도 일입니다. 자녀 양육도 일, 공동체 활동도 일입니다. 믿음을 나누는 것도 일이죠. 다른 사람들에게 제공하는 가치 있는 모든 것이 일입니다. 당신이 느끼는 사랑과 다른 사람들에게 제공하는 일 사이에서 형성될 수 있는 가장 강력한 연결고리를 찾는 과정은 인생을 충만하게 살아가는 것과 같습니다.

흔히 사랑과 일을 대립되는 개념으로 여길지도 모릅니다. 사랑은 거칠고 일은 훈련이며, 사랑은 유동적이고 일은 구조화되어 있고,

사랑은 형언할 수 없고 일은 상세하게 정의되어 있으며, 사랑은 부드럽고 일은 힘들다며 둘을 매우 상반된 개념으로 구분하는 것이죠. 하지만 이런 적대적인 관점은 철저하게 검증된 것이 아닙니다.

누군가가 어떤 일을 탁월하게 수행하는 모습을 보면 그 안에는 항상 사랑이 있음을 알 수 있습니다. 사랑이 없는 탁월함은 모순입니다. 누군가가 사랑으로 무언가를 만들 때 당신은 그 창작물에 엮인 감정을 느낄 수 있습니다. 사랑을 담아 만든 음식은 더 맛있는 법이죠. 사랑을 담아 작성한 글은 더 많은 관심을 끌어모읍니다. 사랑을 담아 코딩한 소프트웨어가 주는 감성과 기능은 남다르죠.

제겐 사랑을 담아 만든 모자가 있습니다. 캘리포니아주 오하이에 있는 한 친구에게서 그 모자를 샀죠. 친구는 매년 뉴멕시코주와 오클라호마주를 여행하며 로데오(카우보이가 말을 타고 밧줄을 던지며 솜씨를 겨루는 대회 - 옮긴이)를 관람하는데, 매력적인 카우보이 모자를 발견하면 모자 주인에게서 모자를 산 후 오하이로 가져온다고 했습니다. 그런 다음 근처 세스피 개울에서 모자를 빨아 개울 옆 울타리에 걸어 말린 후 오래된 전등 갓에서 모은 구슬로 모자를 장식하죠. 정말 특이한 작업입니다. 하지만 친구는 모자와 관련된 이야기를 하면서 모자에 매료된 듯 황홀해했습니다. 아무것도 그를 막을 수 없었죠. 그는 기쁨을 주는 모자와 그렇지 않은 모자, 구슬 장식이 중요한 이유, 네브래스카에서 멋진 모자를 찾지 못한 이유 등을 끊임없이 이야기하며 자신의 예술에 담긴 정밀한 복잡성을 제게 즐겁게 공유했습니다. 네브래스카 카우보이들이 지루한 모자를 쓰는 이유가 지금은 잘 기억나지 않습니다.

하지만 제가 지금도 그 모자를 쓸 때 저도 모르게 더 많이 웃게 된다는 것만은 확실합니다.

사랑과 강인함, 사랑과 용서, 사랑과 창의성, 사랑과 협력…. 이 모든 것이 서로 연결되어 있습니다. 이처럼 심오하고 매우 유용한 결과는 사랑 없이는 불가능합니다. 사랑이 없다면 사기에 지나지 않을 것입니다. 다른 사람과 사랑에 빠지면 뇌의 화학 작용이 다르게 일어납니다. 우리는 낭만적인 사랑의 정확한 생화학적 원인을 아직 알지 못합니다. 아마도 옥시토신, 도파민, 노르에피네프린, 바소프레신이 조합된 형태로 보입니다. 하지만 연구 결과에 따르면, 좋아하는 활동을 할 때 기쁨과 경이로움을 느끼게 하는 아난다마이드가 추가되면 뇌에서 동일한 화학적 작용이 나타납니다. 이를 바탕으로 당신은 세상을 다르게 바라보게 되는 것이죠. 다른 사람의 감정을 더 강렬하게 알아채고, 세부 사항을 더 생생하게 기억하고, 인지 작업을 더 빠르게 잘 수행하게 됩니다. 더 낙관적이고 더 충실하고 더 관대하며 새로운 정보와 경험에 더 개방적인 자세를 취합니다.♥

신경생물학자들의 연구에 따르면, 이와 같은 '사랑의 화학 물질'은 신피질을 방해하며, 이는 자기 자신에 대한 관점을 넓히고 마음을 열어 새로운 생각과 감정을 받아들이도록 합니다. 2013년에 출간된

♥   Rafael Wlodarski and Robin I. M. Dunbar, "The Effects of Romantic Love on Mentalizing Abilities," *Review of General Psychology* 18, no. 4 (2014): 313-321, doi:10.1037/gpr0000020; Francesco Bianchi-Demicheli, Scott Grafton, and Stephanie Cacioppo, "The Power of Love on the Human Brain," *Social Neuroscience 1*, no. 2 (2006): 90-103, 10.1080/17470910600976547.

《사랑 2.0 Love 2.0》의 저자인 바버라 프레드릭슨Barbara Fredrickson을 비롯한 여러 심리학자의 연구에 의하면, 두려움의 진화적 목적이 몇 가지 분명한 선택(투쟁 또는 도피 반응)으로 초점을 좁히는 것이라면 반대로 사랑의 목적은 내적으로 안전감과 유대감을 형성함으로써 시야를 넓히고 강점을 구축하는 것입니다.

그렇지만 과학이 반드시 필요한 건 아닙니다. 사랑이 과학 이상으로 한 인간에게 얼마나 위대한 영향을 미치는지 느껴지지 않나요? 공항 보안 검색대에서 누군가가 새치기를 하면 당신은 손짓하며 그 사람을 그냥 보내줍니다. 어떤 손님이 당신 앞에 서서 지갑을 뒤적이며 잔돈을 찾으려 애쓰면 당신은 속으로 '걱정하지 말아요, 친구. 나도 그런 적이 있으니까'라고 생각하며 미소를 짓기도 하죠. 사랑하는 사람과 다툴 때에도 상처를 회복하고 서로에게 다시 손을 내미는 게 그리 어렵지 않다는 걸 알게 됩니다. 회사에서 어떤 프로젝트가 중단되더라도 당신은 사람들을 다시 모아 앞으로 나아가야 한다는 것도 잘 알고 있습니다. 이처럼 당신은 개방적이고 수용적이며 혁신적이고 친절합니다. 사랑은 당신에게 이 모든 것을 주고 당신을 더 충만하게 만들어주지요.

가장 충만한 삶은 사랑과 일이 무한 루프로 흘러가는 삶입니다. 한쪽의 에너지가 다른 쪽의 에너지에 연료를 공급하면서 이어지는 것이죠. 따라서 인생에서 계속해서 노력을 기울이고 사랑으로 무언가를 이뤄낼 유일한 방법은 자신이 사랑하는 것이 무엇인지 깊이 이해하는 것입니다. 그 반대도 마찬가지입니다. 다른 사람에게 도움을 줄 방법을 깊이 이해하지 못한다면 사랑하는 삶을 살 수 없을 것입니다.

그런 의미에서 일의 진정한 목적은 당신이 사랑하는 것을 발견하도록 돕는 것입니다. 일은 사랑을 찾기 위한 활동입니다. 그리고 사랑의 목적은 당신이 기여할 분야와 방법을 익히도록 돕는 것입니다. 결국 사랑도 일을 찾기 위한 활동이죠. 이처럼 사랑과 일은 서로 금전적인 영향을 줄 수 있습니다.

관심의 대상을 탐구하라

각자 다른 재능을 관찰하기

자신을 특별하고 독특하게 만드는 것이 무엇인지 정확히 짚어내기 위해 마음속으로 깊이 탐구해본 적이 있나요? 그 과정에서 자신이 형제, 자매와 다르다고 느꼈나요? 사촌이나 가장 가까운 친구는 어떤가요? 물론 자신의 특별함을 느낀 적은 있었을 겁니다. 그저 남들과 무엇이 다른지 구체적인 차이를 느끼지 않았을 뿐이죠. 당신은 그들과 다르다는 사실을 알고 있습니다. 남들처럼 똑같은 농담에 웃지 않고, 똑같은 주제를 탁월하게 다루지 못하고, 똑같은 종류의 도전에 자극받지 않는다는 점도 알고 있죠. 왜 그런지 궁금하지 않았나요?

그런데 이런 의문을 해결하는 데 도움이 될 만한 지침은 전혀 제공되지 않습니다. 학교와 직장에서는 성별, 세대, 종교, 인종이 어떻게 다르고, 이런 차이를 왜 존중해야 하는지에 대해 많은 이야기를 듣게 됩니다. 하지만 당신과 비슷한, 아니 완전히 똑같은 배경을 지닌 사람들은 어떨까요? 모두 유사한 점을 공유하는데도 왜 당신은 여전히 그들과 크게 다른 걸까요?

운 좋게도 제겐 탁월한 재능을 타고난 두 남매가 있습니다. 형 닐은 피아노에 재능을 보이면서 아홉 살이 되던 해에 학교 음악 수업에서 특별히 면제받는 대신 음악적 재능을 키울 비법을 가르쳐줄 수 있는 카우드로이 선생님에게 맡겨졌습니다. 여동생 피파에게도 똑같이 재능이 있었습니다. 그녀의 악기는 바로 춤이었죠. 피파는 열한 살 때 왕립 발레 학교 입학을 제안받았지만 "친구들을 만나지 못하고 스포츠를 할 수도 없을 텐데 제가 거길 왜 가야 해요?"라고 물으며 제안을 거절했습니다. 좋은 지적이었죠. 결국 그녀는 정규 학교에 남아 친구들과 즐겁게 하키공을 쳤습니다. 2년 후 왕립 발레 학교에서 다시 찾아와 춤에 인생을 바쳐보자며 피파를 설득했죠. 피파는 분명히 보기 드문 재능을 지녔던 아이였습니다. 마침내 그녀는 제안을 받아들였고 그 이후로 우리 가족은 그녀를 다시 보지 못했습니다. 피파는 무용가에게 요구되는 모든 노력을 기울이고 훈련을 거쳐 20년 동안 전문 무용가로 활동했죠.

제겐 그런 재능이 없었습니다. 아버지는 제게도 어떤 재능이 있으리라 확신하고는 제 손에 다양한 악기를 쥐여주셨죠. 저도 그런 음악적 재능이 있길 몹시 바랐기 때문에 '기꺼이' 악기를 잡았습니다. 그동안 두 남매가 많은 주목을 받는 모습을 봐왔기에 저 역시 그런 관심을 받고 싶었거든요. 크리스마스와 복싱 데이Boxing Day(크리스마스 다음 날인 12월 26일로 공휴일이다 – 옮긴이)가 되면 우리 가족은 영화 〈사운드 오브 뮤직The Sound of Music〉에 나오는 폰 트라프 가족처럼 직접 노래와 춤을 만들어 친구와 이웃을 위해 공연을 펼쳤습니다. 아버지가 작곡한 곡을 형이 연주하고 여동생이 안무를 짜서 춤을 선보였죠. 저는 중절모를 쓰고 트롬본을 쥔 채 세 사람의 신호를 기다리며 뒤에 서 있었습니다.

트롬본은 아버지가 제게 마지막으로 연주를 시킨 금관 악기였습니다. 코넷, 트럼펫, 프렌치 호른은 입을 대는 부분이 너무 작아서 제 입술을 갖다 대면 하나같이 꽉 차기 일쑤였고, 제 손가락은 밸브를 제대로 이해하지 못하는 것 같았습니다. 그래서 트롬본으로 갈아탄 것이죠. 악기 자체는 정말 마음에 들었습니다. 밸브가 없고 슬라이드만 있는 데다 입을 대는 부분이 제 커다란 입에도 잘 맞았거든요. 어깨에 올려놓을 때의 모습, 슬라이드를 안팎으로 움직일 때 나는 소리, 고급스러운 느낌의 벨벳 케이스도 멋졌습니다. 하지만 안타깝게도 끝내 제대로 연주하는 법을 터득하지 못했습니다. 제 손에 쥔 슬라이드는 음악을 연주하는 수단이라기보다 늘 주변 사람들을 괴롭히는 위험으로 인식되었습니다. 토드 선생님은 늘 이렇게 외치셨죠.

"얘야, 이건 무기가 아니라 악기란다!"

저는 제가 왜 음악에 재능이 없는지 의아해하면서 인생의 첫 10년을 보냈습니다. 악보를 읽을 수 있었고 조성과 빠르기표의 의미도 설명할 수 있었지만, 그런 이해를 음악 연주로 전달할 수는 없었습니다. 노력도 해봤습니다. 인내심을 갖고 그 빌어먹을 트롬본을 만 시간 이상 연주했지만, 끔찍한 수준에서 그저 못하는 수준으로 약간 향상했을 뿐입니다.

좌절과 혼란이 밀려왔습니다. 왜 제 남매는 엄청난 예술적 재능을 타고났는데 저는 온갖 노력을 들이고 간절히 바랐음에도 겨우 이정도 수준에 그쳤을까요? 그 이유를 저는 몰랐습니다. 지금도 모릅니다. 음악적 재능을 타고났다면 정말 좋았겠다는 아쉬움은 여전히 남아 있습니다. 다음 생에는 제 남매와 데이비드 보위David Bowie의 재능을 골고루 물려받아 태어날 수 있으면 좋겠군요. 아마 저와 같은 감정을 느낀 독자들이 있을 것입니다. 데이비드 보위까진 아닐지라도요.

우리가 저마다 다른 재능을 타고난 이유

'나는 왜 가장 가까운 형제나 자매와 같은 재능을 타고나지 못했을까? 똑같은 환경에서 자라고 똑같은 부모님 밑에서 태어났는데도 왜 그들과 다른 걸까?'

참 이상합니다. 이 문제에 대해 논할 수 있는 언어나 그것을 이해할 수 있는 틀을 제공하는 데 조금이라도 관심이 있는 사람이 주변에 아무도 없기 때문이죠. 당신은 다음과 같은 질문에 답을 얻고 싶어 합니다.

'나는 정말 언니와 많이 다른 걸까? 언니를 더 닮고 싶은데, 혹은

덜 닮고 싶은데 정말 열심히 노력한다면 가능할까?'

하지만 집, 학교, 직장에서 주변을 둘러봐도 이런 질문에 대한 답을 알려주는 책이나 수업, 훈련 프로그램 따위는 전혀 없습니다. 성별, 국가, 종교, 지역, 성적 취향, 세대 등의 차이는 흥미롭고 중요하지만, 당신이 궁금해하는 질문과는 관련이 없지요.

누군가의 배경과 생애를 살펴보면 마치 성장하면서 겪은 일에 따라 성격이 결정되는 것처럼 보이기도 합니다. 예를 들어 미국의 테니스 선수 자매인 비너스 윌리엄스Venus Williams와 세레나 윌리엄스Serena Williams의 아버지가 훈련 교관처럼 행동하며 두 딸에게 어떻게 테니스를 훈련시켰는지, 인류 최초로 달에 발을 디딘 우주비행사 닐 암스트롱Neil Armstrong이 열다섯 살에 운전면허 시험을 통과하기도 전에 어떻게 비행 면허를 취득했는지, 조지 클루니George Clooney가 유명한 배우이자 고모인 로즈메리 클루니Rosemary Clooney에게 어떻게 영감을 받아 배우가 되었는지, 오프라 윈프리가 뉴스 보도직에서 해고되고 시청률이 낮은 지역 토크쇼 진행자로 '좌천'되었을 때 어떻게 자신의 소명을 찾았는지 알아볼 수도 있을 것입니다.

위와 같은 사례들은 모두 사실이지만, 거의 똑같은 교육 환경에서 성장한 사람들이 저마다 다른 모습을 보이는 이유를 알아내는 데는 그다지 도움이 되지 않습니다. 그 이유를 이해하려면 비너스와 세레나가 같은 코치에게서 완전히 똑같은 기술을 배웠음에도 서로 매우 다른 방식으로 테니스를 치는 이유, 오프라가 스포트라이트를 갈망한 반면 그녀의 여동생 패트리샤는 상대적으로 잘 알려지지 않는 사회봉사 분야에서 평생의 꿈을 펼치고 싶었던 이유, 닐 암스트롱이 달을 탐사할 길을 개척하는 동안 그의 형제 딘은 은행 관리자가 되는 데 열중하고 있었던 이유, 조지 클루니의 누나 에이다 클루니가 유명 배우 로즈메리 클루니를 고모로 두고도 급여 지급을 전문으로 하는 회계사가 된 이유 등을 설명해줄 사람이 필요합니다.

조지와 에이다가 서로 다르고 비너스와 세레나가 서로 다르듯이, 마찬가지로 당신도 형제, 자매와 매우 다릅니다. 당신과 같은 두뇌를 지닌 사람은 아무도 없습니다. 수많은 연결로 이뤄진 당신의 은하는 남들과 다른 방향과 각도, 방식으로 소용돌이치고 있죠. 선생님, 부모님, 팀 리더, 멘토 등이 선한 의도로 당신에게 조언을 할지라도 그들의 목소리에서 벗어나 당신의 뇌에 나타나는 고유한 패턴을 들여다보세요.

간단히 말하자면, 이는 자신이 몰입하는 것이 무엇인지 알아내어 의식적으로 집중하기 시작하는 것을 의미합니다. 학교와 직장에서는 당신에게 특정 과목과 수업에 집중할 것을 강요할 것입니다. 그렇다면 이런 주변 소음을 걸러낼 방법을 찾고, 다른 무언가에 집중하는 자신의 모습을 포착할 수 있나요? 그것은 다른 사람이 제안하지 않았는데도 당신의 눈길이 머무르는 어떤 것, 당신에게 웃음을 주거나 흥미를 유발하는 것, 다른 사람들에게 설명하더라도 공감을 잘 얻지 못하는 것, 늦은 밤이나 이른 아침에 홀로 어딘가를 걷고 있을 때 마음속에 불현듯 떠오르는 것일 수 있습니다.

먼저 관심이 가는 패턴을 찾아라

당신의 관심을 사로잡는 것은 어떤 임의의 대상이 아닙니다. 그것은 어떤 패턴의 일부입니다. 당신의 사랑을 찾으려면 먼저 관심이 가는 패턴에서 시작해야 합니다.

저는 아홉 살 때 다른 남매들과 다른 분야에 끌리는 것일지도 모른다는 생각을 처음으로 하게 되었습니다. 당시에는 깨달음보다는 아주 작은 추측에 가까웠죠. 그날은 새 학교에서 보내는 첫 운동회 날이었습니다. 남학생들은 모두 흰색 티셔츠에 흰색 반바지를 입고 흰색 운동화를 신은 채 운동장에 서서 경기를 지켜보고 있었습니다.

우리는 저마다 속한 팀을 상징하기 위해 반바지 옆면에 색색의 리본을 꿰매었습니다. 제 리본은 보라색이었는데 이는 제가 '처칠'이라는 팀 소속임을 의미했습니다. 이 팀에 배정해달라고 제가 요청한 적도 없었고, 소설《해리포터》에 나올 법한 마법의 분류 모자를 쓰고 어떤 팀에 들어가라는 계시를 들은 적도 없었습니다. 그저 이 팀이 앞으로 5년 동안 제가 속할 팀이며, 팀의 주된 목적은 운동회 때 누구를 응원해야 하고 무엇보다도 누구를 응원하면 안 되는지 아는 것이라는 설명만 들었을 뿐입니다. 가장 친한 친구가 스트래튼 팀(빨간색 리본) 또는 산스필드(녹색 리본) 팀에 배정되었을지라도 이제부터 저는 보라색 리본인 처칠 팀만 응원해야 했습니다. 처음에는 이것이 매우 이상해 보였지만, 첫 운동회 날이 되자 우리 팀을 향한 충성심과 다른 팀을 향한 적개심이 학생들의 마음속에 스며들기 시작했습니다.

운동회 당일, 저는 약 30명의 남학생과 함께 서 있었습니다. 우리는 각각 보라색, 노란색, 빨간색, 녹색, 파란색 리본을 꿰맨 채 높이뛰기 결승 경기를 지켜보고 있었죠. 빨간색 리본을 꿰찬 첫 번째 선수가 달려가 도약했을 때 나머지 아이들의 움직임이 제 눈길을 끌었습니다. 그 선수가 높이 뛰는 동안 지켜보고 있던 몇몇 아이들이 한쪽 다리를 들었습니다. 저는 다음 차례인 선수를 보기 위해 뒤를 돌아봤고, 주변에서 같은 움직임이 나타나는 것을 다시 포착했습니다. 다음 선수가 높이뛰기를 시도하는 동안 몇몇 소년들이 또다시 다리를 들어 올리는 것입니다.

저는 이 광경이 참 이상하다고 생각해서 선수들에게서 시선을 돌려 경기를 지켜보는 아이들을 살펴봤습니다. 선수들이 높이 뛸 때마다 마치 가로대를 무사히 넘어가길 바라는 것처럼 거의 모든 아이가 다리를 들어 올리며 일종의 도약 동작을 취했습니다. 이전에는 한 번도 본 적이 없는 모습이었죠. 저는 옆에 있던 아이(같은 팀인 길리스 머레이)에게 왜 다리를 들어 올리는지 물었습니다.

"내가? 난 그런 적 없어!"

길리스가 답했습니다. 저는 계속 길리스를 힐끔 쳐다봤고, 다음 선수가 도약했을 때 그가 다시 다리를 들어 올리는 모습을 포착했습니다.

"이것 봐! 너 방금 다리 들었잖아!"

"안 들었거든."

길리스가 짜증을 내며 말했습니다. 정말 이상한 일이었습니다.

길리스는 평소에 착하고 전혀 이상한 점이 없는 아이였는데, 다른 선수가 도약할 때 자신의 다리를 들어 올리더니 이내 그 사실을 부인하는 겁니다.

저는 다시 다른 아이들에게로 시선을 돌렸고 높이뛰기 시도마다 아이들이 다리를 들어 올리는 모습을 계속 목격할 수 있었습니다. 다리를 들어 올리는 행동은 같은 팀원일 경우에만 그런 것은 아니었습니다. 녹색 팀은 노란색 팀이 도약할 때 다리를 들어 올렸고, 파란색 팀은 보라색 팀이 도약할 때도 똑같이 다리를 들어 올렸죠. 발끝으로 일어나거나 실제로 한 발을 땅에서 완전히 들어 올리는 아이들도 있었습니다. 심지어 몇 명은 마치 보이지 않는 공을 차듯 한쪽 다리를 거의 수평으로 힘껏 뻗어 올리기까지 했습니다. 저는 넋을 잃고 이런 광경을 지켜봤습니다.

그날 저는 학교 형들에게 다가가 높이뛰기를 할 때 다리를 들어 올리는 이유를 물었지만, 입 닥치라는 말만 들었습니다. 체육관 선생님에게도 물어봤습니다. 선생님은 제게 닥치라는 말은 하지 않았지만, 도대체 무슨 말을 하는 건지 모르겠다는 표정을 지으며 고개를 저으셨죠. 과학 선생님에게도 물어봤지만, 선생님은 제가 잘못 봤을 거라고 생각하셨습니다. 단체로 다리를 들어 올리는 이 기괴한 행동에 매료된 저는 어머니, 아버지, 형에게도 같은 질문을 했지만, 아무도 그 이유를 설명해주지 않았을 뿐만 아니라 저처럼 그 행동에 매료되지도 않은 것 같았습니다.

결국 저는 답을 찾지 못했습니다. 아무도 알려주지 않았죠. 하지만 제게 설명해주는 사람이 없다고 해서 그런 현상이 사라진 건 아니었습니다. 저는 운동회가 열릴 때마다 높이뛰기 관중들을 지켜보았고, 매년 그들이 무의식적으로 다리를 들어 올리는 동작을 목격하게 되었죠. 그것은 마치 군무처럼 보이기도 했습니다. 해마다 제 관찰력은 점점 발전했습니다. 어떤 이유에서인지 저는 다른 사람들이 알아차리지 못하는 무언가를 알아차리고, 그것을 이상하다고 생각하는 유일한 사람 같았죠. 이것이 수많은 사랑 중에 처음으로 제가 매력을 느낀 사랑이 될 줄은 몰랐습니다. 이와 같은 사랑을 바탕으로 연구자로서 경력을 쌓아가고, 실제 관찰한 인간의 행동을 알아차리고 설명하는 데 제 인생을 바치게 될 줄도 몰랐습니다.

그로부터 20년 후 이탈리아 과학자인 자코모 리촐라티Giacomo Rizzolatti와 그의 팀이 거울 신경 세포의 존재를 발견했습니다. 해당 연구에 따르면 다리를 들어 올리는 행동은 다른 사람의 감정과 행동을 반영하기 위한 본능적 반응의 표현이었습니다. 학교에서는 각 팀에 충성심과 적개심을 조성하려 했지만 다리 들어 올리기만큼은 막지 못했던 것이죠. 다리 들어 올리기는 다른 사람의 경험에 감정을 이입하는 인간의 자연스러운 공감 능력을 고스란히 보여주는 증거였습니다.

하지만 당시 저는 어떤 것도 알지 못했습니다. 그저 정말 흥미롭고 신나는 무언가를 목격했으며, 아무도 그것에 대해 저처럼 관심을 기울이지 않는다는 사실만 알아차렸을 뿐이었죠. 형과 여동생은 음악적 재능을 발휘했지만, 저는 남들과 다른 이 작은 신호 하나에 주목했습니다.

당신도 똑같이 해볼 수 있습니다. 어쩌면 당신은 남들이 웃지 않는 대상을 보고 웃거나, 남들이 잊어버리는 세부 사항을 기억하거나, 시리얼 상자의 포장이나 몸에 소금물이 남은 느낌, 또는 두꺼비와 개구리의 차이에 매료된다는 사실을 깨달을 것입니다. 처음에는 그런 차이를 애써 스스로 무시하려 할 수도 있습니다. 특히 당신이 깨달은 사실이나 느끼게 된 감정을 남들이 알아차리거나 느끼지 못할 땐 더욱 그럴 테죠.

하지만 그 감각을 받아들이고 흘러가는 대로 놔둬보세요. 미셸이 그랬듯, 자신의 진정한 모습을 찾으려면 당신의 사랑이 이상하지 않다는 진실을 굳게 믿어야 합니다. 당신의 사랑은 바로 당신이며, 당신의 운명이자 본질이며, 당신을 보여주는 특별하고 소중하고 강력한 모든 것의 근원입니다.

자신이 무엇에 주의를 기울이는지 주목하세요. 자신감을 가지되 남들에게 양해를 구할 필요는 없습니다. 그런 다음 사랑의 세 가지 신호를 주의 깊게 살펴 당신의 사랑에 관한 세부 정보를 더 깊이 파고들어 보세요. 이제 다음 여러 장에 걸쳐 사랑의 신호를 살펴보겠습니다.

먼저 본능에 따라 행동하라

마음을 들여다보기

사랑에는 많은 신호가 있지만 그중에서도 첫 번째 신호는 '본능'입니다. 본능은 마음속으로 되돌아가는 여정에서 가장 먼저 들여다보아야할 신호죠.

　누군가와 사랑에 빠지면 사랑하는 이유를 설명할 적절한 단어를 찾기 어려울 때가 있습니다. 사랑하는 사람을 만나면 그의 검은색 청바지, 끈이 풀린 신발, 걸을 때 어깨에서 흘러내릴 듯 아슬아슬한 가방을 눈치채지 않을 수 없습니다. 그를 향한 관심이 또 다른 관심을 불러일으키면서 당신은 더 많은 것을 알아차리게 됩니다. 그가 이상한 강아지 소리를 내는 방식, 포크를 잡는 방식, 물을 마실 때 컵에 아랫입술을 대는 습관, 항상 자신의 계획을 이행하는 방식 등을 지켜보게 되죠. 이 모든 것이 그 사람이 보내는 일련의 신호로 합쳐지고, 어떤 이유에서인지 당신의 마음을 흔들어댑니다. 그에 대한 모든 특정한 신호가 감정을 고조시키면 당신은 사랑에 빠집니다.

"왜 그럴까? 끈 풀린 부츠, 포크, 가방… 이런 것들에 왜 그런 식으로 반응하게 될까? 왜 짜증을 느끼지 않는 거지? 왜 그것들을 눈치채게 되는 걸까?"

친구가 당신에게 묻습니다. 하지만 당신도 그 이유를 알지 못합니다. 당신의 반응은 바로 '본능'이지만, 그 이유는 밝혀지지 않았기 때문이죠. 그 사람이 우연히 보낸 신호를 당신이 포착했고, 그 신호는 기쁨을 주고 흥미를 불러일으키는 방식으로 당신에게 와닿습니다. 그를 백 번이나 만났는데도 처음처럼 신선하게 느껴지죠. "나도 몰라"라고 당신은 친구에게 고백합니다.

"그냥 나한테는 다 완벽해."

이와 같은 본능적 반응은 인생의 모든 순간, 활동, 맥락에서 발생합니다. 각 활동과 상호 작용은 긍정적이든 부정적이든 감정을 고조시킵니다. 매 순간이 당신을 흔들고, 당신은 그 신호를 받아들입니다. 그것은 당신의 감정을 조금 끌어올리거나 반대로 끌어내리기도 합니다. 어떤 순간도 당신을 가만히 두지 않습니다. 마치 인생이 매일 당신에게 신호를 보내고, 이런 몇몇 신호를 사랑하거나 무시하거나 심지어 혐오하도록 정해져 있는 것만 같죠. 낭만적인 사랑과 마찬가지로 당신이 사랑하는 이런 신호는 본능적으로 와닿고 개별적으로 이뤄지며 말로 설명할 수도 없습니다.

오직 당신만이 알아차릴 수 있는 신호

타일 가게에 들어서면 교향악단이 떠오릅니다. 모든 타일과 표면, 패턴이 당신을 불러 세워 미세한 음영과 변형을 감상하라고 손짓하는 것처럼 보이죠. 너무 많은 의견과 계획이 밀려와서 정신이 없어집니다. 그리고 당신은 생각하죠.

'내 인생에서 이렇게 많은 다양성을 본 적이 있었던가!'

그때 언니가 당신의 어깨를 두드리며 말합니다.

"우리 15분 정도 시간이 있는데, 소파에 어울리는 타일을 좀 골라 줄 수 있니? 그러면 타깃Target(미국의 대형 할인마트 – 옮긴이)에 가서 쓰레기통을 사도 시간이 충분할 것 같아."

당신은 무슨 말을 해야 할지 몰라 망설입니다. 잠시 자신만의 세계에 있었기 때문이죠. 본능적으로 자신이 타일 앞에 종일 머물고 싶어 한다는 것을 알게 됩니다. 반면 언니는 본능적으로 최대한 빨리 당신을 가게 밖으로 데리고 나가야겠다고 느꼈죠. 언니는 당신의 눈에 비친 세상을 알아보지 못하고 당신이 느끼는 감정을 느끼지도 못합니다.

또 다른 이야기를 상상해볼까요? 당신은 사무실에 있습니다. 오늘 아침에 동료가 당신의 고객에게 한 말에 대해 동료에게 따져 물어야 할 게 있습니다. 오늘 회의가 빨리 끝나는 바람에 그 동료는 어디론가 쏜살같이 달려 나가 보이질 않습니다. 당신은 그를 찾아다니고 있죠. 그때 한 팀원이 다가와 말합니다.

"이봐, 오늘은 늦었으니 내일 얘기해. 급한 일은 아니잖아."

하지만 당신의 세계에선 그럴 수 없습니다. 동료 때문에 고객이 겪은 일은 분명히 잘못된 것이었고요. 당신은 잘못된 문제를 보면 당사자와 대면해 문제를 바로잡기 전까지 머릿속에서 문제를 떨쳐낼 수 없는 사람입니다. 그런 생각은 당신을 갉아먹죠. 어떤 사람들은 어려운 대화를 입 밖으로 꺼내지 않으려 하지만, 당신에게 그것은 그리 힘든 일이 아닙니다. 오히려 쉽고 간단한 일이며 일을 마무리 지을 때 활력을 얻습니다. 하지만 팀원은 당황하더니 짜증을 내며 당신을 두고 떠납니다. 당신은 본능적으로 회의실 한 곳만 더 확인하겠다며 이동합니다.

자아를 되찾는 여정에서 배워야 할 점은 '본능을 따르는 게 낫다는 사실을 아무도 모른다'는 사실입니다. 다른 누군가가 다가와 당신이 고른 타일이 마음에 들었다거나 동료와 효과적으로 문제를 해결한 것 같다고 당신에게 말해줄 수도 있을 것입니다. 하지만 본능적으로 끌리는 활동과 그렇지 않은 활동은 '오직 당신만'이 알아차릴 수 있죠. 인생은 행동, 사람, 상황의 형태로 수십만 개의 신호를 계속 보내고 있고, 당신은 그중 어떤 신호를 선택할지 유일하게 판단할 수 있는 당사자입니다. 당신의 세계에서 가장 현명한 사람은 바로 당신이니까요.

본능적으로 자원하는 일이 있다면

제가 기억하는 한, 저는 아주 어릴 때부터 본능적으로 무대에 서고 싶었습니다. 동네 교회에서 진행한 예수의 탄생에 관한 연극은 매우 흥미로웠습니다. 매년 동네 아이들이 오디션을 보고 크리스마스 주간 7일 동안 밤낮으로 공연을 펼쳤기 때문이죠. 형 닐에게는 항상 천사 가브리엘 배역이 주어졌어요. 천사들은 아름다운 목소리로 노래를 부른다는 점에서 닐이 천사 역을 맡는 건 당연한 일이었죠. 여동생 피파는 언제나 우아하고 아름다운 마리아 역을 맡았습니다. 우아한 두 팔로 아기 예수를 끌어안고 아주 부드럽게 흔들었죠. 제겐 딱히 고정된 역할이 없었지만 그다지 신경 쓰지 않았습니다. 저는 매년 오디션에 참가하길 고대했고, 오디션 날짜가 발표되기 몇 달 전부터 준비를 시작했습니다.

돌이켜보면 이상합니다. 저는 한 번도 원하는 배역을 따내지 못했거든요. 저는 왕(동방박사) 역할을 노린 적이 있습니다. 세 명의 왕 중에 누구라도 맡고 싶었죠. 하지만 저는 사도 베드로를 맡게 되었습니다. 이듬해에는 요셉 역에 희망을 걸었지만, 결국 당나귀 역을 맡았죠. 마지막으로 뮤지컬 〈지저스 크라이스트 슈퍼스타〉에서 영감을 받은 후 강력하지만 도덕적으로 타협한 헤로데 역을 노렸지만, 결국 의심 많은 도마 역을 맡았습니다. 제가 이야기의 중심인물이 아니라고 불평하자 마침내 유다 역을 맡게 되었죠.

제가 목표로 삼은 등장인물들은 모두 동기와 연극 기술 면에서 큰 차이가 있었지만, 한 가지 공통점이 있었습니다. 모두 대사가 있는 역할이었죠. 반면 제게 주어진 등장인물들은 한 가지 공통점이 있었습니다. 바로 대사가 없는 역할이라는 점입니다. 그나마 대사가 있는 역할에 가장 근접한 인물은 유다였습니다. 저는 손가락으로 예수를 가리키며 "그분이야!"라고 외쳐야 했습니다. 이것이 무대에서 제가 선보이는 가장 중요한 장면이었습니다.

저는 해가 갈수록 실망할 수밖에 수 없었지만, 도전을 멈추지 않았습니다. 작은 마을 교회에 겨울이 찾아오면 본능적으로 손을 들어 자원했죠. 스스로 되뇌었습니다.

'올해는 기필코 대사를 따내고야 말겠어.'

물론 그런 일은 일어나지 않았습니다. 당시에는 연극 주최 측이 심술궂다고만 생각했습니다. '어떻게 대사 하나도 주지 않을 수 있지?'라고요. 이제서야 돌이켜보면 그들의 행동은 심술궂은 게 아니라 오히려 저를 지켜주려 한 것임을 알게 되었습니다. 그들은 무대에서 대사를 내뱉다가 부끄러워 말을 못 하는 상황에 처하지 않도록 저를 도와주려 한 것이지요.

맨 처음에 저는 대사를 말하려다 실패한 적이 있었습니다. 말을 우물거리며 더듬었죠. 그것은 듣는 사람이 몸을 기울이며 미소 짓게 하는 귀여운 수준이 아니었습니다. 마치 첫 단어의 첫 글자가 생각의 강을 틀어막고 소리가 크고 시끄럽고 추한 무언가로 부풀려져 경적을 울리듯이, 듣는 이에게 큰 고통을 줄 만큼 처참한 수준으로 말을 더듬었습니다. 이를 본 관객은 처음에는 이해할 수 없는 상태로 입술이 얼어붙었다가, 마침내 무언가가 정말 잘못되었다는 것을 깨닫고는 끝내 견디다 못해 이렇게 소리를 지를지도 모릅니다.

"제발, 뭐라고 좀 해봐!"

초등학교에 입학한 첫날 다른 아이들이 반 친구들과 잘 지낼지, 축구 동아리를 만들지, 선생님을 좋아할지 걱정하고 있을 때, 저는 차 안에서 12분 동안 자신의 이름을 어떻게 말해야 할지 고민하고 있었습니다. 어린 시절에 저는 스스로 대화를 진행할 요령을 찾기 위해 애를 썼습니다. 일곱 살이 되던 해에 저는 l과 m 소리를 낼 때 늘 실수를 저지르지만, 때때로 c를 t 소리로 대체할 수 있다는 사실을 알아냈죠. 어떤 이유에서인지 t가 발음하기 좀 더 수월했습니다. 그래서 색상을 뜻하는 '컬러color'를 좀 더 부드러운 '털러tolor'로 발음하고 자동차를 뜻하는 '카cars'는 '타tars'로 흘려 말했습니다. 하지만 고유명사는 여전히 힘들었고, 특히 제 이름은 아주 어려웠죠. 말을 더듬는 사람에게 '마커스 버킹엄'이라는 이름은 기이할 정도로 길어서 더 이상 유창한 척도 하지 못했습니다. 제 이름은 모든 음절에서 소리가 막히도록 설계된 것만 같았습니다. 저는 제 긴 이름을 말하다가 함정에 빠져 허우적거리기 일쑤였죠. 다른 까다로운 단어들은 좀 더 부드럽게 대체할 발음을 찾아낼 수 있었지만, 특히 학기 첫날에는 제 이름을 말하지 않을 방법이 도무지 떠오르지 않았습니다.

제가 차에서 내리자 어머니는 우리를 환영하는 어떤 나이 든 남자에게 저를 데려갔습니다. 그는 순진무구하게 제 이름을 물었고, 저는 즉시 얼어붙고 말았죠. '마커스'를 말하기 위해 "음" 하며 길게 소리를 냈지만, 그렇게 약 30초가 흐르면서 결국 말하는 걸 포기했습니다. 우리는 아무렇지 않은 척 조용히 교실로 향했습니다. 선생님이 남자에게 제 이름을 물었습니다.

"확실히 모르겠네요."

남자가 대답했습니다.

"말을 못 하더라고요."

"말을 안 했어요?"

선생님이 그에게 물었습니다.

"아뇨. 말을 못 했어요."

선생님은 어리둥절한 표정으로 저를 보고는 희미하게 미소를 머금고 제게 이름을 물으셨습니다. 저는 반 친구들에게 둘러싸인 채 입고 있던 빨간색 겉옷처럼 새빨개진 얼굴로 불쑥 '버킹엄'을 말하려 했지만, 목구멍에 걸린 듯 말이 나오지 않았습니다. 그날 제 별명 '버⋯ 버⋯ 바킹엄B-b-b-BARKingham'이 탄생했습니다.

저는 말을 더듬는 자신에게 크게 실망했습니다. 다른 사람들도 알고 있었죠. 모든 사람이 그 사실을 알 수 있었습니다. 착한 교회 사람들은 단지 그런 저를 지켜주기 위해 대사가 없는 배역을 주기로 결정했을 뿐입니다. 저는 대사가 있는 배역을 따내기 위해 계속해서 손을 들며 자원했고, 그들은 아마 이렇게 생각했을 것입니다.

'우리는 아는데 저 아이는 본능적으로 알지 못하는구나. 말을 더듬거리며 무대에 서고 싶진 않을 거야. 그러니까 방향을 바꾸자. 오디션을 보게 하되 당나귀와 의심 많은 도마 배역을 주는 거야. 그것이 옳은 일이지.'

교회 사람들은 참 친절했지만, 사실 그들의 판단은 틀렸습니다. 그들은 저를 잘 알지 못했고, 옳은 결정은 아니었던 것이죠. 무대에 올라가서 말을 하려는 제 본능은 이후 제 인생의 모든 과정을 결정지었을 정도로 뛰어난 선견지명과 현명한 선택으로 드러났습니다.

당신에게도 이런 일이 생길 것입니다. 본능적으로 갈망하던 일을 찾게 되면 그것을 시도해보기도 전에 손이 먼저 올라가고 마음이 기우는 경험을 하게 되죠. 이런 본능이야말로 사랑의 첫 번째 신호입니다. 그 안에는 지혜가 있습니다. 스스로 질문을 던져보세요.

'내가 본능적으로 손을 들며 자원하는 일은 무엇일까?'

자신의 의지에 집중하는 상태에서 어떤 활동이나 상황이 당신을 끌어당기고 있나요? 당신의 세계에서 다른 사람들의 목소리와 요구를 모두 차단한 채 당신의 대답이 무엇인지 확인해보세요. 답이 무엇이든 의미가 있을 것입니다. 그 대답에 귀를 기울여 자기 자신의 생각과 결정을 존중하길 바랍니다.

자신만의
붉은 실을 찾아라

일과 하나가 되는 순간을 포착하기

당신이 무언가를 하기도 전에 당신의 사랑은 본능적으로 그 일을 하고 싶어 합니다. 무언가를 하는 사이에 사랑은 다르게 느껴집니다. 시간이 순식간에 지나간 듯한 기분이 들죠.

'사랑'이라고 불리는 이 감정이 '시간'이라는 현실에 이상한 영향을 준다는 사실을 알아차린 적이 있나요? 누군가와 사랑에 빠지면 사랑하는 사람과 함께 있을 때와 그렇지 않을 때 시간의 흐름이 빨라졌다가 느려진 것처럼 보입니다. 연인을 만나기 전에 시간은 하염없이 축 늘어지고 따분하게 느껴져 매 순간 한계에 다다를 정도죠. 아무리 기다리기 힘들어도 기다려야 합니다. 시간은 점점 더 가팔라지는 언덕을 천천히 조금씩 올라가면서 당신을 붙잡아 놓고 억지로 기다리게 합니다.

마침내 당신은 연인을 만납니다. 그러자 시간이 언덕 정상에서 당신을 마주하고 즉시 언덕 아래로 몸을 던져 질주하기 시작하죠. 시간은 아래로 돌진하면서 점차 빠른 속도로 굴러떨어집니다. 시간은 분이 되고, 분은 초가 되고, 초는 이내 사라집니다. 시계를 올려다보니 벌써 시간이 다 되었네요. 연인과 함께 보낸 하루가 30분처럼 느껴질 정도로 시간이 빠르게 흘렀습니다.

당신이 좋아하는 활동을 할 때도 이와 똑같은 일이 벌어집니다. 좋아하는 일에 너무 깊이 열중하면 현재 이 순간과 함께 어우러져 자연스럽게 시간은 아주 매끄럽고 수월하게 흘러갑니다. 당신은 그 활동이 당신에게서 분리되어 한 단계가 수행되고 완료된 후 다음 단계로 넘어가는 일련의 정의된 단계처럼 인식하지 않습니다. 오히려 그 활동과 하나로 섞이면서 마치 그것이 당신의 일부를 이룬 것처럼 당신의 내면에서 외면으로 쭉 이어져나가는 경험을 하게 됩니다.

이 느낌을 말로 설명하기는 어렵지만 우리는 모두 그런 경험이 있습니다. 정말 좋아하는 활동에 심취하면 그것에 둘러싸여 그 순간에는 자기 자신을 더 이상 자각하지 못합니다. 당신은 그 활동을 하고 있지 않습니다. 당신이 바로 활동 그 자체가 되는 것이죠. 저명한 긍정 심리학자 고(故) 미하이 칙센트미하이Mihaly Csikszentmihalyi는 이런 감정의 흐름이야말로 '행복의 비결'이라고 말했습니다.

마이클 조던Michael Jordan은 다른 위대한 운동선수들과 마찬가지로 자신의 경기 영상을 시청하는 데 많은 시간을 할애했습니다. 그것은 단순히 자신감을 키우기 위한 행동만은 아니었습니다. 그는 리바운드를 잡기 위해 도약하고, 동시에 두 명의 선수를 제치고, 3점 슛을 쏘는 상대를 쓰러뜨릴 땐 그 활동 자체에 너무 깊이 집중한 나머지 정작 자신이 그 활동을 하고 있다는 사실을 자각하지 못했습니다. 그래서 자신의 하이라이트 영상을 다시 돌려보며 흐름 속에서 자신의 움직임을 관찰하고 흡수했던 것입니다.

마이클 조던과 똑같은 재능을 지닌 사람은 아무도 없지만, 우리는 모두 조던처럼 특정한 활동을 수행하며 활동에 온 정신을 빼앗긴 채 흐름에 몸을 내맡기고 일의 단계가 줄어들고 시간이 빨라지는 느낌을 받은 적이 있습니다. 그리고 우리는 모두 그런 감정을 인식합니다. 우리가 좋아하는 특정 활동을 파악하는 데 복잡한 긍정 심리학 이론이 꼭 필요한 건 아닙니다. 그저 시간이 빠르게 흘러갈 때, 우리가 하는 일과 우리 자신이 하나가 될 때를 주시하면 됩니다.

소설이 따분했던 아이

모든 아이에게는 선택권이 있습니다. 형 닐은 제게 말했습니다. 남자아이라면 '반지의 제왕파' 또는 '나니아 연대기파', 둘 중 하나를 선택해야 한다고요(여자아이들은 어떤 선택을 해야 했는지 잘 모르겠습니다. 형이 그에 대해서는 말해주지 않았거든요). 만일 (닐처럼) '반지의 제왕파'라면 아라곤, 보로미르, 레골라스 또는 프로도 중에서 한 등장인물을 선택해 동질감을 느껴야 합니다. 닐은 아라곤에 가까웠고, 저는 제가 좋아하는 캐릭터를 아무나 다 고를 수 있다 해도 아라곤만은 고를 수 없었습니다.

"내가 그걸 어떻게 알아?"

제가 묻자 형이 이렇게 말했습니다.

"너도 알게 될 거야. 누구나 알게 되거든."

그래서 저는 소설 《반지의 제왕》 시리즈의 1편인 《반지 원정대》를 읽기 시작했고 저를 중간계로 안내해줄 영혼의 안내자가 누구인지 알려줄 단서가 제 앞에 나타나기만을 기다렸습니다. 책을 4분의 1쯤 읽었을 때 문제점이 드러났습니다. 제가 누구를 응원해야 할지 모른다기보다 누구도 신경 쓰지 않는다는 점이었죠. 솔직히 말하면, 저는 그중 아무에게도 관심이 가지 않았습니다. 모두 따분했죠. 호빗과 나즈굴, 모험을 하면서 만난 사람들, 반지 원정대의 전반적인 임무 자체가 제겐 모두 따분하게 느껴졌고 그다지 흥미롭거나 중요해 보이지도 않았습니다. 그때 닐이 저를 안심시켰습니다.

"괜찮아. 넌 '나니아 연대기파'일 거야."

그래서 소설 《나니아 연대기》 시리즈의 1편인 《사자와 마녀와 옷장》을 읽어봤지만, 이것 역시 제 마음을 사로잡진 못했습니다. 닐은 다시 저에게 말했습니다.

"걱정하지 마. 《새벽 출정호의 항해》를 읽어봐. 《나니아 연대기》 중에 《반지의 제왕》 팬들도 좋아하는 시리즈거든."

그 책도 읽어봤지만 역시 마음에 들지 않았습니다. 조금도 재미가 없었죠. 좀처럼 진도를 나가지 못해서 유스타스가 드래곤으로 변신하는 '하이라이트 부분'까지 읽지도 못했습니다.

널에게 저는 가망이 없는 아이였습니다. 저 스스로도 크게 실망했습니다. 이상했죠. 저는 왜 다른 아이들처럼 이런 책들을 좋아하지도 않고 이야기에 푹 빠지지도 못했을까요? 어쩌면 저는 책을 읽지 못하는 아이였나 봅니다. 독서는 재미있는 일이어야 하고 이 책들이 가장 재미있는 책으로 손꼽힌다면, 제가 책을 읽을 줄 모르는 사람이라는 거겠죠. 그 후로도 몇 년 동안 저는 달라지지 않았습니다. 가끔은 공상과학 소설에 손을 대고 학교에서 읽으라고 하는 책도 당연히 읽었지만, 순전히 즐거움을 위해 책을 읽는 일은 상상도 하지 못했죠. 안타깝게도 독서는 제게 맞지 않는 활동이었습니다. 저는 그저 책을 읽지 못하는 사람이었습니다.

그러던 어느 크리스마스 아침, 대니얼 부어스틴Daniel Boorstin의 《발견자들The discoverers》을 선물로 받았습니다. 저는 당시 열여섯 살이었고 이미 산타를 믿지 않게 된 지 오래였지만, 어린 사촌들과 함께 지내고 있었기 때문에 크리스마스 선물을 받고 싶다는 작은 설렘이 여전히 제 마음속에 남아 있었습니다. 저와 사촌들은 새벽 다섯 시에 일어나 침대 끝에 달아 놓은 베갯잇을 뒤적였습니다(우리 가족은 크리스마스 선물을 담을 때 양말이 아닌 베갯잇을 사용했습니다. 이유는 모르겠네요. 어머니는 노스요크셔 출신이신데 아마도 그쪽 지방 사람들은 추위를 피하려고 양말은 전부 발에 신고 있었나 봅니다).

베갯잇에는 오렌지와 탑 트럼프 카드 게임, 속옷, 그리고 책 한 권이 들어 있었습니다. 무려 745쪽에 달하는 아주 두꺼운 책이었죠.

저는 그 책과 작가에 대해 한 번도 들어본 적이 없었습니다. 책은 저와 맞지 않는다는 생각에 이미 오래전에 독서를 포기했기 때문에 책에 대해 깊이 생각해본 적도 없었죠. 그때가 오전 5시 25분이었습니다. 사촌들이 선물을 뜯고는 유머집에 담긴 농담을 서로에게 알려주고 있었어요. 부모님은 아직 잠들어 계셨습니다. 아침 식사까지 시간이 많이 남아서 저는 새 책을 펴고 읽기 시작했습니다.

그날 저는 한 번도 손에서 그 책을 놓지 않았던 것 같습니다. 아침 식사에도 늦고 말았죠. 교회에서도 몰래 그 책을 읽었습니다. 여왕님의 연설도 놓쳤고, 〈모어캠브와 와이즈_{Morecambe and Wise}〉 코미디 특별 프로그램도 놓쳤습니다. 게다가 크리스마스 밤에는 책을 읽다 말고 억지로 거실로 끌려 나와 전통 몸짓 놀이를 해야 했습니다. 당신을 비롯해 아마도 정말 많은 사람에게 부어스틴의 책은 전화번호부처럼 읽힐지도 모릅니다. 그 점은 저도 인정합니다. 하지만 제게 그 책은 매우 흥미로웠습니다.

《발견자들》은 발견자로서 우리 인간이 걸어온 이야기를 담고 있습니다. 드래곤, 말하는 사자, 난쟁이, 골룸도 나오지 않습니다. 우리 세계가 어떻게 작동하고 그 안에서 우리가 어떻게 살게 되었는지 알아내기 위해 씨름하는 진정한 남성과 여성만이 등장합니다. 그때까지만 해도 저는 초기 철학자들의 주요 과제가 그들이 성장하더라도 어떤 부분이 그대로 유지되고 어떤 부분이 변하는지 알아내는 것이었음을 전혀 알지 못했습니다. 오늘날 망아지는 말로 성장할 뿐, 망아지에게 무엇을 먹이든 황소가 될 가능성은 전혀 없다는 점은 분명한 사실입니다. 그렇지만 우리가 그것을 아는 이유는 무엇일까요? 유전자에 관한 지식이 알려지기 전이었다면 망아지가 황소로 자라지 않는 이유에 대해 어떤 주장을 펼칠 수 있을까요? 망아지가 황소가 되는 것을 본 사람이 아무도 없다는 주장 말고는 없을까요? 애벌레는 애벌레와 전혀 닮지 않은 번데기로 자신을 감싸고, 번데기는 번데기 모양과 전혀 다른 나비로 변합니다. 그렇다면 왜 망아지는 황소가 될 수 없는 걸까요?

이런 종류의 질문은 당신을 눈물 날 정도로 지루하게 만들지도 모르지만, 저는 깊이 빠져들었습니다. 저는 그 책을 읽기 전까지 아이작 뉴턴Isaac Newton이 '백색광은 무엇으로 만들어졌는가?'라는 질문에 대한 답을 찾는 데 중력보다 더 많은 관심을 기울였다는 사실을 전혀 알지 못했습니다. 저는 그런 질문에 대해 한 번도 생각해본 적이 없었지만, 그 책을 통해 뉴턴이 케임브리지 셋방 벽에 있는 작은 균열 앞에 프리즘을 놓고 반대편 벽에 무지갯빛의 부채 모양이 비치는 것을 보고 돌연 그 하얀 빛이 스펙트럼의 다른 모든 색상으로 구성되어 있다는 사실을 깨닫는 모습을 상상할 수 있었습니다.

저는 2,500년 전에 인간이 위도(적도의 북쪽 또는 남쪽에서 떨어져 있는 거리)를 측정하는 방법을 알아냈지만(에라토스테네스Eratosthenes 덕분입니다), 1770년까지 경도(동쪽 또는 서쪽으로 여행한 거리)를 측정하는 방법을 여전히 발견해내지 못했다는 사실을 알게 되었습니다. 그 책을 읽기 전에는 왜 위도가 당연한 지식이고 경도는 깜짝 놀랄 만한 발견이었는지 전혀 알지 못했었죠.

저는 학교에서 물리학이나 화학에 그다지 관심이 없었고 철학 수업도 지루해서 하품만 해대기 일쑤였지만, 이 책은 달랐습니다. 이 책은 모두 '왜?'라고 질문하는 수천 명에게 헌정된 책이었습니다. 번개가 칠 때 항상 소리보다 빛이 앞서 나타나는 이유는 무엇일까요? 무거운 배가 뜨는 이유는 무엇이며 언제 어떻게 배를 가라앉힐 수 있을까요? 전 세계에 퍼져 있는 모든 창조 신화가 그토록 놀라운 유사성을 지닌 이유는 무엇일까요? 왜 인간 사회는 모두 죽음을 의식으로 행할까요? 제게 이런 질문들은 프로도가 반지를 갖고 떠나는 모험만큼이나 숨 막히게 짜릿했습니다. 그 책은 저를 끌어당기고 사방으로 둘러싼 후 들어 올려 고대 알렉산드리아로, 1666년 대화재Great Fire 당시 런던으로, 마리 퀴리Marie Curie와 죽음을 초래한 그녀의 실험실로 데려갔습니다.

결과적으로 저는 '책을 읽는 사람'이었습니다. 그저 소설을 읽지 못했을 뿐이죠. 사우론 경을 물리칠 수 있는지가 아니라, 독학으로 시계 제작 방법을 익힌 존 해리슨John Harrison이 또 다른 영국 함대가 난파되기 전에 경도를 측정하는 방법을 알아낼 수 있었는지가 제겐 시급하고 강렬한 주제였습니다. 제가 좋아하지 않는 책은 단순히 소설뿐만이 아니었습니다. 전기를 지루해 했고, 어째서인지 아름답게 만들어진 역사책도 교과서처럼 느껴졌습니다. 하지만 저자가 세상의 다양한 측면을 밝히려는 책, 특히 우리 인간이 세상을 어떻게 헤쳐 나갔는지를 다룬 책은 단숨에 제 마음을 사로잡았죠. 위니프리드 갤러거Winifred Gallagher의 《당신의 진정한 모습Just the Way You Are》, 나심 탈레브Nassim

Taleb의 《블랙 스완The Black Swan》, 스티븐 핑커Steven Pinker의 《마음은 어떻게 작동하는가How the Mind Works》와 같은 (두꺼운) 책들은 저를 끌어당겼습니다. 저는 이 책들을 읽는 데 많은 시간을 들였지만, 겨우 몇 초밖에 지나지 않은 것처럼 몰입할 수 있었습니다.

운명의 원천, 붉은 실을 찾아서

이런 종류의 책을 향한 관심이 제 진로에 영향을 미치고 고향과 가족을 떠나 미국 중서부로 이주하는 계기로 작용할 줄은 정말 상상도 하지 못했습니다. 먼저 그런 관심은 제가 매우 좋아하고 가족이나 친구들과 공유하지 않는 어떤 것, 세상에서 저를 유용하게 만들 방법을 알아내기 위해 제가 기댔던 어떤 것을 암시하는 신호였습니다.

당신에게도 그런 활동이 있을 것입니다. 그 활동에 몰두하느라 시간 가는 줄 모르는 순간이 있지 않았나요? 그런 활동을 당신의 '붉은 실'이라고 생각하세요. 학교, 집, 직장에서 당신의 삶은 많은 실타래로 얽히고 다양한 활동, 상황, 사람들로 구성됩니다. 그 실타래 중 일부는 검은색, 흰색, 회색, 갈색을 띱니다. 그런 색상은 감정적으로 메말라 보이며, 서로 약간의 차이는 있을지라도 바늘을 움직이는 데는 별로 도움이 되지 않습니다.

하지만 그중 일부는 붉은색을 띱니다. 붉은 실은 완전히 다른 재료로 만들어지죠. 붉은색은 대단히 긍정적인 기운을 담은 강렬한 색입니다. 본능적으로 붉은 실을 당기고 싶은 욕구가 솟아날 정도로 강렬하죠. 붉은 실을 당기면 인생이 더 수월하고 자연스럽게 느껴지고 시간이 빠르게 흘러갑니다. 이 붉은 실타래는 특정 활동에서 느껴지고 표현되는 당신의 운명과 특별함이 나오는 원천입니다.

똑같은 일을 수행하는 사람들이 모두 똑같은 붉은 실을 공유하는 건 아닙니다. 성공한 호텔 관리자들을 대상으로 진행한 인터뷰에서 어떤 프런트 데스크 관리자는 손님의 불만을 해결하는 것이 그녀의 붉은 실이라고 말했습니다.

"이상한 소리로 들리겠지만, 화가 난 손님이 프런트 데스크로 걸어올 때 저는 기분이 좋아져요. 제 두뇌가 더 빠르게 작동하고 아드레날린이 솟구치는 느낌이 정말 굉장해요. 벼랑 끝에 서 있는 것처럼 긴장하게 되지만, 저는 그 순간을 정말 좋아한답니다. 저한테 슈퍼히어로 콤플렉스가 있는 것 같죠?"

그녀와 같은 회사에서 같은 직위에 있고 같은 수준의 성과를 올린 또 다른 관리자는 이렇게 말했습니다.

"제가 가장 보람을 느끼는 순간은 팀의 성공을 위해 방법을 찾아내려 애쓸 때예요. 다들 성격도 다르고, 일정도 다르고, 역할도 다르지만, 적절한 시기에 사람들이 적합한 일을 맡아 하고 어떻게든 모든 일을 처리해야 해요. 관리 업무는 쉽지 않아요. 아직 완벽하게 모든 일을 이해하진 못했지만 아주 깊이 빠져든 상태예요."

큰 성공을 거둔 또 다른 관리자는 다음과 같이 말했습니다.

"사람들은 제가 만족하는 법이 없다고 말하지만, 저는 그렇게 생각하지 않아요. 효과적인 방법을 취하고 더 새롭고 더 나은 방법을 찾는 것을 정말 좋아해요. 저는 빨리 질리는 편이어서 새롭거나 한 번도 해본 적이 없는 방법이라면 늘 가장 먼저 시도해요. 단체상이나 손님 감사 프로그램을 만들 때 수정을 몇 번이나 거듭했는지 기억도 나지 않을 정도예요. 그래도 저는 절대 멈추지 않을 거예요."

붉은 실은 어떤 특정 직업군에서 당신이 성공을 거둘지 알려주진 않습니다. 그렇지만 당신이 특정 개인으로서 어떤 직업을 선택하게 되든 가장 큰 성공을 거둘 방법을 보여줄 것입니다.

붉은 실을 찾는 10가지 방법

당신만의 붉은 실을 선택하는 데 도움을 받고 싶다면 다음과 같이 '언제 마지막으로…?'라는 질문을 스스로 던져보세요.

일반적인 통념에 따르면 과거의 행동으로 미래의 행동을 가장 잘 예측할 수 있습니다. 하지만 실제 데이터는 이와 전혀 다른 사실을 보여줍니다. 바로 당신의 빈번한 과거 행동이 당신의 빈번한 미래 행동을 가장 잘 예측하는 변수가 된다는 점입니다.

따라서 붉은 실을 식별하는 비결은 자주 나타나는 패턴을 식별하는 것입니다. 그리고 패턴을 식별할 수 있는 가장 좋은 방법은 특정한 기분을 느끼게 하는 어떤 일이 일어났을 때 그 시간과 순간을 떠올릴 수 있도록 스스로 유도하는 것입니다. 어떤 시간이나 사람, 또는 상황에 따라 특정한 순간을 생각하도록 했을 때 머릿속에 즉시 떠오르는 것이 있다면 그 순간은 일회성이 아니라 자주 발생하는 어떤 패턴을 형성할 가능성이 높기 때문입니다. 만일 어떤 일이 자주 발생한다면 제가 당신을 살짝 건드리기만 해도 그 일과 관련한 특정 사례가 머릿속에 곧장 떠오를 것입니다. 그런 순간은 그것이 무엇이든 당신에게 항상 일어나고 있기 때문이죠.

붉은 실을 찾기 위한 질문

"언제 마지막으로…"

- 시간 가는 줄 몰랐나요?

- 무언가를 하기 위해 본능적으로 자원했나요?

- 누군가가 억지로 당신을 일에서 떼어내야 했나요?

- 자신이 하는 일을 스스로 완전히 통제하고 있다고 느꼈나요?

- 스스로 놀랐을 만큼 일을 잘 해냈나요?

- 특별히 칭찬을 받았나요?

- 남들과 다르게 유일하게 뭔가를 알아차렸나요?

- 적극적으로 일하고 싶어 했나요?

- 새로운 업무 방식을 고안해냈나요?

- 지금 하고 있는 일이 끝나지 않기를 바랐나요?

머릿속에 떠오르는 대로 각 질문에 즉시 대답하세요. 너무 깊이 생각하거나 합리적으로 분석하려 하지 마세요. 열 가지 감정을 마지막으로 느낀 때를 떠올려보세요. 날짜나 시간을 기록해도 좋지만, 그보다 무엇을 하고 있었는지 기록하는 게 더 중요합니다. 어떤 활동이 당신에게 이런 특정한 경험을 하도록 이끌었나요?

이 질문에서는 패턴을 찾아야 합니다. 아마도 열 가지 질문에 일일이 답하기가 쉽지 않을 것입니다. 답변 간 중복되는 부분이 있을 가능성도 크지요. 어쩌면 마지막으로 칭찬을 받은 때가 시간 가는 줄 몰랐던 때일 수도 있습니다. 아니면 마지막으로 새로운 업무 방식을 고안해낸 때가 마지막으로 어떤 일을 끝내고 싶지 않았던 때일 수도 있고요. 인생에서 접하는 소재에 대한 당신의 감정적 반응을 활용해 어떤 활동이 이런 붉은 실의 특성을 갖추고 있는지 정확히 짚어내야 합니다.

이 붉은 실을 발견해낸 후에는 집과 직장에서 인생이라는 배경에 그것을 엮어 넣는 것이 다음 도전 과제가 됩니다. 이 책의 뒷부분에서 그 방법을 알아볼 테지만, 지금은 온통 붉은 실로만 만든 누비이불이 필요하진 않다는 점만 알아두길 바랍니다. '좋아하는 일만 할' 필요도 없습니다.

대신 당신이 하는 일에서 특정한 사랑, 즉 붉은 실을 찾기만 하면 됩니다. 의사와 간호사의 건강과 행복을 연구한 메이요 클리닉Mayo Clinic의 최근 연구에 따르면, 20퍼센트가 임계치입니다. 직장에서 보내는 시간의 적어도 20퍼센트를 좋아하는 특정 활동에 소비한다면 번아웃burnout을 경험할 확률이 훨씬 적어집니다. ADP 연구소에서 진행한 연구도 이 같은 결과를 뒷받침합니다. 최근 ADP에서 노동자 2만 5,000명을 대상으로 진행한 글로벌 연구에 따르면, 매일 좋아하는 일을 할 기회를 얻을 수 있는 사람은 (아직 잘하지 못하더라도) 회복 탄력성이 3.6배 더 높을 가능성이 큽니다.

사랑은 중요하지만, 그렇다고 당신이 하는 모든 일을 사랑할 필요는 없습니다. 자신이 하는 일 안에서 사랑을 찾아야 합니다. 메이요 클리닉 연구에서 밝혀진 것처럼, 작은 사랑도 장기간 지속될 수 있습니다.♥

♥　Tait Shanafelt et al., "Career Fit and Burnout Among Academic Faculty," *Archives of Internal Medicine 169*, no. 10 (2009): 990–992; Kristine D. Olson, "Physician Burnout–a Leading Indicator of Health System Performance?", *Mayo Clinic Proceedings 92*, no. 11 (2017): 1608-1611.

감이 딱 오는
순간을 포착하라

일에서 나만의 강점 찾는 법

자아를 되찾는 여정에 나서다 보면 당신에게 새로운 기술을 가르치고 싶어 하는 사람들과 종종 마주치게 됩니다. 일반적으로 그들은 당신 안에 이미 아무것도 없다는 듯이 대하며 기술을 가르치려 할 것입니다. 당신이 강의실이나 교육 세션에 도착하기 전부터 누군가가 기술을 단계로 나눈 후 각 단계에 순서를 적용했습니다. 그런 다음 당신에게 단계와 순서를 가르치고 새로운 기술을 습득하려면 '계획적으로 연습'해야 한다면서 훈련을 권합니다. 때로는 이런 접근 방식이 효과가 있고, 필요합니다.

하지만 새로운 기술을 접하게 되면 이전에 그것을 시도해본 적이 있는 것처럼 느껴질 것입니다. 지시받은 작업을 즉시 수행할 수 있는 상태라면 굳이 단계를 따를 필요가 없습니다. 당신 안에는 이미 일련의 이해와 반응이 존재하는 것처럼 보입니다. 그렇다면 성과는 이미 당신 안에 있습니다.

당신을 가르치고 싶어 하는 사람들은 이 사실과 당신에 대해 알지도 못한 채, 성과를 달성하려면 단계가 필요하다는 믿음으로 당신이 따라야 할 단계를 늘어 놓습니다. 하지만 단계가 꼭 필요한 건 아닙니다. 아델Adele, 프랭크 시나트라Frank Sinatra, 스티비 원더Stevie Wonder를 떠올려보세요. 그들은 음표를 읽지 못해도 절대 음감을 가진 훌륭한 가수입니다. 마찬가지로 당신은《데일 카네기 인간관계론How to Win Friends & Influence People》을 읽을 필요가 없는 영업 사원입니다. 이미 아기 침대에서 생활하던 시절부터 부모님에게 영향을 미치고 그들의 마음을 빼앗고 있었거든요. 또한 당신은 리더십 기술 훈련을 받을 필요가 없는 팀 리더입니다. 항상 어깨너머로 사람들을 지켜보았고 그들이 당신을 따르고 있음을 발견했기 때문이죠.

물론 연습을 해도 실력이 늘지 않는다는 의미는 아닙니다. 그저 연습하는 과정에서 마치 지름길을 찾듯 당신에게 아주 쉽게 와닿는 몇몇 활동을 우연히 발견하게 될 것이라는 뜻입니다. 그런 활동을 아주 빨리 터득하고 자연스럽게 단계와 순서 같은 모든 역학이 필요 없게 될 것입니다. 기술은 단 한 번만 접한 후 이제 곧장 성공 가도를 달리면 됩니다. 감이 딱 올 겁니다.

갑자기 분명하게 이해가 되는 순간, 즉 '감이 딱 오는' 순간은 젊은 시절에, 또는 경력을 더 쌓은 후에 찾아올 수 있습니다. 당신은 인생을 살아가면서 다양한 활동과 역할을 시도할 것입니다. 하지만 무엇을 시도하든 모든 것이 딱 분명해질 때, 그리고 새로운 기술을 남들보다 더 빠르게 습득할 때를 위해 감각을 깨워야 합니다. 그것은 당신이 사랑을 찾았다는 신호입니다. 빠른 학습과 사랑은 서로 연결되어 있기 때문이죠.

사람을 알아보는 안목 기르기

부디 사랑을 진지하게 받아들이길 바랍니다. 사랑을 찾기 위한 여정에 나설 때 본능, 흐름, 빠른 학습이라는 세 가지 사랑의 신호를 느낄 감각을 유지하고, 자신이 좋아하는 일을 지지해주는 사람들과 어울리길 바랍니다. 그렇게 해야 당신에게 좋은 일이 일어날 것이기 때문입니다.

제가 대학을 갓 졸업한 후 처음으로 입사한 회사는 갤럽이었습니다. 당신도 갤럽 여론 조사를 들어보셨을 겁니다. 저는 여론 조사 부서가 아니라 세상에서 정말 중요하지만 양적으로 셀 수 없는 것들을 측정하는 부서에서 일했습니다. 어떤 사람이 직장에서 얼마나 열중해서 일하는지, 또는 어떤 재능과 강점을 지니고 있는지를 측정했죠. 이런 업무에서 가장 어려운 부분은 사람의 공감, 자존심, 자기주장, 또는 경쟁력 수준처럼 질적인 측면을 도대체 어떻게 양적으로 측정해야 하는가의 문제였죠. 이런 강점을 정의하는 방법뿐만 아니라 당사자가 그런 강점을 갖고 있는지조차 알아차리지 못할 때 이를 측정할 방법을 찾아야 했습니다.

이 모든 방법을 알아낸 달인은 갤럽의 회장이자 수석 과학자인 도널드 O. 클리프턴 박사였습니다. 저는 갤럽에서 일한 첫 몇 년 동안 그가 연구실에서 SAS 분석 프로그램에서 출력한 자료 더미에 거의 파묻힌 채 다른 선임 과학자들과 함께 늦은 밤까지 일하는 모습을 목격하곤 했습니다. 산처럼 쌓인 자료 더미 사이로 그는 연필을 손에 든 채 자료를 뒤적였고 페이지를 넘길 때마다 고개를 숙이느라 그의 민머리는 아래로 점점 내려갔죠. 아주 가끔 빨간색 볼펜을 꺼내 페이지에 있는 무언가에 동그라미를 치고 공책에는 무언가를 표시한 다음 검색을 계속했습니다.

저는 돈과 함께 그 연구실에서 일할 수 있길 간절히 바랐습니다. 그가 하는 일은 마법이나 다름없었기 때문이죠. 그는 어떤 강점을 측정하기 위해 어떤 질문이 어떤 대답과 함께 취급되어야 하는지 알아내고 있었습니다. 공감력 같은 강점을 측정하려면 먼저 수백 가지의 다양한 질문과 가능한 답변을 실험해야 합니다. 그런 다음 수천 명에게 질문을 던지고, 돌아오는 응답을 코딩합니다. 원하는 답변을 들었을 땐 플러스(+), 원하지 않는 답변을 들으면 제로(0)를 지정합니다. 그런 다음 각 대상의 행동을 추적하여 공감 능력을 보이는 행동을 하는지 관찰하는 것이죠.

예를 들어 인터뷰 대상자가 간호사라면 환자에게 주사를 놓을 때 환자의 통증 등급을 측정해서 대상자가 다른 간호사보다 고통을 덜 느끼며 일을 수행하는지 확인합니다. 원하는 결과를 예측하는 질문과 답변 조합은 계속 유지하고, 나머지는 모두 버리거나 조정한 후 다시 실험하죠. 특정 질문과 답변 조합이 마음에 들고 공감력을 측정한다고 확신하더라도 공감력을 보여주는 행동을 예측하지 못한다면 그 조합은 버려야 합니다.

돈은 바로 그런 일을 수행하고 있었습니다. 그는 수천 개의 질문과 답변 조합을 자세히 조사하고 각 조합과 관련된 통계를 검토하여 어떤 조합이 효과가 있고 어떤 조합이 효과가 없는지 확인했습니다. 그는 천재였습니다. 질문과 답변 조합을 다루는 업무와 통계를 분석하는 업무를 모두 훌륭하게 해냈죠. 그는 대학교 심리학과와 수학과에서 교수직도 맡았습니다. 사실 셀 수 없이 많은 사람이 돈과 같은 지위에 있었습니다. 하지만 사람의 타고난 강점을 측정할 수 있는 적합한 조합을 찾아내는 데 특출난 재능을 보인 사람은 돈이 유일했습니다.

그는 "당신이 경청을 잘하는지 어떻게 알 수 있습니까?"라는 질문이 공감력을 측정하기에 가장 효과적인 질문 중 하나이며, 무엇보다도 공감력이 뛰어난 사람만이 "상대방이 계속 말을 할 때"라고 자연스럽게 대답한다는 사실을 알아냈습니다. 공감력이 뛰어난 사람은 본능적으로 상대방의 말에 귀를 기울이기 때문이죠. "당신이 경청을 잘하는지 어떻게 알 수 있습니까?"라는 질문에 나올 수 있는 가능한 답변을 모두 떠올려보면 "상대방이 계속 말을 할 때"라는 답을 내놓는 태도가 얼마나 탁월한 재능을 보여주는 것인지 깨닫게 됩니다. 인종, 성별, 나이에 상관없이 오직 공감 능력이 뛰어난 사람들만이 그런 식으로 대답한다는 데이터에서도 그 증거를 확인할 수 있죠.

감이 올 때 주의를 기울일 것

여기서 비결은 '정답'을 찾는 것이 아니라, 특정한 강점을 지닌 사람들만이 생각해낼 수 있는 답변을 뽑아내기 위한 '질문의 적절한 문구(이른바 스템stem)'를 찾는 것이었습니다. 그런 다음 해당 질문이 실제로 특정 사람들이 행동하는 방식을 예측했음을 통계를 통해 증명하는 것이었죠. 사람들의 운명은 저마다 다르기 때문에 이런 업무는 당신에겐 붉은 실이 아닐 수 있습니다. 하지만 제겐 확실히 붉은 실이었죠. 당사자들도 모르는 사이에 나이, 성별, 인종, 교육 수준을 건너뛰고 그들 안에 무언가를 촉발시켜 그들이 누구이며 어떻게 행동할 것인지 밝혀낼 '질문'을 고안해낸다는 발상이 정말 놀라웠습니다. 저는 하루라도 빨리 돈의 연구실에 들어가서 그와 함께 산처럼 쌓인 출력물을 살펴보고 싶었죠.

하지만 저는 그것이 선임 과학자들에게만 허락되는 업무라는 이야기를 듣게 되었습니다. 게다가 제가 그 자리에 올라가려면 몇 년은 족히 걸리고, 질문과 답변 조합을 개발할 기술을 충분히 습득한 후 실제 개발에 참여하기까지는 또다시 몇 년이 더 걸릴 것이라고 하더군요. 저는 과거를 회상하며 제가 대학을 졸업한 후 고향을 떠난 것, 친구와 런던, 그리고 제게 친숙한 모든 것을 뒤로한 채 왜 급하게 네브래스카 링컨으로 거처를 옮겼는지 의문이 들 때마다 돈과 함께 일할 날만을 고대하며 기나긴 겨울밤을 견뎠습니다. 그와 나란히 앉아 일하며 질문과 통계로 마법을 부릴 날만을 꿈꿨죠. 저는 그 목표를 부적처럼 마음속에 꼭 품고 있었습니다. 필요한 기술을 익히는 데 오랜 시간이 걸려도 상관없었습니다. 얼마든지 기다릴 수 있었죠.

마침내 그날이 왔고 그것은 신의 계시나 다름없었습니다. 당시 저는 유틸리티 분석이 무엇인지도 몰랐고, 동시성 또는 예측 타당성 연구를 한 번도 해본 적이 없었고, SAS 프로그램을 활용해본 적도 없었지만, 어째서인지 숫자가 의미하는 바를 즉시 이해할 수 있었습니다. 어떤 것이 헷갈리게 하는 거짓 정보이고 어떤 것이 진짜 의미 있는 정보를 가리키는지, 또 어떤 것이 질문과 답변 조합을 망칠지, 어떤 것이 놀라운 발견으로 이끄는 길을 가리킬지 저는 알고 있었습니다.

질문과 답변 조합의 문구도 마찬가지였죠. 왜 "당신은 기대 이상의 성과를 올리는 사람인가요? 아니면 기대 이하의 성과를 올리는 사람인가요?"가 좋은 질문일지라도 "매일 무언가를 성취해야 할 필요성을 느끼나요?"는 사실상 쓸모없는 질문일까요? 왜 "그렇지 않습니다"가 바람직한 답변인 경우에만 "어떤 관리자와 일하고 싶습니까?"가 훌륭한 질문이 될까요? 이를 알기 쉽게 설명하기는 어렵습니다. 저는 그것이 실제로 강력한 질문과 답변 조합이며 SAS 통계가 이를 일관되게 증명한다는 사실을 '본능적으로' 알고 있었다고밖에는 말할 수 없습니다.

수학과 심리학, 언어학이 서로 얽혀 있는 이 분야는 제게 딱 맞았습니다. 저는 순식간에 그것을 알아보았고, 돈도 그랬습니다. 우리는 모두 그것을 곧장 이해했습니다. 뭐라 설명할 수는 없지만 이미 제 내면에서 모든 것이 이해되는 것만 같았죠. 돈은 의심하지 않았습니다.

돈이 제 판단을 믿어준 덕분에 저는 이후 10년 동안 그의 곁에서 일할 수 있었습니다. 질문을 고안하고 답변을 실험하고 완벽하게 의도를 드러내는 질문과 답변 조합의 징후를 찾기 위해 숱하게 많은 통계를 샅샅이 뒤지기도 했죠.

돈 박사님, 저는 당신에게 큰 빚을 졌습니다. 제게 당신의 특별한 재능을 곁에서 지켜보며 함께 연구할 기회를 주고, 영국에서 건너온 초짜였던 제가 우쭐대며 빠르게 습득할 때 기꺼이 저를 응원해주고, 사랑의 힘을 믿어주셔서 감사했습니다.

세상에는 90억 개에 달하는 사랑의 언어가 있습니다. 오늘날 생존해 있는 사람들의 수만큼 존재하는 셈입니다. 충만한 인생, 운명을 찾아가는 인생, 고유한 인생을 구축하기 위한 여정은 자기 자신의 인생을 이해하는 데서 시작됩니다. 인생에서 신호를 읽는 방법을 터득하세요. 본능을 존중하고 활동에 몰입하느라 시간 가는 줄 모를 때 또는 마치 이전에 해봤던 것처럼 감이 딱 올 때 주의를 기울이는 법을 익히세요.

인생은 매일 당신에게 신호를 보내고 있습니다. 그 신호를 알아차리고 진지하게 받아들이고 적극 활용하세요. 동료 여행자들이 때로는 좋은 뜻에서 맹목적으로 또는 단조롭게 툭 던지는 말들에 흔들리지 않고 앞으로 나아가세요. 당신의 사랑을 길잡이로 삼길 바랍니다.

사소한 것에도 신경을 써라

나를 더 잘 파악할 수 있는 질문들

사랑은 사소한 곳에 존재한다는 사실을 우리는 알고 있습니다. 당신은 그냥 '책'을 좋아하는 게 아니라 특정 작가가 쓴 특정 종류의 책을 좋아합니다. 당신은 그냥 '음식'을 좋아하는 것도, 그냥 '멕시코 음식'을 좋아하는 것도 아닙니다. 고수가 들어가지 않은 알 파스토르 타코를 좋아하는데 그중에서도 엔시니타스의 메인 스트리트에 자리한 타코 노점, 벽에 구멍이 뚫려 있는 바로 그 타코 노점을 으뜸으로 치죠.

당신은 그냥 '사람'을 사랑하는 게 아니라 '특정한 사람'을 사랑합니다. 그 사람이 노래할 때 내는 목소리에 대해 자기 비판적인 농담을 던진 후 쓸쓸한 미소를 짓는 모습은 참 재미있습니다. 그는 정말로 옷을 잘 차려입는 사람입니다. 기분이 좋을 때 부는 휘파람은 고양이가 내는 가르랑 소리와 닮았죠. 사랑을 논할 땐 이처럼 사소한 부분이 전체를 이룹니다. 우리는 모두 이 사실을 알고 있고 이런 감정을 느낀 적이 있습니다. 그렇다면 우리는 왜 사랑하는 활동이나 상황 또는 행동을 논할 때 이 사실을 잊어버리고 일반화의 오류를 범하는 걸까요?

"딸이 도전을 좋아해요!"

어떤 아이의 부모가 자랑스럽게 말합니다. 그런데 정말 그럴까요? 어떤 도전이든 상관없을까요? 아이가 모든 도전을 좋아하는 걸까요, 아니면 완벽하게 준비했다고 느끼는 분야에서만 도전을 좋아하는 걸까요? 어쩌면 그 반대일 수도 있습니다. 아이는 본능적으로 반응해야 하고, 만일 실패한다면 실제로 승리할 거라고 예상하지 않았다며 스스로 다독일 수 있는 도전만을 좋아하는 건지도 모릅니다.

아이가 좋아하는 도전은 어떤 유형일까요? 각 도전은 완전히 다른 형태를 띠므로 아이와 부모는 완전히 다른 방식으로 도전을 준비해야 할 것입니다.

"그는 사람들과 아주 잘 어울리는 사람입니다!"

어떤 상사가 부하 직원의 업무를 평가하면서 이렇게 적었습니다. 정말 그럴까요? 어떤 종류의 사람들을 말하는 걸까요? 아직 잘 알지 못하고 설득해야 하는 사람들과 '아주 잘' 어울리는 걸까요? 아니면 이미 잘 알고 지내는 사람들과 깊은 신뢰를 쌓을 때 '아주 잘' 해내는 걸까요? 이 문장에서 동사는 구체적으로 무엇을 의미하는 걸까요? 그는 잘 어울리는 사람들과 정확히 '무엇을' 하고 있나요? 사람들에게 무언가를 판매하거나, 가르치거나, 마음을 진정시키고 웃게 하거나,

이름을 기억하거나, 영감을 주는 걸 능숙하게 해내는 걸까요? 이런 행동들은 저마다 성격이 완전히 다릅니다. 그의 능력은 어떤 행동과 관련이 있을까요?

불안과 소외가 만연해진 주요 원인 중 하나는 학교와 직장에서 이런 종류의 세부 정보를 받아들이지 못하고 그다지 관심이 없는 것처럼 대하기 때문입니다. 학교와 직장에선 일반화가 가져다주는 안락함에 의존합니다. 흔히 남자들은 다 이렇고 여자들은 다 저렇고, 모든 영국인이 이렇고 모든 파키스탄인이 저렇다며 일반화하는 것이죠. 게다가 모든 영업 사원이 수수료를 받고 싶어 하지만 모든 고객 서비스 직원은 그렇지 않고, 모든 엔지니어는 사교적이지 못하고 어색해하지만 모든 간호사는 본능적으로 이해심이 있으며, 모든 교사는 따뜻하고 모든 관리자는 실용적이라고 성급하게 짐작합니다.

물론 이와 같은 일반화는 모두 사실이 아닙니다. 소프트웨어 영업을 하는 한 파키스탄 여성은 자기 자신, 활동, 사람들과 주고받는 상호 작용 등에 대해 좋아하는 부분이 영업 팀에 있는 다른 파키스탄 여성과 매우 다를 겁니다. 그들은 동일한 결과(판매)를 달성하기 위해 급여를 받고 있지만, 그 일을 수행하는 방식과 자신이 가장 마음에 들어 하는 부분은 저마다 크게 다르기 때문이죠.

학교와 직장, 그리고 부모는 각자가 저마다 느끼는 사랑과 혐오의 특수성, 그리고 힘을 북돋아주거나 빼앗아 가는 대상에 대해 더 자세하게 설명할 수 있도록 지원하는 것을 목표로 삼아야 합니다. 이런 세부 사항은 각자가 더 큰 성취감과 원동력을 갖게 할 뿐만 아니라 더 좋은 성과와 회복력으로 이어질 것입니다. 당신의 세부 사항은 사랑의 원료가 될 수 있습니다.

자신을 위한 연애편지 쓰기

학교와 직장, 부모가 당신의 세부 사항을 진지하게 받아들일 거라고 막연히 기대해선 안 됩니다. 당신이 좋아하는 활동에 나타나는 미세한 음영을 주의 깊게 관찰해야 합니다. 한 가지 간단한 방법은 자신을 위해 스스로 연애편지를 작성해보는 것입니다. '내가 사랑하는 순간은…'으로 시작하는 문장을 완성해보세요. 이를 효과적으로 수행하는 비결은 세부 사항과 함께 '그것이 중요한가?'라는 다섯 가지 질문을 스스로 던지는 것입니다.

예를 들어 '내가 사랑하는 순간은 사람들을 도울 때다'라는 문장이 있다면 다음과 같이 스스로 질문해보세요.

- 그 사람들이 누구인지가 중요한가?
- 그들을 돕는 시기가 중요한가?
- 그들을 돕는 이유가 중요한가?
- 그들을 돕는 수단이 중요한가?
- 그들을 돕는 방식이 중요한가?

각 질문에 답을 하면 표현이 조금 더 명확해질 것입니다. 그렇다고 그 표현이 영원히 변하지 않는 것은 아닙니다. 내년이나 내후년에는 지금과 다른 세부 사항을 떠올릴 수도 있죠. 하지만 현재로서는 사랑의 세부 사항에 대해 이름을 지정하고 관심을 갖고 이해하는 데 중점을 두어야 합니다. 세부 사항에는 원동력이 있기 때문입니다. 바로 그곳에서 자기 자신을 찾을 수 있습니다.

저는 앞서 소개한 진로 상담가 도니 피츠패트릭과 함께 이 기술을 학생들에게 적용할 방법을 연구했습니다. 도니는 학생들이 상대적으로 어린 나이에도 사랑의 세부 사항에 대해 주인 의식을 느낄 수 있도록 적용 방법을 조정했습니다. 그는 연초에 학생들에게 '보이스 박스Voice Box'라고 부르는 빈 상자를 주면서 다음과 같이 말했습니다.

연초에 여러분은 빈 상자를 하나씩 갖게 되었습니다. 올 한 해 동안 우리는 많은 일을 시작할 것이며 이를 계기로 자신을 돌아보면서 알게 된 세부 사항을 이 상자에 넣을 것입니다. 상자에는 책이나 음반, 스포츠 용품, 비디오 게임 등을 넣어도 됩니다. 여러분이 원하는 게 무엇이든 다 넣으세요. 원한다면 상자 안팎에 글씨를 쓰거나 색칠해도 됩니다.

도니는 보이스 박스 아이디어를 제게 알려주면서 학교에 와서 직접 확인해보지 않겠냐고 제안했습니다. 제가 학교를 방문한 날 그는 저를 자신의 교실로 데려갔는데, 그곳에는 선반 위에 높이 쌓인 수십여 개의 상자가 있었습니다. 아래쪽에 있는 상자는 안팎으로 아무것도 그려져 있지 않았지만, 교실에서 가장 멀리 떨어져 맨 위 선반에 있는 상자일수록 더욱 다채로웠고 각 상자에는 각 학생의 인생을 보여주는 세부 사항으로 가득 차 있었습니다. 페인트로 칠해진 그 상자들은 바깥쪽에 말과 인용구가 휘갈겨 적혀 있었고 안쪽에는 크리스마스 아침을 밝히는 베갯잇처럼 온갖 물건으로 가득 차 터질 것만 같았죠.

도니는 손을 뻗어 상자 하나를 빼낸 후 그 안에서 소중한 물건 몇 개를 조심스럽게 옆으로 밀어 놓고는 밝은 분홍색 사인펜으로 학생이 직접 작성한 카드 한 장을 꺼냈습니다.

"저는 이게 가장 마음에 들더라고요."

도니가 말했습니다.

"보이스 박스 활동을 하기 전까지는 교실 뒤편에 조용히 앉아 있던 학생이 쓴 연애편지예요. 이 아이가 눈에 띈 적은 정말 없었어요. 학교를 자신의 특별함을 알아갈 공간으로 생각하는 아이는 거의 없어요. 상당수는 학교를 그저 견뎌야 하는 공간으로 생각하죠. 학교에 다니는 목적을 이해하지 못하는 학생들이 있는 것도 어찌 보면 당연해요.

이제 학생들은 자신의 목소리를 되찾고 스스로 그 목소리에 귀 기울일 방법을 터득했어요. 목소리를 낼 수 있게 되면서 학교를 찾고 세상에 자신을 드러내고 미래를 맞이할 수 있게 되죠. 이 아이는 이제 매일 학교에 와서 교실 맨 앞자리에 앉아요."

도니는 카드를 뒤집어 학생이 쓴 내용을 보여주었습니다.

내가 사랑하는 순간은…

내가 직접 쓴 곡을

내가 잘 아는 사람들 몇 명에게

12현 기타로 연주할 때다.

"이 학생이 기타를 연주한다는 걸 알고 계셨어요?"

도니에게 물었습니다.

"아뇨, 전혀 몰랐어요. 연주를 얼마나 잘하는지도 아직 몰라요. 하지만 사랑의 세부적인 형태가 보이지 않나요?"

"그렇네요. 이 모든 것이 무엇을 의미한다고 보세요?"

"글쎄요. 저도 궁금해서 학생에게 물어봤어요. 12현 기타는 음색이 더 풍부한데, 그 학생에겐 음색이 매우 중요한 요소이기 때문에 12현 기타로만 연주해야 한대요. 또 자신이 직접 창작한 곡이 아니면 '아무 의미가 없다'고 하더군요. 사람들이 많아지면 자신의 음악이 감동을 주는지 정확히 알 수 없어서 몇 명에게만 곡을 들려준대요. 그리고 자신이 잘 아는 사람들은 자신을 함부로 판단하지 않고 좋아해줄 걸 그 학생도 알고 있어서 친한 사람들에게만 곡을 들려준다고 해요."

이 말에는 다채로운 세부 사항이 가득 담겨 있죠. 그것이 바로 사랑입니다. 또한 한 아이가 사랑하는 대상에 대한 세부 사항을 정의하고 받아들일 수 있도록 시간과 노력을 들여 곁에서 도와주는 선생님의 모습도 바로 사랑일 테죠. 이 학생에게는 이번이 아마 처음으로 자신의 사랑을 진지하게 받아들이는 시간이었을 것입니다. 이 학생은 전문 음악가가 될까요? 그렇진 않을 수도 있습니다. 평생에 걸쳐 다양한 세부 사항을 지닌 또 다른 사랑을 발전시킬까요? 아마 그럴지도 모르죠. 하지만 지금 당장, 오늘만큼은 그 학생의 목소리가 들리고 그의 모습이 눈에 들어왔습니다.

자신의 모습을 드러내고 목소리를 내고 자신의 미래를 손에 쥐고 싶다면 '그것이 중요한가?'라는 다섯 가지 질문을 스스로 던져보세요. 막연하게 일반화하며 만족해선 안 됩니다. 진지하게 자신을 밀어붙여 자기 자신에 대해 혼자 알고 있는 사항을 포함해 몇 가지 구체적인 세부 사항에 도달해보세요. 당신의 마음속으로 향하는 길은 바로 이런 세부 사항으로 포장되어 있습니다.

내면의 잠재력을 끌어올리는 방법

제가 열두 살이었던 1978년 6월의 어느 날 아침, 저는 7월 초 방학을 앞두고 학교게시판에서 예배당에서 낭독할 남학생 다섯 명 중 한 명으로 선발되었다는 소식을 접했습니다. 저는 학교 측 실수일 거라고 생각했지만 그것은 실수가 아니었습니다. 하필 그 많은 남학생 중에 왜 저를 뽑았을까요? 프랫 교장 선생님이 파란색 펠트펜으로 6월 12일이라는 날짜 아래에 제 이름을 가지런히 손 글씨로 적어 놓으셨죠.

저는 무섭고 창피했습니다. 자기소개도 못 하고, 제 이름을 말하지도 못하고, 다른 사람과 정상적인 대화도 제대로 할 수 없었던 제가 어떻게 전교생 앞에 서서 큰소리로 읽을 수 있겠어요? 압박감이 너무 심해서 한 마디도 내뱉을 수 없을 것 같았습니다. 더군다나 단어가 막힐 때 비슷한 발음으로 슬쩍 대체하는 요령을 피울 수 없을 것이라는 사실을 깨닫고는 멍해져서 교실로 터벅터벅 걸어갔습니다. 예배당에 있는 모든 사람이 《성경》을 들고 있을 테고 제가 단어를 몰래 바꾸려 하면 곧장 알아차릴 게 분명했습니다. 제 학교 생활이 이렇게 끝나는구나 싶었죠.

다음 날 아침, 목사님이 설교를 마친 후 저를 불러 낭독을 시키셨습니다. 저는 가장 뒤에 있는 의자에서 일어나 강단으로 걸어간 후 몸을 돌려 전교생을 바라봤습니다. 모든 것이 아주 느리게 움직이고 있었습니다. 저는 종이에 있는 단어들을 내려다보았죠. 제 안에 숨어 있던 말더듬이가 고개를 들어 저를 뚫어지게 쳐다본 후 단어들을 훑어보고 몸을 똑바로 펴는 것이 느껴졌습니다. 저는 예배당에 맞는 격식을 차리며 숨을 크게 들이쉬고 전교생과 선생님들의 얼굴을 바라본 후 다시 숨을 내쉬고 말할 준비를 했습니다.

그때 이유는 모르겠지만 저는 갑자기 말을 할 수 있었습니다. 아주 유창하게 술술 내뱉었죠. 머릿속에서 따뜻한 느낌이 감돌더니 머리 전체를 휘감았습니다. 기운이 솟아나면서 속박이 풀리는 듯한 기분이 들었고, 처음부터 끝까지 계속 말이 거침없이 술술 나왔습니다. 저는 400명 앞에 서서 단 한 번도 말을 더듬지 않았습니다. 솔직히 '비판'이라는 단어를 말할 땐 살짝 실수한 것 같긴 하지만 말을 더듬은 건 절대 아니었습니다. 평범한 아이가 전교생 앞에서 큰 소리로 책을 읽으려고 할 때 내는 소리처럼 정상적으로 들렸습니다. 제 발음은 평범한 아이의 발음과 똑같았어요. 갑자기 왜 이렇게 되었는지 이유는 모르겠지만, 낭독을 할 때 저는 평범한 아이였습니다.

제 비법이 무엇인지 공개할 수 있으면 좋겠지만 솔직히 저도 무슨 일이 일어났는지 도무지 모르겠습니다. 어떤 요령을 피우며 의식적으로 말을 더듬지 않으려고 애쓰지 않았던 게 오히려 효과가 있었던 것 같습니다. 저는 그저 그곳에 서서 사람들의 얼굴을 바라보았던 것뿐입니다. 그 얼굴들은 원래 제게 엄청난 압박을 주었어야 했는데 그땐 정반대로 작용했습니다. 오히려 저를 해방시켜 주었죠.

낭독을 끝낸 후 제자리로 돌아가 무릎을 꿇고 앉은 다음 방금 일어난 일에 경탄했던 기억이 납니다. 저는 사실 말더듬증을 극복하기 위해 아무것도 하지 않았습니다. 문제를 극복하거나 직면하거나 고치려 노력하지도 않았죠. 하지만 당시 상황은 제겐 확실히 통했습니다. 수많은 사람으로 가득 찬 광경은 제게 효과적인 특정 메커니즘을 만들어냈죠. 저는 한 사람 앞에서는 말을 잘할 수 없었지만, 400명 앞에 설 수 있었고 저를 쳐다보는 사람들의 얼굴들은 제 머릿속에서 생리학적으로 어떤 영향을 준 게 분명합니다. 머릿속을 휘감은 그 따뜻한 느낌은 제가 한 사람과 대화할 때와는 전혀 다른 방식으로 시냅스를 자극했습니다. 그 새로운 촉발 패턴이 제 성대에 지시를 내리자 입에서 유창한 연설이 흘러나왔죠. 말이 아주 술술 나오고 시간이 순식간에 지나갔습니다. 순간적으로 저는 연설에 푹 빠졌습니다. 정말 최고였죠. 그것은 붉은 실 중에서도 가장 강렬한 붉은 실이었습니다.

사랑에서 세부 사항은 매우 중요합니다. 저는 한 사람만 있으면 말을 잘할 수 없었지만, 399명이 더 있으면 갑자기 유창하게 말을 할 수 있었죠. 그리고 그 사랑은 제가 학습하는 계기로 작용했습니다. 400명 앞에서만 말을 더듬지 않고 잘할 수 있다면, 항상 400명 앞에서 말한다고 상상하면 되지 않을까요? 이 전략은 이상하게 들릴지도 모릅니다. 말더듬증이 있는 사람에게 많은 사람 앞에서 말하는 행위는 상상하기조차 싫은 최악의 악몽이자 언어 병리학 설명서에서 좀처럼 찾을 수 없을 해결책이지만, 제겐 확실히 효과가 있었습니다. 저는 학교 운동장에서 친구와 이야기할 때마다, 목구멍에서 말이 턱 막히기 시작할 때마다 머릿속에 400명의 관중을 떠올렸고 제 안에서 갑자기 사랑의 힘이 솟아나는 것을 느꼈죠. 그럴 때면 제 말더듬증은 곧바로 가라앉았고 말이 술술 나왔습니다.

제 말더듬증은 단 일주일 만에 사라졌습니다. 이후 중·고등학교에 진학하고, 대학에서 공부하고, 직장에서 일할 때도 아무도 제가 말더듬증이 있었다는 사실을 알아차리지 못했을 정도로 제 말더듬증은 영구적으로 사라졌죠. 돌이켜보면 저는 말더듬증을 제압한 게 아니었습니다. 대신 제가 좋아하는 특정한 상황, 즉 아주 세부적인 붉은 실에 주의를 돌리고 그 실을 꽉 붙잡았던 셈입니다. 그 붉은 실은 말더듬증이 사라지는 모습을 가만히 바라보고만 있던 수동적인 저를 위로 끌어올려 주었습니다.

"언제 마지막으로…"

- 시간 가는 줄 몰랐나요?

- 무언가를 하기 위해 본능적으로 자원했나요?

- 누군가가 억지로 당신을 일에서 떼어내야 했나요?

- 자신이 하는 일을 스스로 완전히 통제하고 있다고 느꼈나요?

- 스스로 놀랐을 만큼 일을 잘 해냈나요?

- 특별히 칭찬을 받았나요?

- 남들과 다르게 유일하게 뭔가를 알아차렸나요?

- 적극적으로 일하고 싶어 했나요?

- 새로운 업무 방식을 고안해냈나요?

- 지금 하고 있는 일이 끝나지 않기를 바랐나요?

붉은 실의 세부 사항을 확인하려면 다시 한번 붉은 실 설문지를 읽어보세요. 목표는 세 가지 사랑의 신호 중 하나를 보거나 느낄 활동을 최소 세 가지 나열하는 것입니다. 세 가지 이상을 나열해도 괜찮습니다. 당신은 본능적으로 그 활동을 자원해서 수행하고, 그 활동에 푹 빠져들고, 그 활동을 할 때면 시간 가는 줄도 모르고, 그 활동에 숙달되고 있음을 느껴야 합니다. 이런 활동을 기록하고 각각에 대해 '그것이 중요한가?'라고 스스로 질문을 던져보세요.

- 그것을 누구와 하는지가 중요한가?
- 그것을 언제 하는지가 중요한가?
- 그것을 왜 하는지가 중요한가?
- 초점이나 주제가 무엇인지가 중요한가?
- 그것을 어떻게 하는지가 중요한가?

각 질문은 추가적인 세부 사항, 즉 색이 없는 실을 정신적으로 힘을 주는 무언가로 바꿀 수 있는 구체적인 특성을 찾아내도록 당신을 밀어붙일 것입니다. 그리고 각각의 답변, 즉 각각의 정밀한 세부 사항이 당신에게 힘을 북돋아줄 것입니다. 답변을 통해 자신의 사랑을 사용해 강렬한 붉은 실을 파악하는 방법을 익히게 되면 이제 그 실을 엮어 넣어 세상에 기여하는 삶을 살 수 있게 됩니다. 자기 자신에게 줄 수 있는 정말 멋진 선물이죠.

LOVE

2부

LOVE

WORK

일을 사랑할 수 없게 만드는
7가지 함정에서 벗어나기

WORK

집단 사고에 기대지 마라

자신의 정체성을 찾는 방법

우리는 앞서 1부에서 함께 자아를 찾는 여정에 나섰습니다. 당신의 운명이 존재하며 사랑의 세부 사항에 주의를 기울이면 독특하고 강력한 운명이 드러날 수 있다는 확신이 더욱 커졌기를 바랍니다. 인생이 늘 당신에게 신호를 보내고 있고, 그런 신호는 당신만 보고 느낄 수 있으며, 진정으로 자신만의 인생을 살기 위해서는 그런 신호를 이해하고 그에 따라 행동해야 하며, 이 모든 일이 오롯이 당신의 손에 달려 있다는 사실을 이제 당신은 알고 있습니다.

이는 당신의 능력으로 충분히 할 수 있는 일입니다. 물론 아무도 당신에게 방법을 가르쳐준 적은 없습니다. 학교와 직장에서는 내적 요소가 외부에 영향을 미치는 인사이드 아웃inside out 방식보다는 외적 요소가 내부에 영향을 미치는 아웃사이드 인outisde in 방식으로 당신을 가르치는 데 더 관심이 있을 거예요. 그렇다고 해도 당신만큼 당신의 사랑에 관한 언어를 유창하게 구사하는 사람은 이 세상에 아무도 없고, 당신만이 그 사랑의 언어에 주의를 기울일 수 있습니다. 당신은 모든 것을 통제할 수는 없지만 여전히 많은 것을 통제합니다. 이 책의 후반부에서는 당신의 사랑이 활기를 찾기 위해 무엇을 할 수 있는지, 그리고 다른 사람들이 똑같이 사랑을 찾을 수 있도록 돕기 위해 당신이 집, 학교, 관계, 직장에서 어떤 선택을 할 수 있는지 자세히 알아볼 것입니다.

하지만 후반부에 도달하기 전에 조심해야 할 것들이 있습니다. 여정에 나서다 보면 당신을 길에서 멀리 떨어진 곳으로 유혹하려는 악마들을 만나게 될 것입니다. 이 악마들은 우호적으로 보일 수 있고 당신의 기분을 좋게 만들 수도 있습니다. 심지어 현명해 보일 수도 있죠. 그럼에도 그들은 사악합니다. 그들의 말에 귀를 기울이고 그들이 이끄는 방향으로 향하다 보면 언젠가 방황하는 사람들 틈에 섞여 있는 자기 자신을 발견하게 될지도 모르거든요.

미국의 작가 캐서린 골드스타인Catherine Goldstein에 따르면 악마가 지닌 가장 막강한 힘은 사악한 의도와 갈라진 혀가 아닙니다. 오히려 자신이 악마라는 사실을 모르고 있다는 점이 정말 강력한 힘이죠. 골드스타인은 악마가 매우 강력하고 설득력 있는 이유는 바로 자신이 선하다고 믿기 때문이라고 지적합니다. 당신이 여정에서 만나게 될 악마들도 이와 같은 특성을 갖고 있습니다. 어쩌면 새로운 교육 과정이나 상사가 제공하는 가치 있고 선의가 담긴 조언처럼 다가올 것입니다. "비판적인 피드백을 달갑게 받아들여야 한다" 같은 조언이 바로 그러한 예죠.

다른 악마들은 대기 중에 있어 눈에 보이지 않더라도 당신이 들이쉬는 공기를 오염시키며 떠다닐 것입니다. "강점은 당신이 잘하는 것이고 약점은 당신이 못하는 것이다" 같은 통념이 바로 그런 추상적인 악마입니다. 또한 학교 교과 과정에 깊숙이 엮여 있어 제도화된 악마들도 있습니다. "실수를 통해 가장 많이 배울 것이다!"라는 말을 예로 들 수 있죠. 한편 천사로 살다가 시간이 지나면서 점차 해로운 악마로 전향한 경우도 있습니다. "당신의 정체성은 순전히 같은 국적, 종교, 성별을 공유하는 사람들에게서 비롯된다" 같은 말은 본래 선한 의도로 나왔을지라도 그 영향은 건전하지 못합니다.

이제부터 사랑을 찾아가는 여정에서 만날 수 있는 가장 사악한 일곱 악마를 소개합니다. 저는 두 가지를 바라고 있습니다. 첫째, 당신이 그 악마들을 보고 알아차리길 바랍니다. 둘째, 악마들이 다가와 귀에 속삭이고 숲으로 당신을 유인하려 할 때 자신을 보호하는 방법을 익히길 바랍니다.

미셸은 글쓰기를 좋아합니다. 다음은 미셸의 일기장에서 발췌한 글인데, 돌이켜보니 매우 참담했던 대학 시절 자신의 모습을 떠올리며 썼다고 합니다.

나는 로스 바노스라는 작은 마을 출신이다. 로스 바노스는 주로 낙농업으로 먹고사는 농촌 마을이다. 내겐 멋진 고향 친구들이 있다. 포르투갈에서 건너온 우리 가족은 모두 이 마을에 정착한 후 농장과 들판에서 일했다. 나는 우리 마을을 사랑한다.

하지만 대학 시절에는 그 존재를 부정하며 살았다. 내가 서빙 아르바이트를 했던 멕시코 식당에는 '로스 바노스'라는 표지판이 화장실에 걸려 있었다. 나는 화장실에서 태어난 사람이 되고 싶진 않았고, 친구들에게 내 고향과 가족을 숨겼다.

오렌지 카운티에서 나고 자란 켈리는 나와 가장 친한 대학 친구다. 우리는 대중 연설 고급반에서 만났다. 켈리는 강의 첫날 느긋하게 강의실로 걸어 들어왔다. 세련되고 지적인 모습이 인상적인 친구였다. 그녀는 턱까지 내려온 백금발 생머리와 극명한 대조를 이루는 검은색 선글라스를 몇 분 동안 그대로 끼고 있었다. 깃이 높은 민소매 실크 블라우스를 입고 연분홍색 샤넬 플랩 백을 어깨에 걸치고 있었다. 명품 가방을 그렇게 가까이에서 본 적은 처음이었다. 그녀의 손에 들린 카푸치노는 내가 입고 있는 여름 원피스보다도 비쌌다.

켈리에게는 말로 설명하기 힘든 어떤 분위기가 있었다. 그녀는 대학 수업을 들었지만 굳이 듣지 않아도 아무 문제가 없을 사람이었다.

나는 그녀에게 매료되었다.

그날 이후로 우리는 떼려야 뗄 수 없는 친구 사이가 되어 음식, 패션, 여행 등 좋아하는 관심사를 공유했다. 그녀는 내가 꿈꾸기만 했던 비싼 레스토랑에서 식사를 하고, 명품 브랜드를 입고, 해외여행을 다녔다. 모든 걸 가진 그녀와 달리 나는 아무것도 가진 게 없었지만, 그 사실은 그녀에게 문제되지 않았다. 켈리는 내가 모든 걸 가지면 어떤 사람이 될지 알고 있었다.

하지만 그녀는 나를 잘 알지 못했다. 거의 모든 것을 숨겼던 내가 북부 '자동차 여행'을 떠나고 돌아오는 길에 고향에 들러 고모 도로시의 일흔 번째 생신 축하연에 함께하지 않겠냐며 그녀를 초대한 건 정말이지 뜻밖의 결정이었다.

켈리는 선뜻 초대에 응했다.

"응! 북부 캘리포니아에 꼭 가보고 싶었어!"

'망했다.'

나는 생각했다.

'우리가 실제로 어딜 가는 건지 자세히 알려줘야 할까? 센트럴 밸리를 휴가지로 선택하는 사람이 세상에 어디 있겠어. 그래도 켈리는 내 가장 친한 친구니까…'

나는 로스앤젤레스와 그레이프바인을 지나 주간고속도로 제5호선 회랑 끝에 차를 멈춰 세웠다. 로스앤젤레스와 베이 에어리어 사이에 있는 센트럴 산 호아킨 밸리를 가로지르는 캘리포니아 주간고속도로가 끝없이 이어지는 구간이었다. 우리는 그곳에 잠시 차를 멈춰 세웠다. 오래된 혼다 자동차에 냉각수를 더 넣어 열을 식힌 후 교대로 운전하기 위해 자리를 바꿔 앉았고, 나는 혹시나 하는 마음에 했던 말을 반복했다.

"자, 앞으로 네 시간 동안 이 고속도로를 달려야 해. 완전히 직선 도로여서 커브는 없고 양쪽으로 차선이 두 개뿐이야. 일단 51킬로미터마다 휴게소가 하나 있다는 점을 명심해야 해. 그때만 운전대를 틀면 되고 그 외에는 그대로 직진만 하면 돼. 긴 직선 도로를 가다 보면 양쪽으로 목화, 아몬드, 핵과류, 다양한 감귤류, 감자, 딸기를 재배하는 들판과 과수원이 펼쳐질 거야… 가다 보면 다 볼 수 있어. 그런데 심어 놓은 방식이 묘하게 매력적이라서 눈을 뗄 수 없을지도 몰라. 말 그대로 정사각형, 육각형, 대각선 또는 다섯 눈 모양으로 심은 들판과 과수원이 줄지어 늘어서 있거든. 정말 기가 막히게 과학적이면서도 예술처럼 아름답지. 넋을 놓고 쳐다보다 보면 앞에 천천히 가고 있는 세미 트레일러 트럭을 미처 못 보고 차를 박을 수도 있으니까 조심해야 해…."

"이보세요? 너 미셸 맞아?"

켈리는 운전석에 올라타면서 외쳤다.

"아, 정말! 시내에서 가장 핫한 새 레스토랑이랑 메이크업 알려주던 사람 어디 갔어? 이젠 목장이랑 목화 작물을 주제로 강의하는 거야? 내가 운전할 테니까 좀 쉬고 계세요, 아가씨."

우리는 북쪽으로 계속 움직였다. 점점 목적지까지 거리가 줄어들고 있었다.

햇살을 머금은 과수원이 창 옆으로 지나갔다. 이제 막 일군 들판 사이로 낡고 불완전한 붉은 헛간이 눈에 띄었다. 헛간 안에서 누군가가 베리잼을 만들고 있을 것이다.

나는 패턴을 정말 좋아한다. 나는 모든 사람이 보고 감탄할 수 있도록 아름다운 흔적을 남기는 것이 트랙터의 목적이 아닐까 생각하곤 했다. 트랙터가 남긴 패턴을 보고 감탄하지 않을 수 없었다.

그동안 내가 이 사실을 숨겨왔다는게 부끄럽다. 나는 내 고향을 함부로 평가했다. 내 출신이 곧 나라고 생각했다. 내 친구가 그렇게 나를 판단할 거라고 생각했다. 나는 내 출신을 끝까지 밀어냈고, 이제 내 가장 친한 친구조차 나에 대해 알지 못한다.

친구는 내가 집에서 만든 포르투갈식 소시지 재료에 흥미를 느긴다는 사실을 알지 못한다. 돼지고기 손질과 내장의 적절한 조합을 고르는 데 몇 시간이든 집중할 수 있는 사람이라는 것도 모른다.

친구는 내가 우수한 돼지들을 사육하는 데 누구보다도 뒤지지 않는 실력자라는 사실도 모른다. 나는 훌륭한 돼지를 선별할 수 있을 뿐 아니라 영양과 식단의 세부 사항까지 꼼꼼하게 신경 쓰기 때문에 꼼지락거리는 작은 검은 새끼돼지를 가장 건강한 돼지로 키워내는 데 실패한 적이 단 한 번도 없었다. 물론 대회 입상도 놓친 적이 없었다.

켈리는 내 이런 모습을 전혀 알지 못한다. 나도 그런 나 자신을 간신히 기억해냈다.

나는 창밖을 바라보았다. 두 뺨이 젖었다.

"마늘 때문이야."

켈리에게 말했다.

"좀만 더 가면 길로이야. 미국의 대표적인 마늘 생산지지. 곧 우리 집에 도착할 거야."

당신은 누구인가요?

당신은 여자입니다. 남자입니다. 성전환자입니다. 일반적인 성별을 따르지 않는 사람입니다. 당신은 천주교, 이슬람교, 유대교 또는 개신교를 믿습니다. 당신은 스페인계 사람입니다. 정확히는 바스크가 아니라 카탈루냐 출신이죠. 당신은 아랍계이고, 먼 조상이 수단계라고 들었습니다. 당신도 축구를 좋아하지만 미식축구는 좋아하지 않습니다. 발로만 차는 축구를 좋아하죠. 오로지 팀 바르셀로나만 좋아합니다! 맨유나 맨시티는 응원하지 않습니다. 언제나 바르사만 응원하죠!

이처럼 당신을 이루는 요소는 다양합니다. 성별, 국적, 인종, 종교, 성적 지향, 어떤 팀을 향한 열광적인 지지 등 여러 가지 정체성의 근원이 모여 당신이라는 사람을 이룹니다. 이 모든 근원은 근거가 확실합니다. 특정 인종이나 종교, 국적에 대한 경험이 인생에 중대한 영향을 미치고 그 경험을 이해하는 방식이 정체성의 밑바탕이 된다는 사실을 누가 부정할 수 있을까요?

로스 바노스 출신인 미셸은 그곳에서 만들어진 정체성을 부끄럽게 여기고 숨기려 했습니다. 하지만 그런 생각을 완전히 뒤집은 후 마주한 세상은 어땠을까요? 타고난 뿌리를 스스로 대단히 자랑스러워하고 그 안에서 자신의 정체성을 단단히 쌓아간다면요? 미셸의 조부모 중 세 분은 포르투갈 본토가 아니라 약 1,600킬로미터 떨어진 대서양

연안 중부 지역의 작은 섬들로 이루어진 아조레스 제도에서 미국으로 건너오셨습니다. 독립적이고 강인한 마음을 지닌 위풍당당한 분들로, 농부이자 어부였고 유럽인이자 섬 주민이었죠. 아조레스 출신 사람들은 특별합니다. 미셸이 그런 조부모를 자랑스러워하면 안 될 이유가 있을까요? 자랑스러워해야 마땅합니다. 우리는 모두 각각 물려받은 뿌리를 자랑스러워해야 합니다.

하지만 조심해야 합니다. 당신 정체성의 근원을 공유하는 사람은 수십만 명에 달합니다. 어쩌면 당신은 수단계 혈통이면서 카탈루냐 출신에 FC 바르셀로나를 좋아하는 여성 팬으로서 홈 경기장인 캄 노우에서 다른 팬들과 함께 바르사 유니폼을 입고 응원할 때 짜릿한 기분을 느낄 것입니다. 하지만 당신은 수많은 팬 중 한 명, 군중 속에 있는 한 명일 뿐입니다. 모두 하나 되어 똑같은 유니폼을 입고 똑같은 목소리를 내죠. 군중 속에서 당신의 목소리는 어디에 있을까요? 당신에게는 성별, 국적, 인종, 종교, 충성심을 설명하는 언어가 있습니다. 그렇다면 당신의 운명을 정의하는 고유한 사랑과 혐오를 묘사하는 당신의 언어는 어디에 있을까요?

당신도 다른 많은 사람들과 마찬가지로 사랑의 언어를 익히지 않는다면, 인종과 종교 등 대중적인 상징에서 자신의 정체성을 찾으려 할 것입니다. 그렇게 하면 당신과 같은 인종이거나 같은 종교를 가진 사람들과 공유하며 힘을 얻을 수 있지만, 그 단계에 멈춰버리면 당신의 내면에서 흘러나오는 힘을 받아들이지 못하게 될 수도 있습니다. 자신의 고유한 정체성, 세상에서 사랑을 발견하는 장소, 사랑으로 무언가를 이뤄낼 방법을 이해하는 데서 오는 힘을 차단하는 것이죠.

이런 사랑의 힘은 집단의 힘보다 더 강력합니다. 사랑의 힘이 있으면 홀로 설 수 있습니다. 이 힘을 위협할 수 있는 사람은 아무도 없습니다. 사랑의 힘은 언제나 오직 당신에게서만 파생되며, 세상에는 당신과 똑같은 다른 사람이 존재하지 않기 때문이죠. 다른 사람이 무엇을 좋아하고 그 사랑을 바탕으로 무엇을 달성하는지는 흥미롭고 멋지고 매력적이며 유용한 이야기지만 당신이 사랑하는 것과는 아무 관련이 없고 거꾸로 당신을 위협할 수도 없습니다.

사랑의 힘은 풍부합니다. 사랑하는 것을 소중히 여기고, 사랑하는 것을 탐닉하고, 사랑하는 것을 자랑스러워해도 됩니다. 누구도 당신이 될 수는 없기에 당신 역시 결코 남을 깎아내리지 않게 될 것입니다. 당신의 정체성을 당신이 사랑하는 것과 결합해보세요. 그것은 당신이 다른 누구보다 낫거나 못한 사람이 아니며 그저 다른 사람과 다르다는 점을 보여줄 것입니다. 사람들은 저마다 다릅니다. 이런 차이는 사랑처럼 무한하게 풍부한 자원이 됩니다. 이런 사랑의 힘은 개방성과 호기심으로 이어집니다. 집단의 힘은 그 정의에 따라 집단에 속하지 않은 다른 사람들을 내치는 경향이 있습니다. 외부인에게 계속 '관용'을 보일 수도 있지만, 관용은 공감이나 친밀감이 아니라 거리감과 분리를 의미합니다.

자신의 사랑을 진지하게 받아들이고 그런 사랑이 도움이 되거나 생산적인 방식으로 전달될 수 있는 방법을 깊이 고민하는 데서 사랑의 힘이 시작됩니다. 물론 자신의 사랑에 대해 궁금해할수록 다른 사람들의 사랑에 대해서도 궁금해하고 존중하게 될 것입니다. 자신의 사랑이 너무도 흥미롭고 섬세하고 구체적이라면 다른 사람들의 사랑도 그러해야 마땅합니다. 다른 인종, 종교, 성별, 팬 등에 대한 일반화는 사라지고, 특정 사람의 사랑에 관한 질문으로 대체될 것입니다. 각각의 사랑이 다르기 때문이죠.

따라서 자신의 정체성이 비롯된 주요 근원을 찾을 때 집단의 힘에 기대지 않도록 주의해야 합니다. 당신은 특정 인종과 성별, 종교에 속하고 특정 지역 출신이거나 특정 팀을 응원할지도 모릅니다. 그렇다고 해서 당신이라는 사람이 그런 기준으로 정의되어야 하는 건 아닙니다. 세상에 당신은 바로 당신 한 명뿐이니까요. 자기 자신에 대한 가장 흥미로운 요소를 찾아보세요.

타인의 평판에
신경 쓰지 마라

강점의 함정을 경계하기

어렸을 때부터 우리는 '잘하는 것이 강점이고, 못하는 것이 약점'이라는 말을 들어왔습니다. 이는 대단히 합리적인 생각으로 보입니다. 어떤 과목에서 좋은 점수를 받거나 특정 운동 종목이나 악기에서 정말 좋은 성적을 낸다면 그것은 강점이 됩니다. 강점은 당신을 다른 사람들과 구별할 수 있는 특징이 되고, 앞으로 대학에서 무엇을 공부할지, 어떤 직업을 선택할지 고민할 때 길잡이가 되어줄 수도 있습니다.

하지만 당신이 싫어하는 일을 정말 잘한다면 어떻게 될까요? 잘하는 일이지만 당신에게 따분함과 좌절감을 안겨주는 일, 당신을 맥 빠지게 하는 일이라면 어떨까요? 그런 걸 뭐라고 불러야 할까요? 그것을 '강점'이라고 부르고 그 강점에 기반해서 인생의 중요한 결정을 내리라고 하는 것은 이상합니다. 그것은 오히려 당신에게서 활력을 빼앗아 가기 때문이죠. 하지만 이런 경향은 늘 일어납니다. 우리가 어떤 일에서 뛰어난 성과를 보여주면 다른 사람들은 이를 포착하고 강점이라고 꼬리표를 붙인 후 그 일에 집중하라고 말합니다. 그 과정에서 그들은 아무리 선한 의도를 가졌다 한들 우리의 진정한 모습을 감춰버립니다.

사실 그것은 '약점'이라고 불러야 맞습니다. 제대로 정의하자면, 약점은 당신을 약하게 만드는 모든 활동입니다. 아무리 당신이 그 활동을 훌륭하게 해낼지라도 말이죠. 그 활동을 하기 전에 마치 종이를 책상 옆으로 밀어내어 종이가 서류 보관함 아래로 떨어져 자취를 감추기를 바라는 마음으로 활동을 미루는 경향이 있다면 그것은 약점입니다. 그 활동을 하는 동안 시간이 느리게 흐르는 것 같고 일을 한 지 세 시간은 족히 지났을 거라 생각했는데 시계를 보니 20분도 채 지나지 않았다면 그것은 약점입니다. 활동을 마친 후에 배운 게 확실히 거의 없고 그나마 배운 것조차 당신을 지치게 한다면 그것은 약점입니다. 사랑이 없다면 아무리 당신이 그 활동을 잘 해내더라도 그것은 약점입니다.

물론 제대로 정의하자면, 강점은 당신을 강하게 만드는 모든 활동입니다. 사랑의 신호를 느낀다면 그것이 무엇이든 강점이 됩니다. 그 활동을 하기 전에 본능적으로 그것을 원하고, 그것을 하는 사이에 시간은 순식간에 흘러갑니다. 한 시간이 5분처럼 느껴지죠. 그 활동을 한 후에는 많은 것을 배우며 거대한 도약을 이뤄냈음을 깨닫게 되니다. 아직 그 일을 잘하지 못하더라도, 잘 해내려면 갈 길이 멀지라도 사랑의 신호를 느끼는 활동은 당신의 강점이 됩니다. 당신의 강점은 바로 당신의 붉은 실입니다.

그렇다고 해서 강점이 항상 붉은 실이 될 만한 모든 자질을 가지고 있다는 의미는 아닙니다. 때로는 무언가를 미루다가 막상 그 일을 시작했을 때 시간이 빨리 흐르는 것을 느낄 수 있습니다. 본능적으로 자원해서 무언가를 하려고 하다가 안타깝게도 그 일을 하려면 '빠른 학습'이 암시하는 것보다 훨씬 철저한 연습이 필요하다는 사실을 알게 될 때도 있을 것입니다.

이런 경우는 단순히 사랑의 세 가지 신호 중 하나라도 주의를 기울이는 것이 현명한 대응임을 의미합니다. 종종 사랑의 신호는 서로 연결되었다가도 때로는 연결되지 않지만, 각각의 신호는 언제나 당신만의 사랑의 언어를 더 유창하게 구사할 수 있도록 이끌어줄 것입니다. 그리고 자기 자신에게 맞는 각각의 신호를 따라 이행하고 붉은 실이 될 만한 자질을 갖춘 특정 활동을 실제로 시도해본다면 매우 강력한 세 가지 요소를 발견할 수 있죠.

첫째, 당신이 어떤 활동을 하든 연습은 더 나은 성과를 내는 데 도움이 된다는 사실을 당연히 배우게 될 것입니다. 하지만 인생에 성공과 만족을 가져올 진정한 비결은 어떤 활동을 반복해서 연습해야 하는지를 파악하는 데 달려 있습니다. 붉은 실(당신이 사랑하는 활동)은 그 연습이 의도적인 행동처럼, 심지어 억지로 해야 하는 의무처럼 느껴지지 않도록 당신을 다시 그 활동으로 끌어당깁니다. 이제 그것은 당신 스스로 멈출 수 없는 행동처럼 느껴집니다. 연습은 근성과 끈기를 요구하는 의식적인 훈련이 아닙니다. 사랑의 관점에서 볼 때 연습은 집착이 됩니다.

둘째, 붉은 실이 당신의 미래를 보여주고 있음을 알게 될 것입니다. 활동을 향한 당신의 사랑은 반복적인 연습을 유도하고, 이는 차례로 발전을 이끕니다. 따라서 당신의 사랑에 주의를 기울이면 당신이 정말로 잘할 수 있는 것에 대해 더욱 명확한 통찰을 얻게 되겠죠. 탁월함은 더 이상 수수께끼가 아닙니다. 그것은 선천적 재능일까요, 후천적 재능일까요? 운일까요, 교육의 산물일까요? 탁월함은 당신의 사랑을 진지하게 받아들인 결과입니다. 열정은 연습을 북돋아주고 연습은 성과로 이어집니다.

셋째, 강점은 간단히 말해서 당신이 사랑하는 활동이자 당신에게 힘을 북돋아주는 활동이므로, 자신의 강점을 가장 잘 판단하는 사람은 바로 자기 자신이라는 사실을 깨닫게 될 것입니다. 부모, 교사, 강사, 관리자 등 다른 사람들이 당신의 성과를 평가할 수 있습니다. 그들은 당신이 쓴 글이 읽을 가치가 있는지, 수학 문제를 올바르게 풀었는지, 고객에게 서비스를 잘 제공했는지 측정할 수 있습니다. 그러나 당신이 어떤 활동을 좋아하거나 싫어하는지는 당신만이 알 수 있습니다. 당신은 어떤 활동이 내적으로 그런 사랑의 신호를 만들고 어떤 활동이 그러지 못하는지 결정할 수 있는 권한을 가진 유일한 사람입니다. 당신이 믿을 수 있는 유일한 사람은 바로 자기 자신입니다.

다른 사람들을 설득해 특정 상품을 구매하도록 만들 때 당신은 설렘을 느끼며, 당신이 그런 판매 활동을 사랑한다면 아무도 당신을 부정할 수 없습니다. 물론 사람들은 "글쎄, 당신은 제품을 충분히 상세하게 설명하는 것 같지 않은데요", "말을 많이 하기보다는 귀 기울이는 방식이 더 설득력 있을 거예요", "당신은 회사에서 정해 놓은 표준 판매 대본을 따르지 않는군요"라며 문제점을 지적할지도 모릅니다. 그들은 당신에게 이런 말을 할 수 있고 그럴 권리도 있습니다.

하지만 그들은 "아뇨. 당신은 사람들을 설득하는 행위를 좋아하지 않아요"라고 말할 순 없습니다. 무엇을 사랑하는지는 누구보다 본인이 가장 잘 알고 있기 때문이죠. 당신은 어렸을 때 그 사실을 깨달았고 지금도 이해하고 있습니다. 다른 사람들이 수년에 걸쳐 당신의 사랑이 진짜가 아니거나 적절하지 않다고 당신에게 일러주려 했을지라도, 당신이 느끼는 감정과 진실이 바뀌진 않습니다.

당신의 사랑에 관한 모든 답은 당신에게 있습니다. 당신 외에는 아무도 그 답을 알지 못합니다. 당신의 사랑에 관해서는 당신만이 모든 답을 알고 있는 천재입니다.

가짜 본능에
속지 마라

'왜'보다 '무엇'에 집중하기

여기까지 읽고 나서 이런 질문을 하는 사람들이 있을 것입니다.

"그럼 〈아메리칸 아이돌American Idol〉은 어떻게 되는 거야? 차기 슈퍼스타로 선택될 것이란 희망을 품으며 몇 날 며칠을 줄 서며 기다리는 사람들이 수천 명은 되잖아."

앞서 언급한 대로라면 각 참가자는 본능적으로 자원해서 오디션에 참가했지만, 사실 상당수는 가장 기본적인 가창력조차 부족합니다. 확실히 그들은 자신이 사랑하는 분야에서 진정한 천재가 아닌 셈이죠. 그들의 사랑이 진짜인지, 가치가 있는지, 또는 어떤 식으로든 실제 무대로 이어질 수 있을지 평가할 심사위원이 필요합니다. 심사위원들은 그들이 정확히 어떤 사람인지 말해줄 것입니다. 부모, 교사, 관리자가 당신에 관한 진실을 궁극적으로 판단하는 결정권자가 되듯 말이죠. 당신은 신뢰할 수 있는 사람이 될 수 없고, 당신은 자기 자신을 신뢰할 수 없습니다. 하지만 이런 심사위원들처럼 선의로 다가오는 다른 사람들은 신뢰해도 괜찮습니다. 당신을 바라보는 그들의 시선은 진정한 당신의 모습을 밝혀낼 것입니다. 그렇죠?

그런데 이런 생각은 모두 사실이 아닙니다. 사랑과 일이 조화롭게 어우러진 삶을 살고 싶다면 이런 사고방식은 습득하지 않는 것이 중요합니다. 다른 사람들은 당신의 사랑에 대해 아무것도 모르고 그저 당신의 무대에 어떻게 반응할지만 알고 있죠. 물론 그들의 반응이 아무 의미가 없는 것은 아닙니다. 그렇지만 당신이 무엇을 사랑하고 무엇을 사랑하지 않는지에 대해서는 아무런 정보도 알려주지 않습니다. 오직 당신만이 당신의 감정을 제대로 느낍니다.

당신은 자신이 사랑하는 대상의 세부 사항에 아주 세심하게 주의를 기울여야 합니다. 〈아메리칸 아이돌〉 오디션 참가자들은 본능적으로 무엇에 자원했을까요? 그들은 오랜 시간 수행해야 하는 고독한 목소리 훈련을 본능적으로 좋아했을까요? 수백 곡의 가사를 외워야 하는 기억력 도전 과제를 좋아했을까요? 계속해서 뮤지션들과 리허설을 하고 편곡하는 과정을 좋아했을까요? 이런 활동이 사랑의 근원이 아니었던 걸까요? 혹시 그들은 본능적으로 관심과 명성, 찬사와 돈에 끌렸던 건 아닐까요?

어린 시절부터 우리의 사랑이 진짜가 아니라는 말을 들을 때 한 가지 위험한 점은 우리가 그 사랑을 자세히 살펴보지 않는다는 것입니다. 시간이 지나면서 사랑의 진정한 근원을 정확히 짚어내는 전문적인 기술이 점점 줄어들어 사라지게 되죠. 그 결과 우리는 잘못된 본능에 이끌려 잘못된 방향으로 나아가 길을 잃을 수 있습니다. 연봉이 더 높다는 이유만으로 본능적으로 승진을 요구하는 것은 잘못된 본능입니다. 더 높은 직함을 가질 수 있다는 이유만으로 특정 직업을 선택하는 것도, 더 많은 명성을 얻을 수 있다는 이유만으로 특정 부서를 선택하는 것도 잘못된 본능입니다.

당신의 사랑이 기여로 바뀌려면 그 활동이 불러올 결과가 아니라 좋아하는 특정 활동 자체에만 관심을 기울여야 합니다. 앞으로 왜 일을 해야 하는지보다, 무엇을 할 것인지에 집중하세요. 결국에는 '무엇'이 '왜'보다 늘 우선하기 마련입니다.

다음과 같이 스스로 질문을 던져보세요.

'나는 이 직무에서 정확히 '무엇'을 수행한 대가로 돈을 받게 될까?'

'이 새로운 직무를 맡게 되면 보통 '무엇'을 하며 한 주를 보내게 될까?'

'평범한 수요일 아침 오전 9시 또는 금요일 오후 3시에 나는 '무엇'을 하고 있을까?'

저는 다양한 직군에서 활약하는 사람들을 지속적으로 연구하면서 알게 된 최고의 영업 사원들에게 이렇게 물었습니다.

"영업에서 가장 좋아하는 부분은 무엇인가요?"

이 질문과 관련하여 영업 사원들에게서 들을 수 있을 법한 모든 가능한 답변을 떠올려보세요.

"저는 신뢰를 구축하기를 좋아해요."

"제가 제공하는 제품의 이점을 설명하는 게 좋아요."

"흥미로운 사람들을 많이 만날 수 있다는 점이 좋습니다."

가장 흔한 답변은 이런 게 아닐까요?

"제가 진심으로 신뢰하는 제품을 판매하는 것을 좋아해요. 제가 믿지 못하는 제품은 하나도 팔 수 없어요."

그런데 정작 최고의 영업 사원들은 이런 말을 하지 않는다는 사실이 밝혀졌습니다. 그들 역시 앞서 언급한 답변을 하나둘 내놓을 수도 있겠지만, 최고의 영업 사원은 모두 다음과 같이 말합니다.

"끝마치는 걸 좋아해요."

최고의 영업 사원들에게 영업을 향한 사랑은 제품을 판매하는 이유나 판매 대상인 고객 또는 함께 일하는 동료로부터 비롯된 것이 아닙니다. 실제 거래를 성사시키는 활동에서 사랑을 발견하는 것이죠. 마침내 누군가에게 실질적인 활동을 하게 이끄는 것, 즉 서명란에 고객의 서명을 받는 것에서 그들은 사랑을 느낍니다. 가장 넓은 의미에서 다른 사람의 참여를 이끄는 이 활동은 최고의 영업 사원들이 모두 영업에서 가장 좋아하는 부분입니다. 물론 세부 사항은 중요하죠. 영업 사원들은 저마다 세부 사항의 다양한 측면을 좋아할지도 모릅니다. 설득하거나, 기술적으로 수완을 발휘하거나, 관계를 형성하는 등 다양한 방식을 통해 거래를 성사시킬 수 있을 것입니다. 하지만 그들이 하루하루를 사랑으로 채우는 활동은 다름 아닌 거래를 체결해 매듭짓는 활동입니다.

한편 영업에 관심이 있는 사람들에게 이런 결과는 흥미롭게 들릴 것입니다. 월스트리트의 애널리스트들처럼 일부 영업 직무는 매일 수백 건의 거래를 체결할 기회를 빈번하게 제공합니다. 그 외 다른 직무에서는 실제 마감까지 더 오랜 시간이 걸리고 빈도수도 훨씬 적습니다. 예를 들어 대형 컨설팅 회사에서는 작은 계약 하나를 성사시키는 데 18개월이 걸릴 수 있습니다.

계약을 타결할 기회를 주지 않는 직무도 있습니다. 예를 들어 제약 회사에서는 링크드인LinkedIn에 채용 공고를 올릴 때 '영업'으로 홍보할 수 있지만 사실 제약 영업 담당자에게는 누군가를 만나 거래를 체결할 기회가 주어지지 않습니다. 그저 의사들에게 영향을 끼쳐 점차 경쟁사 제품보다 자사 제품을 좀 더 많이 처방하도록 유도하는 것밖에는 할 수 있는 일이 없습니다.

따라서 새로운 직무를 맡기 전에 '무엇'이라는 질문에 초점을 맞추세요. 그런 질문에 대한 답을 모른다면 실제로 그 직무를 맡고 있거나, 관련 학교에 있거나 수업을 듣는 사람들과 대화해보세요. 가능한 한 실무를 다루는 낮은 직급 수준에서 그들을 조사한 다음 그런 활동이 당신이 알고 있는 사랑과 얼마나 일치하는지 자문해봐야 합니다.

물론 모든 질문을 거친 후에도 여전히 추구하는 직무가 실제로 자신이 사랑하는 활동으로 구성되어 있는지 제대로 알지 못할 때가 있을 것입니다. 저는 본능적으로 돈 박사가 마법을 부리고 있던 연구실에 들어가고 싶었는데, 그런 본능 중 일부는 그가 회사를 이끄는 회장이며 그의 곁에서 일한다면 향후 특별한 경력으로 인정될 것이라는 사실에 크게 영향을 받았을 것이라고 확신합니다. 제 생각에 이 부분은 분명 잘못된 본능이었죠.

다행히 제 주변에는 이미 돈과 함께 연구실에서 일하던 사람들이 있었습니다. 그들은 제가 해야 하는 활동에 대해 가장 생생하게 알려주고 제게 다양한 부수적인 프로젝트에서 그런 활동을 혼자 해볼 기회도 줄 수 있었습니다. 저는 부수적인 프로젝트를 수행했을 때 진정한 사랑의 신호를 처음 알아차렸습니다. 질문과 답변 조합을 설계하는 활동에 푹 빠져들었고 각 조합이 생성한 데이터에 매료되어 몇 시간이 겨우 몇 초처럼 쏜살같이 빠르게 흘러간다고 느꼈습니다.

결국 저를 그 연구실로 계속 이끌고 돈 박사와 함께 일하고 싶다는 제 욕망을 부추긴 것은 명성이라는 매력보다는 바로 그런 감정이었습니다. 본능적으로 '방에 들어가고' 싶은 마음이 간절하다면, 자신이 '좋아하는 일이 벌어지는 바로 그 방에서' 관련 활동을 하는 것을 좋아할지 가늠할 수 있도록 가능한 한 많은 정보를 찾아야 합니다.

그리고 자신이 사랑하는 활동을 깊이 살피며 주의를 기울이고 그 일을 하기 위해 정말로 갖은 노력을 하는데도 여전히 자신이 잘하지 못한다는 것을 알게 된다면 어떻게 해야 할까요? 그런 상황은 누구에게나 발생할 수 있습니다. 특히 노래, 농구, 그림을 즐기는 많은 사람들에게 종종 일어나는 일입니다. 그 활동을 좋아하고 그것을 할 때 기분이 매우 좋아지지만, 실력은 그리 뛰어나지 못한 것처럼 보입니다.

우리가 사는 세상에서 그런 활동을 일컫는 단어가 있습니다. 바로 '취미'입니다. 취미는 여러 이유로 당신에게 행복과 편안함을 더해주지만, 활동 자체에는 확실히 붉은 실 같은 특성이 있습니다. 그것은 긍정적인 영향을 주고 몇 번이고 당신을 끌어당기고 그 활동을 하는 동안 자기 자신과 긴밀히 연결된 느낌을 줍니다. 사랑과 일이 어우러진 삶을 찾기 위한 여정에 나서면 다양한 활동을 시도하게 되고, 그중 몇 가지는 당신에게 사랑을 안겨주는 취미가 될 것입니다. 아주 소중한 활동이죠. 비록 취미를 실제 일로 확실히 전환할 만큼 아주 능숙하게 하지 못할지라도 취미는 당신의 삶에 사랑을 가져다줄 것입니다.

인생은 끊임없이 사랑을 찾는 과정이 되어야 합니다. 때로는 사랑이 대단히 좋은 성과를 이끌 것이고, 때로는 그렇지 않을 것입니다. 하지만 어떤 경우에 속하든 인생에서 더 많은 사랑을 발견한다면 더 충만한 인생을 살 수 있을 것입니다.

쓸모없는 피드백에
신경 쓰지 마라

유용한 말에 더 귀 기울이기

저는 제 자신에 대해 매우 만족하고 있습니다.

제 훌륭한 친구이자 《일에 관한 9가지 거짓말Nine Lies About Work》 공동 저자인 애슐리 구달Ashley Goodall(애슐리는 영국인이고 남자입니다)이 제게 전화를 걸어 오디오북을 어떻게 녹음하면 되는지 조언을 구했고, 저는 그에게 제가 알고 있는 유용한 정보를 최대한 많이 제공했습니다. 마침 《일에 관한 9가지 거짓말》 출간 후 오디오북을 녹음한 경험이 있었습니다.

"사실 오디오북 녹음은 다소 까다로운 일이에요."

제가 지적했습니다.

"프로듀서가 녹음실에 당신을 붙잡아 두고 악보대에 책 페이지를 늘어 놓은 뒤, 입 앞에 소리가 울리는 마이크를 아무렇게나 배치하고는 최대한 따뜻하고 부드럽게 말하라고 주문할 거예요. 오디오북 청취는 독자와 밀착하는 경험이라서 청취자가 편안하게 들을 수 있도록 속도와 톤을 조절하는 방법을 찾아야 해요."

저는 그를 안심시켰습니다.

"걱정하지 말아요. 저는 이 분야에서 약간은 전문가라 할 수 있거든요. 비결은 간단해요. 악보대 상단을 바라보며 유리창 너머 프로듀서와 시선을 마주친 상태에서 마치 맥주나 커피 한 잔을 마시면서 몇 가지 재미있는 사실과 이야기를 그들에게 들려주고 있다고 상상하는 거예요. 그렇게 하면 친근하게 대화하는 듯한 인상을 줄 수 있어요. 원고를 읽다가 길을 잃은 것 같은 기분이 들 때마다 프로듀서와 가볍게 수다를 떨고 있는 모습을 머릿속에 떠올리기만 하면 돼요. 그러면 식은 죽 먹기죠. 아주 수월하게 넘길 수 있을 거예요."

다음 날 저는 책의 절반 분량을 녹음하기 위해 스튜디오로 향했습니다. 애슐리와 저는 번갈아 가며 각 장을 녹음하기로 했습니다. 저는 가볍게 대화하는 모습을 떠올리는 시각화 훈련을 통해 녹음 세션을 빠르게 진행할 수 있었습니다. 사흘에 걸쳐 제 파트를 녹음하기로 되어 있었는데, 저는 그날 오후에 모든 녹음을 끝마쳤습니다. 이전에도 말했지만, 저는 전문가입니다.

그다음 날이 되자 저는 애슐리가 녹음을 시작하기 전에 마지막으로 전화를 걸어 프로듀서와 한잔하는 모습을 상상하라며 한 번 더 조언해주었습니다. 눈을 마주치고 원하는 음료를 손에 들고 있는 상황을 머릿속에 그리면 물 흐르듯 자연스럽게 진행할 수 있다고요. 저는 제가 자랑스러웠습니다. 충분히 생각해서 우리 둘이 추구하는 녹음 형태뿐만 아니라 이런 결과물을 만드는 데 필요한 매우 구체적인 기술을 친구에게 알려줄 수 있었으니까요. 참으로 탁월한 코칭이었다고 생각했습니다.

다음 날 애슐리한테서 녹음을 끝마쳤다며 전화가 왔습니다. 생애 첫 오디오북 녹음이라서 나흘은 걸릴 것으로 예상했는데 단 하루 만에 녹음을 끝냈다고 하더군요.

"세상에. 정말 잘했어요! 훌륭해요! 어떻게 한 거예요? 시각화 훈련이 도움이 됐나요?"

저는 자부심에 차서 그가 제 말에 동의하길 기다렸습니다.

"아뇨, 안타깝게도 그렇지 않았어요."

그가 말했습니다.

"녹음실에 들어갔더니 처음에는 들은 대로 악보대, 책, 소리가 울리는 커다란 마이크가 눈에 들어오더군요. 그런데 제가 자리에 앉아 프로듀서를 바라보려 했는데 목을 길게 빼야만 악보대 너머로 그의 모습을 간신히 볼 수 있었어요. 그와 시선을 마주치려 할 때면 그는 아래 제어 장치를 내려다보니까 모든 게 너무 이상하고 부자연스럽게 느껴졌죠."

"정말요? 그래서 어… 어떻게 했어요? 프로듀서 말로는 우리가 처음 낭독하는 거라서 아마도 며칠에 걸쳐 여러 차례 녹음해야 할 거라고 했는데."

"아, 우연히 저만의 요령을 터득했어요. 저는 평소에 피아노를 쳐서 악보를 한 번 보고 즉석에서 연주하는 데 익숙하거든요. 즉석 연주를 하려면 실제로 손이 연주하는 음계보다 네다섯 마디 정도 미리 봐야 다음에 나오는 음계를 준비하고 원하는 소리를 생각해낼 수 있어요."

"그렇군요."

"저는 책을 읽기 시작했고, 어색하지만 필사적으로 프로듀서와 눈을 마주치려 했어요. 하지만 프로듀서의 시선이 계속 다른 쪽에 고정되어 있어서 모든 게 끔찍하게 흘러가고 있었죠. 그러다 문득 익숙한 패턴을 발견했어요. 이 책을 소리 내어 읽는 게 마치 악보를 보고 즉석에서 연주하는 것과 같다는 느낌을 받은 거예요. 실제 제 입이 내뱉는 단어보다 네다섯 단어를 먼저 눈으로 읽었더니 원하는 소리를 준비할 수 있었어요. 악보 보는 리듬에 제 몸을 맡길 수 있다면, 마치 쇼팽 소나타를 연주하듯이 녹음을 순조롭게 이어나갈 수 있겠다고 생각했죠. 그렇게 생각하며 책을 읽었고 무사히 잘 넘길 수 있었어요."

"그렇군요."

제가 무례했다고 말하진 않겠습니다. 하지만 확실히 제 반응에는 실망스러움이 묻어 나왔죠. 저는 제가 생각했던 만큼 좋은 코치가 아니었습니다. 애슐리는 제가 생각해낸 기법보다도 그에게 훨씬 자연스럽고 잘 맞는 방식으로 스스로 방법을 찾아냈습니다. 제가 그에게 해줄 수 있었던 수많은 조언 중에 "쇼팽 소나타 악보를 보듯 책을 읽어라"라는 조언은 없었을 것입니다. 하지만 그것은 애슐리가 가장 첫 번째로 머릿속에 떠올린 전술이었죠. 제 조언은 그에게 도움이 되지 않았습니다. 오히려 제 방식대로 그를 억누른 셈이죠.

당신도 분명히 비슷한 경험을 하게 될 것입니다. 어떤 선의를 가진 사람(아버지, 선생님, 팀 리더 등)이 다가와 당신이 무언가를 잘하기를 바라는 마음에서 당신에게 '이로운' 조언을 할 것입니다. 자기 자신에게 충실하려면 그들이 아무리 똑똑할지라도 최선을 다하고 그들의 말을 그대로 따르고 싶은 유혹을 이겨내길 바랍니다.

행동의 기본 원리는 자신이 대우받고 싶은 방식대로 다른 사람을 대우해야 한다고 말합니다. 이런 원칙은 대단히 선의를 담고 있지만 한 가지 문제가 있습니다. 모든 사람이 당신과 같은 사랑을 갖고 있으므로 모두 당신의 방식대로 대우받기를 바란다는 전제이죠. 하지만 다행히 이 전제는 사실이 아닙니다. 애슐리가 전반적으로 행동, 생각, 학습, 말, 수행을 접근하는 방식은 제 방식과 유의미하게 다르므로, 제게 통했던 방식을 조언하더라도 애슐리에게 확실히 효과가 없었습니다.

요즘에는 다른 사람들의 피드백과 조언을 받아들이는 방식을 두고 많은 이야기를 듣게 됩니다. 그렇지만 대개 다른 사람들의 피드백이나 조언은 혼란을 가중하고 당신의 진정한 정체성과 당신이 진정으로 해낼 수 있는 일을 왜곡할 뿐입니다. 누군가의 피드백이나 조언이 도움이 되는 유일한 경우는 당신이 잘못 알고 있는 사실을 바로잡을 때나 기계적인 수행 단계 중에서 미리 정의된 단계 하나를 놓쳤을 때입니다. 그 외에는 그들의 피드백과 조언은 쓸모없을뿐더러 해롭기까지 합니다. 아무리 세심하게 표현할지라도 속내는 "나처럼만 하면 더 잘할 수 있지"와 다르지 않기 때문이죠.

다른 사람의 '피드백'과 '반응'을 구분하는 일은 큰 도움이 될 것입니다. 그들과 당신은 서로 다른 주체이며 그들이 아닌 당신에게 어떤 행동이나 기술이 일을 더 잘 수행하는 데 유용할지는 누구도 알 수 없습니다. 이 사실을 고려하면, 이래라저래라 하는 타인의 피드백은 그다지 힘을 발휘하지 못합니다. 누군가가 "당신에게 피드백을 드릴게요"라고 말할 때마다 정중하게 귀를 닫으세요. 그들은 선한 의도로 다가와 당신을 억누르려 할 참이니까요.

정반대로 누군가가 당신에게 그들의 반응을 공유할 땐 열심히 주의를 기울여야 합니다. 그들의 반응은 훨씬 겸손한 선물과도 같습니다. 반응은 지시와 다릅니다. "이것은 더 하고 저것은 덜 하세요"처럼 참견하는 것이 아닙니다. 단지 당신의 말이나 행동, 글에 대한 반응일 뿐이죠. 만일 당신이 이메일을 보냈는데 상대방이 "이 이메일을 보고 정말 혼란스러웠어요"라고 말한다면 그것이 상대방의 반응이며 상대방에게는 그렇게 진실되게 반응할 권리가 있습니다. 어쩌면 당신은 "글쎄요, 혼란스러울 게 없을 텐데요"라고 말하며 그들과 논쟁을 벌일 수도 있겠지만, 그저 어리석은 짓일 뿐입니다. 그들이 당신의 이메일을 보고 실제로 헷갈렸다는 것만은 사실이니까요. 그들의 반응은 진짜이기에 당신이 실제로 헷갈릴 게 없다며 그들을 설득하려고 내놓는 온갖 주장보다도 우선하기 마련입니다.

같은 맥락에서 누군가가 "당신의 발표는 정말 지루했어요"라고 말한다면, 당신은 그들에게 "지루하지 않았어요!"라고 말할 수 없습니다. 그들에겐 지루했거든요. 그들은 따분함을 느꼈습니다. 그리고 그런 감정을 느낄 권리는 당신이 아닌 그들에게 있습니다. 이처럼 다른 사람들의 반응을 세심하게 살필 필요가 있습니다. 이런 반응은 당신이 세상에 주는 영향을 이해하는 데 도움이 될 만한 훌륭한 소재가 될 것입니다. 누군가의 반응이 당신이 기대한 것과 달랐다면 그들의 반응을 존중하고 그들이 당신의 어떤 행동에 반응했는지 깊이 고민해보세요.

누군가의 반응이 당신이 바라던 것과 정확히 일치했다면 더 주목해야 합니다. 즉 그들이 당신의 전화, 이메일, 발표, 노래하는 목소리 등을 매우 마음에 들어 했다면 충분히 많은 시간을 들여 그들의 반응을 자세히 분석해보세요. 왜 그렇게 느꼈는지, 무엇이 효과가 있었는지, 언제 집중하기 시작했는지, 무엇이 관심을 끌었는지 그들에게 물어보세요. 찬사를 받기 위해서가 아니라, 당신이 최선을 다할 때 어떤 사람인지 더 자세히 알기 위해 질문하는 것입니다. 당신의 사랑을 세상에 대한 기여로 전환하는 과정을 좀 더 효과적으로 수행하는 전문가가 되기 위해 사람들의 반응을 활용하는 것이죠.

하지만 어떤 일을 하든 다른 사람의 피드백과 조언을 따르지 마세요. 피드백과 조언을 듣는 건 괜찮지만 그대로 따라 행동하진 마세요. 당신은 내적 자아를 찾았을 때 언제나 가장 생산적이고 매력적일 것입니다. 당신이 다른 누군가를 흉내 내며 억지로 자기 자신을 정해진 틀에 맞춘다면 그저 무서운 존재가 될 뿐입니다.

자신의 공포와
당당히 마주하라

두려운 길을 과감히 선택하기

이번 장에서는 공포에 대해 이야기해봅시다. 당신은 무엇이 두려운 가요?

물론 우리가 두려워해선 안 된다는 것을 저도 알고 있습니다. 하나도 두렵지 않다면 무엇을 하고 싶으세요? 이런 질문을 내걸며 동기를 부여하는 소셜 미디어 게시물은 마치 일이 인생에서 느끼는 두려움을 몰아내기라도 하는 것처럼 우리에게 질문을 던집니다.

문제는 제가 언제나 두려움을 느낀다는 점입니다. 예를 들어 저는 지금 자리에 앉아 이 글을 쓰고 있지만, 동시에 두려움에 관한 좋은 글을 쓰지 못할까 봐 두렵습니다. 그리고 제 아들이 무사히 대학으로 돌아갈 수 있을지 걱정됩니다. 형의 건강이 또다시 안 좋아졌다는 걱정스러운 소식을 듣게 될까 봐 두렵고, 어머니가 아픈 형을 돌봐야 한다는 압박감에 혹여 쇠약해지지 않으실지 겁이 납니다. 저는 너무도 많은 것을 두려워합니다. 하지만 민망하게도 그 많은 두려움 중에 일부는 수면 위로 떠오르지 않은 채 그대로 가라앉아 사라지죠.

제가 이렇게 두려움을 느끼는 것이 정상일까요? 혹시 저는 이런 두려움을 인생에서 빼놓을 수 없는 동행자로 인정하면 인간으로서 실패하는 걸까요? 인터넷,《군주론Il Principe》의 저자 마키아벨리Machiavelli, 영성가 에크하르트 톨레Eckhart Tolle, 작가 메리앤 윌리엄슨Marianne Williamson에 따르면 사랑의 반대는 '두려움'입니다. 두려움을 안고 살아간다면 사랑을 밀어내는 걸까요? 사랑으로 무언가를 이뤄낼 수 있는 충만한 삶을 살기 위해서는 반드시 두려움과 맞서 싸우고 극복해야 할까요?

확실히 그래야 할 것처럼 느껴집니다. 결국 사랑은 가능성을 열어주는 감정인 반면 두려움은 마음과 선택의 폭을 좁히는 감정이 됩니다. 현실을 직시하자면, 그런 감정이 그리 나쁘지 않은 때도 있습니다. 두려움은 초점을 좁히고 심장 박동수를 높이고 몸속에 코르티솔과 아드레날린이 흘러넘치게 합니다. 두려움은 감지된 위협에 맞서 싸워야 할지 아니면 죽기 살기로 도망쳐야 할지 결정하는 데 마음을 집중하도록 설계된 생존 감정입니다. 이 모든 감정은 숲속에서 곰이 튀어나오거나 나무 뒤에 숨어 있던 강도가 뛰쳐나오는 상황에 대처하는 데 매우 유용할 것입니다.

하지만 관계를 깊이 발전시키거나, 소프트웨어 프로그램을 설계하거나, 고객의 문제를 해결하거나, 캔버스에 그림을 그리는 것과 같이 더 창의적인 활동을 하려고 한다면 이런 두려움은 그리 유용하지 못할 것입니다. 두려움에 떨면 아무것도 창조할 수 없기 때문이죠. 저는 두려움을 떨쳐낼 수 없다는 사실을 알게 되었습니다. 두려움은 세상을 살아가는 인간에게는 일부나 다름없습니다. 두려움을 느끼는 것은 공감하고 기뻐하고 분노하는 것만큼이나 자연스러운 반응입니다. 두렵지 않은 척 애쓰며 두려움 없이 인생을 살아가려는 것은 거짓된 행동입니다. 진짜 인간이라면 그렇게 할 수 없습니다.

그렇다면 두려움을 어떻게 다뤄야 할까요? 우리는 두려움과 싸우고, 두려움에서 시선을 돌리고 도망치는 데 삶을 소비하지만, 매일 아침 우리가 눈을 뜨면 두려움도 함께 일어납니다.

가장 적절한 첫 번째 방법은 두려움을 인생의 동반자로 삼고 그것을 다시 바라보며 많은 질문을 던지고, 호기심을 갖고 살피면서 점차 두려움에 익숙해진 당신의 진정한 모습이 드러나도록 하는 것입니다. 그러면 먼저 두려움의 상당 부분이 다른 사람들, 특히 당신에 대해 그들이 어떻게 생각하는지에 집중되어 있다는 점을 알 수 있습니다. 이것은 문제가 되지 않습니다. 원래 그렇기 때문이죠. 누군가가 다른 사람들이 당신에 대해 어떻게 생각하는지 신경 쓰지 말고 그들의 의견은 상관할 바가 아니라고 말하더라도 그 말을 그대로 받아들이지 마세요. 당신은 다른 사람들이 당신을 어떻게 생각하는지에 관심을 갖도록 설계되어 있습니다. 그래야 인간적이죠. 세상에서 유일하게 다른 사람들이 자신을 어떻게 생각하는지 신경 쓰지 않는 사람들은 소시오

패스뿐입니다.

다른 사람들이 당신을 어떻게 생각하는지에 관심을 갖는 것은 현명하고 적절한 행동입니다. 앞서 말했듯이, 당신에 대한 사람들의 반응은 당신의 사랑이 세상에서 어떻게 전개되고 있는지 알려주는 중요한 신호입니다. 적어도 사랑으로 무언가를 이뤄내는 데 관심이 있다면 사람들의 반응에 주의를 기울여야 합니다.

예를 들어 당신이 교사인데 담당하고 있는 학생들이 성적을 높이지 못하는 것 같다면 학생들의 반응에 주의를 기울여보세요. 학생들의 반응과 어쩌면 그 반응을 이끌었을 당신의 행동을 인정하고 생각해볼 가치가 있습니다. 당신이 소프트웨어 엔지니어인데 다른 사람들이 대체로 당신의 코드가 어려워 따라 반복하길 꺼린다면 그런 반응을 존중하고 당신이 작성한 코드가 그들에게 어떻게 읽힐지 고민해야 합니다. 또한 당신이 영업 사원인데 제품을 열심히 설명해도 정작 판매로 이어지지 않았다면, 아직 마음의 준비를 하지 못한 구매자나 마케팅 품질을 탓할 수도 있겠지만 당신이 선전을 잘 하지 못해서 구매자가 사지 않았을 가능성을 열어두어야 합니다.

하지만 이런 모든 상황에서 사람들은 자신만의 방식으로 반응할 권리가 있음을 기억하세요. 당신의 말과 제품, 행동에 대한 분노, 기쁨, 고통, 좌절 등 사람들이 내보인 반응은 그들의 내면에서 나왔습니다. 당신이 그런 반응을 만들진 않았습니다. 다른 사람들이 그렇게 반응한 것입니다. 그들의 반응은 흥미롭고 중요하고 타당하며 주목할 가치가 있습니다. 그렇지만 그런 반응은 당신이 아닌 그들의 것입니다.

두 번째 방법, 두려움 자체는 두려워할 대상이 아니라는 점을 알아야 합니다. 인생에서 문제를 일으키는 것은 두려움 자체가 아닙니다. 마주하지 못한 두려움이 다른 감정으로 전락할 때 문제가 발생합니다. 예를 들어 인간관계에서 상대방이 당신을 떠날 것이 두렵다면 그 두려움은 소유욕으로 전락하고, 소유욕은 숨 막히는 집착으로 이어집니다. 상대방이 당신을 속일 것이 두렵다면 그 두려움은 질투와 의심으로 바뀌며, 이 사악한 두 감정이 상대방과 당신 모두를 숨 막히도록 옥죌 것입니다. 다른 사람들이 당신의 작업을 어떻게 생각할지 두렵다면 그 두려움은 어떤 경계도 허물지 못하는 안전하고 형식적인 작업으로 변하고 말 것입니다. 새로운 직업을 선택하기가 두렵다면 그 두려움은 결국 무력함으로 나타나 당신을 편안하고 고정된 상태에 머물게 합니다. 마주하지 못한 두려움은 깊은 상처를 주는 감정으로 전이되고 말죠.

반면 두려움을 면밀히 조사하면 최선을 다하는 순간에 자기 자신에 대한 강력한 사실을 발견할 수 있습니다. 이 두려움을 궁금해하고 받아들일 때 비로소 두려움이 당신의 사랑에 대한 또 하나의 신호라는 점을 깨닫게 됩니다. 저는 두려움을 주제로 이 글을 쓰는 것이 두렵습니다. 도움이 될 수 있는 글을 쓰고 싶고 실제로 도움이 되기를 간절히 바라기 때문입니다. 어머니가 형을 돌보고 있다는 점도 두렵습니다. 저는 두 사람을 모두 사랑하거든요. 제 두려움은 제 사랑이 무엇인지 정확히 짚어줍니다.

그런 의미에서 두려움은 고통과 같습니다. 신체에서 고통의 목적은 건강에 꼭 필요한 부위에 주의를 집중시키는 것입니다. 통증을 느끼지 못하는 통각 상실증을 해결하지 않고 방치하면 사망에 이를 수도 있습니다. 두려움은 정신적 고통입니다. 두려움을 느낀다면 그것을 따르세요. 두려움은 당신이 사랑하는 대상이나 사람, 열정을 갖는 것, 매우 깊이 아끼는 사람에게로 곧장 인도할 것입니다. 그런 의미에서 두려움은 당신과 함께하는 가장 현명하고 다정한 동반자로서 당신이 사랑하는 대상과 사람을 알고 있습니다. 함부로 판단하거나 의식적으로 선별하지 않으면서도 당신이 사랑을 인식하거나 받아들일 준비가 되기도 전에 그 사랑이 드러난다는 것을 두려움은 알고 있습니다.

두려움과 맺는 관계를 바꿔보세요. 두려움을 떨쳐내거나 맞서 싸우지 마세요. 고개를 돌리거나 두려움을 제압하려 하지도 마세요. 대신 두려움을 존중하는 법을 익힐 수 있는지 알아보세요. 즉 두려움에 귀를 기울이고 호기심을 갖고 실제 자신의 일부로 받아들여야 합니다. 그 과정을 부드럽고 너그럽고 친절하게 수행한다면 두려움은 당신이 진정으로 사랑하는 것이 무엇인지 보여줄 것입니다.

두려움을 무시하고, 두려움에 맞서고, 안전지대에서 벗어나라는 이야기를 듣고는 합니다. 하지만 이런 조언은 모두 오해의 소지가 있습니다. 인생에서 중요한 선택은 '안전지대에 머물거나 벗어나는 것'이 아닙니다. '사랑하는 것 아니면 사랑하지 않는 것'을 알아차리는 것입니다. 당신이 사랑하는 것에 발을 디디면 확실히 두려움을 느낄 것입니다. 이는 단순히 괜찮은 문제가 아니라 기본 요소입니다. 사실 두려움은 너무도 근본적인 요소여서 무언가를 할 때 두려움을 느끼지 않는다면 사랑을 잃어버린 셈이나 다름없습니다.

두려운 길을 선택하세요. 바로 사랑으로 향하는 길입니다.

평가와 비교의
유혹에서 벗어나라

자신의 개성에 더 집중하는 법

피터 오스왈드Peter Oswald는 멋진 아이였습니다. 저는 만 여섯 살이 넘었을 때 초등학교에 입학한 첫날 동갑인 피터를 만났고, 그 후 6년 동안 함께 지냈습니다. 피터는 스티비, 마일스, 마이크, 팀처럼 저와 아주 친한 친구는 아니었습니다. 그는 당시 엄청난 인기를 끌었던 〈스페이스 인베이더Space Invaders〉 게임을 하러 집에 놀러 오지도 않았고 우리와 같은 운동팀에서 뛰지도 않았지만, 저는 마음속 깊이 그를 항상 존경했습니다. 어찌 보면 그에게 조금 주눅이 들었던 것 같기도 합니다.

피터의 작은 반항은 제가 처음으로 그에게 관심을 갖게 된 계기가 되었습니다. 제가 학교에서 눈에 띄지 않으려고 애를 쓸 동안 피터는 일부러 사소한 규칙을 어기며 회장과 부회장 등 임원들을 약 올리곤 했죠. 그가 가장 좋아했던 소소한 반항은 조회 시간에 다리를 미세하게 구부리고 서 있는 것이었습니다. 우리는 모두 다리와 등을 곧게 편 채 팔을 등 뒤에 대고 부동자세로 서 있어야 했습니다. 피터는 등을 곧게 펴고 팔을 등 뒤로 완벽하게 포개고 있었지만, 티가 날 정도로 무릎을 살짝 구부렸습니다. 매일 아침이면 임원들이 줄을 맞추며 걷다가 피터 옆에 멈춰 서서 무릎을 곧게 펴라고 말했고 피터는 무릎을 살짝 펴는 데 그쳤죠. 임원들이 그에게 다가와 다시 무릎을 펴야 한다고 말하면 그는 또다시 아주 미미할 정도로만 자세를 고쳤습니다.

피터는 아무리 지적을 받아도 입을 꾹 다물었습니다. 멍하니 앞만 바라볼 뿐 지시에 제대로 따르지도 않았죠. 어떤 임원은 다른 임원들을 불러 피터의 다리가 곧게 편 상태인지 평가했을 정도였는데 피터는 아무 말도 하지 않았습니다. 열세 살 먹은 덩치 큰 임원들은 이 어린 소년을 내려다보면서 그가 장난치고 있음을 확신할 수 있었지만, 그가 어긴 규칙을 어떻게 정의하고 다뤄야 할지 몰라 난감해 했습니다.

피터는 산스필드 팀에 있었기 때문에 제가 서 있는 자리에서는 그들이 나눈 대화를 전혀 들을 수 없었지만, 소소한 억압과 저항이 벌어지는 광경은 경이로워 보였습니다. 저는 임원들이 제 존재를 알게 될지도 모른다는 생각에 움츠러들었지만, 피터는 일부러 그들의 관심을 끄는 것도 모자라 분노를 불러일으키고 있었죠. 그는 자신을 표적으로 만들며 다른 학생들에게 무엇이 가능한지 직접 보여주었던 겁니다. 피터는 영화 〈대탈주The Great Escape〉의 스티브 맥퀸Steve McQueen 처럼 대단히 멋진 아이였습니다(이 영화는 명작이니 꼭 감상해보세요).

저는 열한 살 때 피터와 같은 영어 수업을 듣게 되었습니다. 영어를 공부하려면 읽기뿐만 아니라 쓰기도 필요하다는 인식을 이제 막 접하기 시작할 때였죠. 작문, 단어, 구, 구조 등 모든 요소를 활용해서 직접 글을 지어야 했습니다. 아이들은 이런 새로운 기술을 마지못해 익히고 있었습니다. 새로운 작문 과제가 나올 때마다 우리는 이렇게 징징거렸죠.

"얼마나 길게 써야 해요? 한 단락이요, 아니면 세 단락이요?(그런 일은 없겠지만, 누구 대신 써줄 사람?)"

우리는 비가 보슬보슬 내릴 때 하는 크로스컨트리 달리기처럼 글쓰기는 짧을수록 좋은 것이라고 생각했습니다. 하지만 피터는 달랐습니다. 어느 날 오후 저는 책상에서 끄적이는 피터를 발견했습니다.

"뭐해?"

그에게 물었습니다.

"글쓰기."

"뭘 쓰고 있어? 오늘 내야 할 작문 숙제가 있었어?"

"모르겠어. 작문 숙제를 하는 건 아냐. 이야기를 쓰고 있지."

"어떤 이야기?"

"전쟁 이야기."

"군인과 탱크, 총과 총알이 나오는 그런 이야기?"

"맞아."

"이야기가 얼마나 길어?"

"열일곱 장."

그때 저는 '열일곱 장이라니!' 하고 속으로 생각했습니다.

'세상에! 다섯 문단 이상 쓰는 사람은 세상에 없다고! 대체 뭐길 래 열일곱 장이나 돼?'

피터는 줄이 처진 종이에 파란색 볼펜으로 글을 쓰고 있었습니 다. 이미 페이지 절반 이상을 채운 상태였고 그 밑에는 파란색의 둥근 손글씨로 뒤덮인 종이 더미가 놓여 있었습니다.

"읽어봐도 돼?"

제가 물어보자 피터는 쓰고 있던 종이를 빼고 나머지 종이 더미 를 건네주었습니다. 저는 글을 읽기 시작했습니다. 도저히 멈출 수 없 었습니다. 이 열한 살 소년은 정말 다양한 캐릭터를 만든 후 제가 명확 하게 머릿속에 그릴 수 있는 줄거리와 도전 과제를 캐릭터에 입혀냈 습니다. 저는 모든 캐릭터의 모습을 생생하게 떠올리고 목소리를 듣고 두려움을 느낄 수 있었습니다. 그 열일곱 장에 달하는 이야기에 푹 빠 져들고 말았죠.

"우와. 다음에 어떻게 돼? 계속 쓸 거야? 어떻게 끝나? 다들 죽는 거야?"

"내일 보여줄게."

그날 제 생각은 완전히 바뀌었습니다. 이제 글쓰기는 피해야 할 골칫거리가 아니라 근사한 작업이 되었습니다. 글은 캐릭터와 이야기 로 채워질 수 있고 무섭도록 흥미롭게 열일곱 장 또는 그 이상에 걸쳐 계속 이어질 수 있었습니다.

순간, 멋진 소년 피터도 그렇게 글을 쓸 수 있는데 나라고 왜 못 하겠냐는 생각이 들었습니다. 더 이상 글쓰기가 그리 어려워 보이지 않더군요. 피터는 책상에서 공부하고 있던 게 아니었죠. 모든 캐릭터와 장면, 단어들을 머릿속에서 끄집어내어 종이에 펜으로 적고 있었던 겁니다.

저는 글을 쓰기 위해 자리에 앉았습니다. 한 페이지 한 페이지가 제 손을 거쳐 세상에 나왔습니다. 수많은 단어로 종이를 가득 채운 글이 완성되었습니다. 어머니가 다가와 무엇을 하고 있는지 물어보셨죠.

"글을 써요."

제가 대답했습니다. 어머니는 웃으셨고, 저는 행복했습니다. 다시 펜을 들어 더 많은 단어를 써 내려갔고 이전보다 훨씬 많은 종이를 채웠습니다. 곧 저는 피곤해졌고, 피터가 그랬듯이 마지막 장을 "…다음 호에 계속"이라는 문구로 끝을 맺은 후 잠자리에 들었습니다. 다음 날 저는 일찍 일어나 자전거를 타고 학교에 갔습니다. 조회 시간을 알리는 종소리가 울리기 전에 전날 밤에 제가 쓴 이야기를 다시 읽어보고 싶었거든요.

분명 전날 밤 저는 이야기에 몰입하려 노력했고 감명을 받았습니다. 하지만 제가 실제로 이야기 한 편을 제대로 쓰긴 쓴 건지 의문이 들었습니다. 그래서 아침에 맑은 정신으로 글을 다시 읽어보았죠. 제가 썼다는 게 믿기지 않았습니다. 캐릭터들이 너무 인위적으로 보였거든요. 물론 캐릭터는 제가 막 만들어낸 허구의 인물들이었죠. 그런데 제가 각 캐릭터에 부여한 도전 과제는 지루하거나 너무 진부하고 현실감이 없었습니다. 그 역시 제가 지어낸 요소였으니까요. 여덟 장을 읽고 나니 더 이상 계속 읽고 싶다는 마음이 들지 않았습니다. 작가에게 다음에 어떤 일이 벌어질지 묻고 싶지도, 흥미가 생기지도 않았죠.

너무 우울하고 실망스럽고 혼란스러웠습니다. 피터는 해냈는데 왜 저는 할 수 없었을까요? 그는 제가 모르는 무언가를 알고 있었던 걸까요? 저는 피터에게 물어봤습니다.

"몰라."

그가 이어서 대답했습니다.

"난 머릿속에 캐릭터들이 어떤 모습이고 그들이 서로 어떤 관계인지 떠올린 다음에 글을 써. 계속 글을 써보는 게 어때? 괜찮다면 내가 읽어줄게."

그의 말대로 저는 계속 글을 썼습니다. 종이를 글로 채우는 활동은 제게 힘을 북돋아주고 성취감을 주었지만, 제 이야기는 좀처럼 나아지질 않았습니다. 피터는 재밌다며 좋은 말을 해주었지만, 제가 보기엔 이야기가 지루하고 너무 인위적이었습니다. 제 글은 독자를 또다른 세상으로 인도하지 못했습니다. 글이 서툴고 내용이 무거워서 끝까지 읽기조차 쉽지 않았죠.

저는 어린 나이였지만 결코 피터처럼 글을 쓸 수 없다는 것을 깨달았습니다. 제겐 작가가 될 소질이 없었던 것이죠. 결국 저는 글쓰기라는 취미를 포기했고, 그 후 20년 동안 글쓰기에는 영 재주가 없는 사람으로 스스로 희화화하며 살았습니다. 저는 피터가 아니었으니까요. 이런 생각이 너무도 확고해져서 제가 첫 저서를 출판하자는 계약서를 건네받았을 때 가장 신경 쓰였던 계약 조항은 '혹시라도 읽을 만한 원고를 제공하지 못할 경우 대필 작가를 고용하겠다'는 내용이었습니다.

비록 저는 피터가 아니지만 그렇다고 해서 작가가 될 수 없다는 뜻은 아니라는 사실을 그땐 미처 깨닫지 못했습니다. 알고 보니 저는 소설을 쓰는 데 관심도 없을뿐더러 그다지 재주도 없었습니다. 저는 머릿속에 캐릭터를 잘 떠올리지 못하고, 설사 캐릭터를 지어내더라도 종이에 글로 풀어쓰기도 전에 싫증을 느끼거든요. 허구의 세계와 인물은 그런 세계와 인물이 존재할 필요성을 믿는 열정적인 예술가들에 의해 창조됩니다. 저는 그들을 높이 평가하지만, 제가 그런 예술가는 아닙니다.

신의 축복을 받은 피터는 그 자신에게는 강력한 본보기였지만, 제겐 좀처럼 맞지 않는 본보기였습니다. 저는 이 사실을 깨닫지 못한 채 동경의 대상과 친구 관계를 혼동하고, 그 사람처럼 되길 간절히 열망하며 몹시 불행하고 비생산적인 길을 걸었습니다. 저는 진정한 저의 길을 계속 걸었어야 했는데 말입니다(이 책을 쓰기 전에 자료를 준비하면서 오래전에 연락이 끊긴 피터 오스왈드를 다시 찾아봤습니다. 그는 시인 겸 극작가가 되었고, 런던 셰익스피어 글로브 극장Shakespeare's Globe Theatre에 최초로 입주한 작가입니다. 여러 작품으로 많은 찬사를 받았는데 특히 전쟁극으로 유명합니다).

자신을 독특한 존재로 인식하려면 먼저 남과 비교하려는 유혹에 넘어가면 안 됩니다. 이런 저항은 말하기는 쉬워도 행동으로 옮기기는 매우 어렵습니다. 양육, 학교 교육, 소셜 미디어, 노동의 전반적인 체계는 당신의 모든 측면을 동료와 억지로 비교하도록 설계되었습니다. 부모님은 당신의 키, 몸무게, 기어가기, 배변, 걷기, 먹기, 수면, 사교성, 첫 단어, 첫 문장 등 여러 가지를 표준화된 기준과 비교하는 차트를 건네받은 것과 마찬가지입니다. 당신의 태아 시절부터 성인이 되는 순간까지 당신이 어느 백분위수에 속하는지에 따라 부모의 성공 여부가 결정되었죠.

같은 맥락으로, 학교에서는 학생들을 비교하는 데 끈질기게 집착합니다. 당신이 교육 과정을 이수할 때 받은 성적은 학교, 지역 또는 국가 기준과 당신의 학업 성취도를 비교한 후 기준 분포에 속하는 지점을 정확히 짚어내어 도출한 값입니다. 이런 기준에 따라 당신의 위치가 정해지고 당신이라는 사람이 정의됩니다. 물론 어떤 기회가 주어지고 또 주어지지 않을지도 결정되죠.

비교에 대한 집착은 직장에서도 강박으로 작용합니다. 당신이 얼마나 많은 연봉을 받는지, 언제쯤 승진하거나 해고될지는 모두 성과 등급에 따라 결정될 것입니다. 성과 등급은 조직에서 당신을 다른 직원들과 비교해 결정한 값입니다. 당신이 다른 모든 직원보다 낫다고 인식되면 5점을 받게 되고 중간 정도라면 3점을 받게 됩니다. 어떤 조직에서는 직원별 성과와 잠재력을 비교해 이런 평가 등급을 도출합니다. 더 나아가 각 직원이 갖추어야 할 기술 목록(이른바 역량)을 정의한 후 당신이 갖춘 기술이 동료 직원들과 비교했을 때 어느 정도인지 평가하는 조직도 있습니다. 또한 어떤 조직은 너무 많은 직원이 높은 평가를 받을 것을 우려해 일정 비율만 4~5점을 주고 나머지는 3점 이하를 주는 방식을 고수합니다. 이를 강제 곡선forcing the curve이라고 부르죠. 이는 당신이 동료 직원들보다 딱히 뒤지지 않는데도 낮은 평가를 받게 될 수 있다는 뜻입니다.

이런 비교 체계는 조직에 유용합니다. 성적은 학교가 순위에 올라 재정을 확보하게 하고, 성과 등급은 기업이 차등별 성과급과 상여금을 지급하는 데 도움을 줍니다. 학교나 회사는 모두 당신을 도와주기는커녕 남들과 비교하며 눈에 띄지 않는 존재로 만들어버리죠. 표준화된 기준을 사용해서 당신을 측정하고, 다른 모든 사람에게서 당신 본연의 모습을 숨겨버립니다.

물론 본인이나 부모님, 상사가 아니라 친구와 비교해야 한다는 압박을 받을 때도 있습니다. 당신을 바라보는 사람들은 인생을 살면서 스스로 내린 선택을 당신이 내린 선택과 비교하고, 그들이 상대적으로 유리하게 보이지 않는다고 느끼면 당신과 당신이 걸어온 여정을 폄하합니다. 이런 종류의 비교는 최악이라 할 수 있죠. 당신의 방어선을 가장 빠르게 뚫어버리니 머릿속에서 비판을 떨쳐버리기가 매우 어려워지고, 비교를 통해 '자기편'인지 아닌지 섣불리 판단하게 됩니다.

미셸의 일기장에는 이를 보여주는 한 사례가 나옵니다. 미셸은 일과 가정 사이에서 균형을 찾으려 안간힘을 쓰고 있었는데 이에 대한 친구들의 반응이 싸늘해서 좀처럼 이해하기 어려웠죠.

우리는 타호 호의 헤븐리 스키 리조트에 묵었다. 네 가족이 함께 갔는데, 성인 여덟 명과 어린이 열 명에 달하는 인원이었다. 나는 간식이나 따뜻한 내의를 따로 챙기지 못했다. 두 아들이 입은 겉옷은 작년에 샀다는 게 그대로 티가 날 정도로 아이들의 손목이 다 보일 지경이었다. 나는 일하는 엄마, 워킹맘이었다.

점점 스트레스를 받기 시작했다. 물론 아이들이 커다란 산에 견줄 만한 함박웃음을 짓고 스키를 타고 눈 덮인 산을 가르며 나아가는 모습을 보니 흐뭇했다. 하지만 나는 일을 내려놓을 수 없었다. 당시 회사 직원의 30퍼센트를 정리 해고한 후 가족과 함께 겨울 휴가를 떠난 임원은 내가 유일했다. 직원들의 인생을 망가뜨린 바로 그 주에 휴가를 떠난 것이다.

우리는 스키를 탄 후 추위를 피해 뒤풀이를 하러 따뜻한 오두막으로 향했다. 브라이언은 불을 피운 후 컴퓨터를 집어 들며 처리해야 할 일이 있다고 일행들에게 알렸다. 그날은 화요일이었다. 엄마들은 모두 브라이언에게 알겠다며 고개를 끄덕였다. 그는 가족을 돌보는 황제펭귄이다. 아내가 스키로 지친 몸을 다시 추스르고 배를 채울 동안 그는 굶주리며 일을 끝낸 후에 음식을 먹을 것이다. 우리는 자랑스럽다는 듯 환하게 웃으며 그에게 손을 흔들어 인사했다. 헤더는 마치 축제 때 쓰는 색종이 조각을 뿌리듯 설탕 가루를 그에게 뿌렸다.

브라이언의 아내 테스는 여행을 앞두고 정성스럽게 준비한 수제 지티ziti 파스타(크기가 중간 정도인 속이 빈 파스타 - 옮긴이)를 굽기 시작했다. 질은 집에서 만든 컵케이크에 파란색 설탕 가루를 뿌리더니 일행 중 여자아이인 에이바를 위해 사놓은 분홍색 설탕 가루를 깜빡

했다며 짐가방이 있는 곳으로 뛰어갔다. 아이들은 진한 초콜릿 케이크 위에 흰색 당의가 하늘 높이 쌓인 모습을 보고는 기뻐하며 소리를 질렀다.

"흰 눈 같아요!"

아이들이 한목소리로 말했다.

나는 모스크바 뮬 칵테일을 만들었다.

"20분 후에 회의할 예정인데 괜찮으세요?"

회사 동료들은 내가 휴가 중이라는 것을 알고 있었지만 내게 계속 문자를 보내왔다. 회의 시간이 오후 8시 30분이라고 했다.

"물론이죠."

나는 트리비얼 퍼슈트Trivial Pursuit(퀴즈 형식의 술자리 게임)를 하는 도중에 몰래 빠져나오기는 정말 힘들겠다는 생각을 하며 동료들에게 답장을 보냈다.

아이들은 모두 위층 다락방에 올라가 스키가 주제인 컬트 영화 〈질주Aspen Extreme〉를 보고 있었다. 질은 에이바에게 종을 맡겼다. 키스 장면이 나오면 에이바는 종을 울리고 질이 달려가 어린 마이키의 눈을 가릴 예정이었다.

나는 종소리를 기다리고 있었다. 이제 첫 키스 장면이 나올 때가 되었다.

종이 울리자 질이 벌떡 일어섰다. 나는 그녀와 함께 뛰어나간 후 전화를 받기 위해 침실로 빠져나갔다. 전화 회의에는 네 명만 참석한 상태였다.

나는 '다행히 늦지 않은 것 같네'라고 생각하며 안심했다. 모두 CEO가 오길 기다리고 있었다. 아니, 정확히 말하자면 이사회는 내일 정리 해고 명단에 CEO를 포함하고 싶어 했다. 나는 내일 헤븐리 스키 라운지에서 분홍색 바지와 플리스 재킷을 입은 채 CEO를 해고해야 한다. 나는 머리카락을 잡아당기기 시작했고 아무도 이런 내 모습을 볼 수 없었다. 나는 천으로 벽을 둘러싼 방에 있었다. 회의 참석자들이 내게 법적인 질문을 쏟아내기 시작했다.

"마시자고! 다들 마십시다!"

마흔 살 먹은 어른들이 소리치는 소리가 들렸다. 나는 차가운 손가락을 더듬거리며 음소거 버튼을 누르면서 재빨리 작은 벽장 안에 들어갔다.

"여보세요? 들리세요?"

동료들이 물었다. 나는 오두막에서 흘러나오는 함성이 멈출 때까지 기다렸다.

"예, 죄송합니다. 음소거 상태였네요. 퇴직금 패키지를 철저하게 준비해야 할 것입니다."

나는 축축한 양말과 아홉 살짜리 아들의 운동복을 만지작거리고 있었지만 마치 정장을 차려입고 반짝이는 유리로 둘러싸인 사무실에 똑바로 앉아 있는 것처럼 똑 부러진 말투로 말했다. 아차, 깜빡하고 편하게 입을 실내복을 가져오지 않았다.

45분이 흐르자 마침내 회의가 끝났다. 강인한 엄마들이 아빠들 못지않게 큰 소리로 웃으며 계속 게임을 즐기고 있었다. 키스 장면을 알리는 종소리를 기다리며 자연스레 합류할 때를 기다렸지만, 내가 쓰고 있던 비니의 색상이 너무 밝았는지 금방 들키고 말았다.

"진심이야? 지금 밤 10시인데다 휴가 중인데도 일을 한다고?"

사람들이 눈을 휘둥그렇게 뜬 채 고개를 저으며 나를 쳐다봤다. 나는 그들을 실망시켰다.

다음 날 나는 스키 라운지에서 CEO를 해고했다.

그날 밤 나는 일행들과 게임을 했다.

내 휴대전화가 울리자 엄마들은 아이들이 학교 건널목을 건널 수 있도록 차를 세우듯 두 손을 번쩍 들어 올렸다.

"안 돼! 오늘 밤은 안 돼! 휴가잖아! 공과 사를 구별하는 선은 지켜야지! 휴가 온 사람한테 회의에 참석하라는 게 말이 돼? 그만한 가치가 있는 거야? 리틀 리그 야구 경기는 정말 놓쳐선 안 된다고. 나라면 정말 그렇게는 못 살 것 같아. 미셸은 어떻게 견디는지 모르겠네."

일하는 아빠 브라이언은 리틀 리그 경기를 놓쳤다. 역시 휴가였지만 그는 매일 일했다.

브라이언은 찬사를 받았다.

나는 그 낡은 오두막에 있는 대부분의 남자들보다 더 많은 돈을 번다. 나도 가족을 돌보기 위해 열심히 일한다. 왜 그들은 내게 설탕 가루를 뿌리며 찬사를 보내지 않는 걸까?

왜 나는 황제펭귄이 아닌 걸까?

대부분의 여성들이 인생을 살면서 스스로 내린 선택을 타인의 선택과 비교하고, 또 그 과정에서 자기 자신을 평가하고 압박을 주고는 합니다. 이것은 분명히 특정한 형태의 비교 행위입니다.

브라이언은 일에서 사랑을 찾았고 미셸도 그러했습니다. 브라이언은 다른 사람들의 '농담' 섞인 비판에 맞서 싸우지 않고도 사랑을 실천할 수 있었습니다. 사람들은 그에게 직장, 좋아하는 일, 목표에 대해 물어보고 그는 자신의 사랑을 설명하며 마음껏 열중할 수 있죠. 주변 사람들은 그의 사랑을 인정하고 응원했습니다. 그들의 눈에 비친 그는 위대한 가장이었거든요.

미셸은 브라이언이 받은 응원과 정반대의 반응을 얻었습니다. 그녀에게 나쁜 짓을 저지르려는 적이 아니라 그녀와 친한 친구들조차 그녀를 응원해주지 않았죠. 미셸은 직장을 다니는 다른 많은 여성과 마찬가지로 자신의 사랑을 충분히 끌어올리지 못한 채 주변 사람들에게 사과해야 했습니다.

타인과 자신을 비교하는 행위는 당신의 시야에 억지로 파고들며 당신이 자기 자신을 바라보는 방식을 왜곡시킵니다. 이것을 해결할 방안을 저는 알지 못합니다. 대신 다음과 같은 대응 방안을 제안하려 합니다.

첫째, 아무리 남들의 시선이 따갑고 평가가 신랄할지라도 자신만의 붉은 실을 꼭 붙잡아야 합니다. 그 실타래는 당신의 것입니다. 다른 사람들은 당신이 어떤 사람이 되어야 한다며 각자 생각을 말할 수는 있지만, 당신의 사랑이 무엇이며 그것이 당신에게 어떤 감정을 주는지 세상에서 가장 잘 이해하는 사람은 바로 당신 자신입니다. 이 붉은 실에는 진실과 힘이 담겨 있습니다. 인생이라는 천을 붉은 실로 더욱 촘촘하게 엮어 당신이 그것으로 어떤 노력을 기울이고 있는지 다른 사람들에게 보여준다면 점차 시간이 지나면서 이렇게 엮어낸 천이 당신을 지탱할 뿐만 아니라 다른 사람들의 간섭을 차단할 만큼 충분히 강력하다는 사실을 깨닫게 될 것입니다.

둘째, 주변 사람들을 선택할 때 조심해야 합니다. 실제로 당신과 가장 가까운 사람들이 당신을 건드리고 영향을 준다는 진실을 진지하게 받아들여야 합니다. 그들은 그렇지 않다며 그저 넘겨버리는 것은 비인간적인 태도입니다. 당신과 가장 가까운 사람들이 진정으로 당신의 성공을 바라나요? 그들은 진정으로 당신이 모든 사랑을 바쳐 무언가를 이뤄낼 수 있도록 도움을 주고 싶어 하나요? 그렇지 않다면 그들과 맺은 관계는 그리 바람직하지 않습니다. 때로는 그 관계에서 벗어나는 것이 좋지 못한 관계를 바로잡을 가장 좋은 방법이 됩니다.

셋째, 다른 사람과 자신을 비교할 필요가 있다고 느낀다면 항상 각자가 기여한 부분에만 주의를 기울여야 합니다. 당신이 기울인 노력의 결과에 집중하세요. 당신의 방법을 남들과 절대 비교해선 안 됩니다. 예를 들어 고객의 불만을 해결하는 능력이 있는 동료와 함께 일하고 있다면 그 결과를 높이 평가하세요. 어떤 팀원이 프레젠테이션을 만드는 데 탁월한 능력을 발휘해 원하는 만큼 자금을 조달했다면 그 결과의 가치를 인정하고 나도 그런 능력을 갖고 싶다는 열망을 품으면 됩니다.

다른 사람들의 방법을 그대로 모방하거나 그들과 비교하려는 유혹에 넘어가지 마세요. 다른 사람들의 방식은 당신의 방식이 아니며 앞으로도 아닐 테니까요. 그것은 당신에겐 수수께끼이며 마찬가지로 당신의 방식도 그들에겐 수수께끼로 여겨질 것입니다.

당신이 앞으로 나아갈 수 있는 최선의 방법은 다른 사람들이 기여한 바를 높이 평가하고 똑같은 결과를 달성할 가장 본능적이고 확실한 방법을 알아내는 것입니다. 당신의 영업, 서비스, 글쓰기, 발표, 리더십 방식을 다른 사람과 비교하지 마세요. 비교하면 할수록 방황하게 될 것입니다. 대신 가장 수월하게 똑같은 결과를 달성할 수 있는 방법을 찾아보세요.

잭슨 폴록Jackson Pollock과 앙리 마티스Henri Matisse와 조지아 오키프Georgia O'Keefe, 크리스 록Chris Rock과 제리 사인펠드Jerry Seinfeld와 에이미 슈머Amy Schumer, 카디 비Cardi B와 비욘세Beyoncé와 에드 시런Ed Sheeran, 넬슨 만델라Nelson Mandela와 버락 오바마Barack Obama와 말랄라 유사프자이Malala Yousafzai. 각각의 관계들이 의미하는 바는 무엇일까요? 각각 비슷한 여정에 나선 사람들이 걸어간 다양한 경로를 나타냅니다. 새로운 세계를 열어준 화가, 웃음을 주는 코미디언, 목소리로 울림을 주는 가수, 세계에 큰 영향을 미친 노벨 평화상 수상자를 보고 감탄하는 건 괜찮습니다. 하지만 그들이 서로의 방식을 비교하고 그들이 서로 모방할 것이라고 기대한다면 어리석은 생각입니다.

마지막으로, 오천 개의 은하에 맞먹을 정도로 광범위한 규모를 지닌 당신의 개성을 기억하세요. 당신에 견줄 만한 사람은 아무도 없으며 앞으로도 없을 것입니다. 당신이 보이는 연결, 통찰, 본능, 사랑, 혐오의 패턴은 견줄 데가 없고 견줄 수도 없습니다. 그렇다고 해서 당신이 다른 사람들보다 나은 사람이라는 의미는 아닙니다. 당신을 다른 사람과 비교할 때 상상력을 잃게 될 뿐이죠.

인내의 가치를
무시하지 마라

사랑과 열정을 표현하는 최고의 태도

인생의 전 여정에 걸쳐 가장 무서운 악마는 아마도 마지막에 만나게 될 인내의 악마일 것입니다. 이 악마는 당신의 모험이 전부 시간 낭비라고 말할 거예요. 대부분의 일이 형편없고 즐기는 게 아니라 견뎌야 하는 것이며, 일터에 나갈 땐 심호흡을 크게 한 다음 일을 하고 집으로 돌아와 쉬면 된다면서요. 사랑은 친구와 가족을 위해 따로 떼어두라는 말도 덧붙일 테죠.

저는 세상에서 가장 뛰어난 호텔 객실 청소부들의 재능을 조사하던 중 이 악마를 처음 접했습니다.

"도대체 청소부가 어떻다는 거죠?"

당시 한 와튼 스쿨의 교수가 제게 물었습니다.

"그들은 매우 흥미로워요."

그들은 정말로 흥미롭습니다. 제 첫 번째 저서《유능한 관리자》에서는 월트 디즈니 월드에서 일하는 청소부들을 소개했고, 후속작인《강점에 집중하라Go Put Your Strength to Work》에서는 힐튼Hilton에서 일하는 청소부들을 소개했습니다.

제가 청소부들에게 흥미를 느끼는 이유는 청소 관리가 흔히 평가 절하되는 일이기 때문입니다. 누구든지 할 수 있는 일이며, 불행히도 청소 직무를 맡게 된 직원들이 그 일에서 하루빨리 벗어나 승진할 날만 손꼽아 기다릴 거라고 생각하는 사람들이 많습니다. 하지만 저는 월트 디즈니 월드에서 일하는 최고의 청소부 열 명과 이야기를 나눴고 청소가 그들이 사랑하는 일이자 흥미롭고 도전적인 일이라는 말을 들을 수 있었습니다.

"그 일의 어떤 점을 좋아하나요?"

이 질문에 다양한 답변이 나왔습니다.

"진공청소기로 청소하면서 방에서 뒷걸음치며 나오는 걸 좋아해요. 어수선한 방을 진공청소기가 지나가면서 카펫 바닥에 완벽하게 곧게 뻗은 선을 남길 때면 기분이 정말 좋아요!"

"손님이 체크아웃하는 날은 할 일이 정말 많아서 정신없이 바빠요. 카트를 제대로 채워 넣고 다들 빠르게 움직이죠."

"저는 손님들을 위해 재미있는 쇼를 준비합니다. 아이들이 객실로 돌아왔을 때 창턱에서 춤을 추는 미키와 미니를 발견하고 다음 날에는 서로 어깨동무하면서 한 손에는 리모컨이나 빈 감자튀김 용기를 들고 있는 도널드와 구피를 발견할 수 있도록 인형들을 배치해놓죠. 아이들은 놀이동산에 가 있는 동안 도널드와 구피가 객실에서 간식을 먹고 TV를 보면서 시간을 보냈다고 생각할 거예요."

영어, 포르투갈어, 아이티 크리올어, 스페인어를 쓰는 이 청소부들은 서로 모르는 사이였지만 모두 맡은 일을 훌륭하게 해냈으며 청소 작업에서 좋아하는 부분을 발견했습니다. 그들의 말에 따르면 청소는 탁월하게 해내기가 어려운 일이었고, 승진을 시켜준다고 해도 그 일에서 벗어나고 싶은 마음이 들지 않을 만큼 그들이 진정으로 좋아하는 일이었습니다. 상당수는 관리 직무로 이동할 기회를 제안받았지만 거절했죠.

일에서 사랑을 찾는 것이 대부분에게 누릴 수 없는 사치라는 시각이 거짓임을 이 뛰어난 청소부들은 증명했습니다. 사람들은 일을 '일'이라고 부르는 데는 이유가 있으므로 일을 통해 자아를 정의하거나 찾으려 해선 안 된다고 말합니다. 게다가 자아와 일은 일치하지 않으며 일은 돈을 벌기 위한 수단일 뿐이고 그렇게 번 돈을 사랑하는 사람들을 위해 쓰면 된다고 하죠. 그러니 참고 견뎌야 한다는 말까지 덧붙입니다. 소설가 토니 모리슨Toni Morrison이 일에 대해 불평하자 그녀의 아버지는 이렇게 말했다고 합니다.

"넌 직장에서 사는 게 아니란다. 바로 여기 가족과 함께 살고 있지. 직장에 가서 돈을 벌고 다시 집으로 돌아오렴."

바버라 에런라이크Barbara Ehrenreich는 저서 《빈곤의 경제Nickel and Dimed》에서 모리슨의 아버지와 똑같은 관점을 더 깊이 있게 다루었습니다. 그녀는 자신이 천한 노동이라고 생각했던 일을 1년 동안 직접 해보면서 그 일이 얼마나 끔찍하고 영혼을 파괴하는지를 주제로 책을 썼습니다. 그녀는 사람들에게 집 안 청소나 생산직을 하도록 강요한다면 그처럼 사랑이 없는 일로 고통받는 그들에게 훨씬 더 많은 돈을 지불해야 한다고 주장했죠.

이 책에서는 임금에 대해 논쟁하진 않을 것입니다. 솔직히 저는 일선 직원들과 고위 경영진 간 임금 격차가 터무니없는 수준에 이르렀다는 그녀의 의견에 동의합니다. 하지만 일에서 사랑을 발견하지 못하는 사람이 맡은 일이라면, 사실상 그것이 어떤 일이든 끔찍하고 영혼을 파괴한다고 말할 수 있을 것입니다. 앞서 소개한 청소부들은 자신의 일을 각양각색으로 설명했고, 흥미진진하고 신나는 마음으로 일에 임하는 것으로 보였습니다. 반면 같은 직업을 경험한 바버라의 설명은 끔찍하기 그지없죠.

여기 또 다른 무시무시한 직업이 있습니다. 1년 동안 연구를 진행하고, 인터뷰 날짜를 잡고, 방대한 정보를 기록한 후 정리하고, 그렇게 얻은 정보를 한 권의 매력적인 책으로 써낼 방법을 알아내는 직업입니다. 그것은 바로 바버라의 직업이죠. 그녀의 일은 수백만 명의 사람들에게 영혼을 완전히 파괴하는 것처럼 들릴 테지만 바버라 본인에겐 전혀 그렇지 않습니다. 그녀는 그 일을 사랑하니까요. 청소도 마찬가지입니다. 바버라에게는 영혼을 파괴하는 일처럼 느껴졌을지라도 제가 인터뷰한 수백 명의 훌륭한 청소부들에게는 그렇지 않았습니다. 그들은 그 일을 사랑했습니다.

누구의 말이 맞을까요? 둘 다 아닙니다. 아니, 둘 다 맞습니다. 우리는 저마다 다양한 활동과 사람들, 상황, 결과에서 사랑을 발견합니다. 자신이 글쓰기를 좋아하고 화장실 청소를 싫어한다고 해서 세상 모든 사람이 그런 감정을 느낄 것이라고 가정한 후 다른 사람에게 자신의 사랑을 강요하지 않도록 주의해야 합니다. 자신이 특정 직업을 싫어한다고 해서 다른 모든 사람이 그 일을 싫어하는 것은 아니거든요.

다시 말해, 어떤 일을 훌륭하게 수행하는 사람이 그 일의 모든 면에서 사랑을 찾아야 한다고 가정해서는 안 됩니다. 앞서 5장에서 언급한 메이요 클리닉의 연구가 암시하듯, 적어도 업무의 20퍼센트에서 사랑을 발견하는 것을 목표로 삼아야 합니다. 어떤 일을 하든 그 업무의 20퍼센트조차 마음에 들지 않는다면, 좋아하는 비율이 15퍼센트나 10퍼센트, 심지어 0퍼센트로 떨어진다면, 번아웃이나 업무상 재해를 경험하고 결근하거나 극단적으로는 술과 마약에 기대기 시작할 가능성이 커집니다. 어떤 일을 하든 사랑 없이는 지속적으로 탁월한 성과를 올리기는 불가능합니다. 사랑은 사치가 아닙니다. 일하는 데 꼭 필요한 요소입니다.

물론 회사가 사랑이 없는 직무를 만들기도 합니다. 또는 상사가 당신이 어떤 업무를 좋아하는지, 그런 사랑을 바탕으로 회사에 어떻게 기여할 수 있을지에 전혀 관심을 갖지 않는 경우도 아주 많습니다. 예를 들어, 회사에서 직원이 의사 결정을 할 여지가 없거나 심지어 화장실 갈 틈조차 거의 없이 창고에 틀어박혀 일만 해야 하는 직무를 만든

다면 어떨까요? 직원들이 강인한 정신력을 발휘해 하루를 간신히 버텨낼지라도, 자신의 사랑을 바탕으로 회사에 기여하기는커녕 언제나 일을 참고 견디며 간신히 하루를 넘기는 데 그칠 것입니다. 만일 학교에 할당된 재정 자원이 너무 적은 탓에 교사가 수업에 필요한 물품조차 충분히 구매할 수 없고 학생 수가 너무 많아져서 일일이 관심을 기울일 수 없는 지경이 된다면 어떨까요? 재정이 매우 부족한 업무 환경에서 그들이 사랑을 찾기는 매우 어려울 것입니다.

실제로 이 책의 목표 중 하나는 회사와 관리자가 최고의 성과를 올리는 직원들이 업무의 어떤 측면을 좋아하는지를 중심으로 직무를 설계해 업무 손실과 번아웃을 줄이고, 업무의 질을 높이고 연구 성과를 개선하는 형태로 이점을 극대화하는 것입니다. 어떤 직무든 사랑을 설계의 기준으로 삼는다면 직무 기술서나 근로 계약서에 적힌 것처럼 많은 직원이 고통받아야 하는 비인간적인 형태와는 매우 다르게 보일 것입니다.

월트 디즈니 월드의 청소부들과 이야기를 나눴을 때 역설적인 부분이 눈에 띄었습니다. 어떤 청소부들은 객실에 청소를 하러 들어왔을 때 침대에 누워 천장 선풍기를 켰다고 했는데요. 이는 손님이 놀이동산에서 긴 하루를 보내고 객실로 돌아와 가장 먼저 하는 행동이기 때문이라고 했습니다. 하지만 공식 직무 기술서에 따르면 직원이 침대에 눕는 것은 사실 금지된 행동입니다. 그렇다면 아이들의 인형을 객실 여기저기에 새로 배치해서 매일 여러 장면을 연출하는 청소부들은 어떨까요? 그들 역시 객실 청소에 불필요한 수준으로 손님의 소유물을 만지지 말라는 규정을 어긴 셈입니다. 하지만 이 청소부들은 누구보다 자신의 일을 사랑하고 '흥미롭고 도전적인 일'이라고 말합니다.

사랑이 전혀 없는 듯한 직무를 설계하는 것은 자기충족적인 예언이나 다름없습니다. 결국 최고의 직원들이 업무에서 사랑을 발견하려면 사실상 규칙과 규정을 어겨야 하죠. 이런 방식이 잘못되었음을 경영진에게 설득하는 건 우리에게 달려 있다고 볼 수 있습니다. 특정 직무를 사랑하는 사람들의 관점에서 직무를 정의할 수 있다면 더 많은 성과를 올리고 품질을 높이고 번아웃을 줄이는 등 바람직한 결과를 불러올 것입니다.

사랑은 단순한 감정이 아닙니다. 사랑은 힘의 근원이며 다른 모든 힘의 근원과 마찬가지로 흘러야 합니다. 우리 모두에게 건강한 삶은 균형을 잡는 삶이 아닙니다. 직장, 가정, 재정, 꿈이 모두 완벽하게 조화를 이루는 '균형 잡힌' 삶은 달성하기 거의 불가능할 뿐만 아니라, 설사 달성하더라도 비유동적이고 정체될 것입니다. 그리고 당신은 신중하게 생각하겠죠.

'제발, 이제 그대로 멈춰! 모든 것이 정확하게 계산한 대로 됐으니까!'

반면 건강한 삶은 당신이 삶의 모든 측면에서 힘과 사랑을 끌어내어 행동하고 움직이는 삶입니다. 이런 삶은 움직임을 계속 이어가는 데 필요한 에너지를 공급합니다. 즉 행복하고 충만한 삶을 살려면 사랑을 표현해야 한다는 의미이죠. 사랑은 내적 자아에서 비롯되지만 외부로 표출되어야 합니다. 어떻게든 사랑에서 행동으로, 열정에서 기여로 전환할 수 있도록 끄집어내야 합니다. 그때 비로소 인생이 일관되고 진실되게 느껴질 것이며 자신의 길을 걸어가고 있음을 피부로 느끼게 됩니다.

하지만 그 반대도 마찬가지입니다. 예를 들어, 관리, 글쓰기, 디자인, 도전, 교육 등 어떤 활동을 좋아하는데 그 일을 할 수 없다면 인생이 어딘가 잘못되었음을 느끼고 좌절감도 들 수 있습니다. 분노가 치밀어오르거나 우울해지고 혼란스러울 수도 있죠. 이유도 모른 채 소파에 앉아 혼자 눈물을 흘리고, 성미가 급하고 참을성이 없어져 도움의 손길을 건네는 사람들마저 밀어냅니다. 머릿속이 어지러운 상태로 이리저리 서성이며 창의적이고 재치 넘치던 자신의 모습이 어디로 사라졌는지 의아해할지도 모릅니다. 당신은 조용히 자문합니다.

'나는 어디로 갔지? 내가 왜 이러지? 나답지 않은 것 같아. 더 이상 나 자신을 좋아할 수가 없어.'

참 이상한 감정이 아닐 수 없습니다. 마음을 열고 새로운 생각과 관대한 마음씨, 협동심 등을 가져다주는 사랑은 대단히 긍정적인 감정처럼 보입니다. 하지만 표현되지 않은 사랑은 날카로워지고, 마음에 거슬리는 감정으로 변하며 내면에서 당신을 시들게 합니다. 장점을 발전시키고 드러낼 수 있는 사랑이 억눌려 있으면 진정한 정체성을 보여주는 신호를 모두 불태워버리고 결국 당신의 껍데기만 남길 것입니다.

어머니는 전 세계 위대한 종교의 기원에 관한 책을 즐겨 읽으시는데《도마 복음》에서 다음과 같은 구절을 찾아내셨습니다. 이 구절은 억압된 사랑의 위험을 완벽하게 짚어낸 것 같습니다.

"만약 네가 네 안의 것을 내어 놓으면 그것이 너를 구원할 것이요. 네 안의 것을 내어 놓지 아니하면 내어 놓지 않은 그것이 널 파괴하리라."

그러니 인내의 악마여, 사랑은 극소수를 위한 사치가 아닙니다. 표현하는 사랑은 모두에게 꼭 필요합니다. 사랑을 억누르고 부정하고 사랑의 흐름을 가로막는다면 사랑은 안팎으로 당신을 파괴하겠죠. 그러나 사랑을 파악하고 존중하고 사랑으로 무언가를 이뤄내는 흐름을 일으킨다면 당신은 가장 위대하고 강력한 자아를 갖게 될 것입니다.

LOVE

LOVE

3부

WORK

일을 계속 사랑하기 위한
실천법

WORK

나를 발견하는 방법을 찾아라

사랑과 일의 균형 찾기

그럼 이제 본론으로 들어가겠습니다. 정확히는 당신이 사랑하는 것을 따르며 완전히 주도적인 인생을 살 수 있는 방법을 알아보려 합니다. 사랑이라는 단어는 매우 사랑스러우면서도 부드럽고 이상적으로도 들립니다. 세상은 매일 너무도 바쁘게 돌아가서 당신을 바라볼 틈조차 없는데 당신은 어떻게 더 사랑스러운 삶의 방식을 스스로 만들어낼 수 있을까요?

이 책의 3부에서는 가능한 실용적으로 접근하려 합니다. 당신이 자아를 찾아가는 여정의 어느 지점에 도달해 있든 다른 사람의 도움을 받아야 하는 시점이 올 것이기에, 먼저 당신의 인간관계를 살펴본 후 다음 질문을 고려하며 당신의 경력에 대해 자세히 알아보겠습니다.

우선 많은 것이 변화하는 직장에서 진정으로 자신에게 맞는 길을 찾으려면 무엇을 해야 할까요? 그리고 각 팀원이 조직의 사명을 실현하고 조직에 사랑을 쏟아부을 수 있도록 하기 위해서는 어떻게 팀을 이끌어야 할까요? 더 광범위하게 살펴보자면, 조직이 각 직원의 사랑을 진지하게 받아들이고 있음을 보여주는 조치와 특성은 무엇일까요? 진정으로 사랑과 일이 어우러진 조직은 어떤 모습을 하고 있을까요?

마지막으로 사람들이 학습하는 데 사랑이 어떻게 도움이 되는지 살펴보겠습니다. 학교, 대학, 직장에서 이뤄지는 교육은 모두 당신이 사랑하는 것에는 그다지 초점을 맞추지 않고 개발된 것입니다. 우리가 모두 뜻을 모아 이미 당신 안에 있는 개성을 존중하는 형태로 학습을 재구성하려면 어떻게 해야 할까요?

지금부터는 여러 가지 해결책과 조치를 이야기해보겠습니다. 그러니 놀라지 말고 빨간 펜을 준비하세요. 이제 사랑하는 일을 하며 활기 넘치는 인생을 살기 위해 실제로 무엇을 할 수 있을지 본격적으로 알아보겠습니다.

내가 진짜로 무엇을 원하는지 확인하라

'헤어져야 할까?'

2015년 여름, 이 질문이 머릿속에서 떠나질 않았습니다. 온종일 같은 질문이 머릿속을 맴돌았죠. 자기 직전까지 떠올랐습니다. 시간이 천천히 흐르는 고요한 밤에 문득 생각이 나 자다가도 번쩍 정신이 들 정도였죠. 아침에 조깅할 때, 직장에서 일할 때, 운전할 때, 이동할 때 도 생각이 났습니다. 저는 차 안에서 속도를 높이고 창문을 열어 바람 을 맞으며 생각을 떨쳐내려 노력했지만 소용이 없었습니다.

'헤어져야 할까?'

저는 누구와도 쉽게 헤어지는 사람이 아닙니다. 그것만은 분명 했습니다. 언제나 제가 사랑에 빠졌다는 것을 잘 알고 있었습니다. 저 는 자라면서 〈닥터 지바고Doctor Zhivago〉, 〈샤레이드Charade〉, 〈천국의 사 도Heaven Can Wait〉, 〈라스트 모히칸The Last of The Mohicans〉 같은 영화를 가 장 좋아했습니다. 이런 영화들을 보는 관객들은 어떤 일이 닥쳐도 두 주인공이 서로를 찾고 영원히 함께하길 응원하게 되죠. 저는 연인을 사랑합니다. 연인은 두 사람이 일대일로 만나 친밀한 관계를 맺고 영 혼을 나누는 사이입니다. 연인의 사랑은 세상에서 가장 매력적입니다.

결혼한 지 거의 20년이 지난 2015년에 당시 저와 제 아내에게는 아름다운 두 아이와 집, 강아지, 친구들이 있었고 어느 정도 재정적으 로도 안정된 상태였습니다. 일반적인 기준으로 볼 때 정말 좋은 인생 을 살고 있었죠. 이런 인생에서 저를 다른 방향으로 끌어당기는 사람 은 아무도 없었습니다. 새로운 관계로 저를 유혹하는 소리도 없었습니 다. 그렇다면 저는 도대체 뭐가 문제였을까요? 왜 이별에 관한 질문이 마치 책임을 묻는 중세시대 교회의 종소리처럼 제 머릿속을 울렸던 걸 까요? 무릎을 꿇고 제 내면에 귀 기울이며 질문을 다시 떠올렸습니다.

'헤어져야 할까? 도대체 뭐가 잘못된 걸까? 헤어지면 가족이 겪게 될 괴로움을 감히 상상할 수 있다니 제정신이야?'

저는 이런 생각에 집착하며 나 자신을 갉아먹었죠. 다른 사람들에게는 모든 것이 괜찮아 보였지만 제 미소는 여전히 어색하게 굳어 있었고 저는 내면에서 진짜 자아를 느낄 수 없었습니다. 제가 하루 중 유일하게 기대하는 시간은 샤워할 때뿐이었습니다. 제 머리 위로 물이 쏟아지면 머릿속을 맴돌던 온갖 질문이 씻겨 내려갔거든요. 하지만 저는 점점 바싹 말라 갔고, 일상생활이 무너져 내리기 일보 직전이었습니다. 고민에서 벗어나기 위해 안간힘을 쓰며 잘 지내보려 했지만 제가 하는 일에서 어떤 기쁨도 찾지 못했습니다. 아무것도 받아들이지 못한 채 그저 살아가는 시늉만 하고 있었죠. 마치 공허한 마음을 보호하는 방패와 같았습니다.

2015년에는 상실감으로 매일 잠에서 깼습니다. 그 후 많은 일이 일어났습니다. 2016년에는 20년간의 결혼 생활을 끝냈고 2017년에는 10년간 쌓아 올린 회사를 매각했습니다. 2018년에는 전(前) 부인이 미국 전역을 떠들썩하게 한 추문에 휘말렸습니다. 2020년에는 팬데믹이 덮쳤고 우리의 삶의 방식을 통째로 바꿔놓았습니다.

저는 2016년 2월 15일에 가족과 지내던 집을 떠나 홀로 무작정 차를 몰고 친구 집으로 향했습니다. 마음이 어지러운 상태로 눈물을 흘리면서 확신과 무력함을 동시에 느꼈죠. 그날은 남편이자 아버지로서 제게 최악의 날이었습니다. 저는 아는 것이 거의 없었습니다. 그저 제 자리가 사라지고 있고 가족 곁에 남더라도 이번 일은 우리 가족 모두에게 좋지 않게 끝날 것 같다는 점만은 알 수 있었죠.

저는 지금도 당시 제 행동을 받아들이려 노력하고 있습니다. 이혼을 경험한 분이라면 제 말이 무슨 뜻인지 이해하실 것입니다. 이혼은 매우 힘든 경험이고 어떤 인생관을 얻기까지 수년의 세월이 걸립니다. 이혼을 극복하는 방법을 찾는다면 이혼한 지 적어도 3년이 지난 사람의 조언을 새겨듣길 바랍니다. 모든 것이 변하고 지혜는 천천히 생기기 마련입니다. 당시 제가 느낀 감정은 피상적으로 다루기조차 쉽지 않습니다. 수치심과 약간의 행복, 극심한 고통의 이면에는 깊은 죄책감이 있었죠. 저는 늘 스스로 내린 선택에 자부심을 갖고 살았지만 이혼만큼은 결코 명예롭지 않은 일입니다. 저는 그것이 올바른 결정이었음을 알고 있지만 언제나 실패처럼 느껴질 테죠.

이혼을 겪은 사람들이 그러하듯 저도 이별 후 한 해를 정신없이 보냈습니다. 조울증을 앓은 적이 단 한 번도 없었는데 그해에는 온갖 조울증 증상을 보였습니다. 조증이 나타나면 흥미진진하게 하루를 보내다가도 다시 우울한 날이 뒤따랐죠. 저는 결혼 생활을 하는 내내 스스로를 고립하고 각종 행사와 거래로 시간을 채웠지만, 혼자가 되고 나니 침묵이 매우 강력하고 어둡게 다가왔습니다. 그러던 어느 주말, 너무 오랜 시간을 혼자 침대에 누워 베개에 얼굴을 파묻고 울고 있는 스스로에게 넌더리가 나서 함께 지낼 구조견 피지를 입양했습니다. 그 다음 주말이 되자 저는 지난주와 똑같은 침대에서 피지와 오랜 시간을 보냈습니다. 이번에는 피지의 털에 얼굴을 파묻고 울었죠. 피지의 털은 살짝 거친 감촉에 꿈틀거리는 꾀죄죄한 갈색 베개와 같았습니다.

저는 세상과 소통이 절실하다는 것을 어느 정도 느꼈지만, 당시 그런 필요성을 또렷하게 설명하기는 어려웠을 것입니다. 제 감정은 들쭉날쭉해서 저 자신은 물론이고 다른 사람들에게도 위험하다고 생각했죠. 저는 혼자 있고 싶다는 이유를 대며 정신적으로 제 감정을 간신히 억누르고 있었습니다. 그렇게 하면 누구에게도 해를 끼치지 않을 테니까요.

당신을 이해하는 사람은 누구인가

저는 오랫동안 미셸과 알고 지냈고 오랫동안 그녀와 함께 일했음에도 불구하고 그녀가 직장에서 맡은 직무 외에는 그녀에 대해 깊이 생각해본 적이 없었습니다. 저는 그런 면에서는 싱거운 사람입니다. 그저 열심히 일하고 집에 가는 게 전부였죠.

어느 날 미셸이 질문을 퍼붓기 시작했습니다.

"신뢰할 만한 데이터라는 게 어떤 의미인가요?"

"왜 횟수가 질보다 중요하다고 보시나요? 어떤 의미인지 잘 모르겠어요."

"사람이 인생을 살아가면서 성격이 크게 변하지 않는지 어떻게 알 수 있나요?"

당시 우리는 일련의 동영상을 촬영하고 있었고, 그토록 정직하게 저와 소통하는 사람이 그동안 없었기 때문에 저는 그런 상황이 익숙하지 않았습니다. 저는 그녀가 카메라 앞에서 면접관 역할을 하고 있다고만 생각했지만, 그녀는 그저 궁금해서 질문하는 것뿐이었죠. 그녀의 호기심은 끝없이 이어졌습니다. 깨진 유리처럼 금이 가 있었던 제 마음은 그녀가 질문을 던질 때마다 방어 기제가 작동했고, 그녀는 웃으며 말했습니다.

"머릿속이 정말 복잡해요. 개념은 마음에 드는데 말이에요. 제게 설명 좀 해주세요."

내가 직접 설명해주면 그녀는 또다시 많은 질문을 쏟아냈습니다. 그리고 그녀의 질문에 이끌리는 동안 이런저런 생각을 뒷받침하는 핵심 개념에 다다르면서 신기하게도 방어 기제가 점차 잦아들었습니다. 그런 소통은 제게 무엇보다 아름답고 즐거운 작업이었고 제 붉은 실 중 하나였습니다. 그녀는 그 사실을 알고 있는 것처럼 보였죠. 그런 다음 그녀는 어떤 식으로든 제 부정적인 패턴을 불러내어 긍정적인 패턴, 또는 긍정적인 형태로 변할 가능성이 있는 패턴으로 엮어냈습니다.

저는 새로운 상황이 발생하면 그것을 너무 성급하게 거부할 때가 있습니다. 제 마음속에 있는 모든 서랍이 오랜 생각으로 가득 차 있어 본능적으로 새로운 생각을 거부하는 것이죠. 이는 그리 좋은 성격이 아니고 다른 사람들을 대단히 난처하게 만들 수 있는 행동이라는 것을 저도 알고 있습니다. 하지만 미셸은 그런 반응을 '즉각 거부 증후군'이라 부르며 재미있어 했죠. 그녀는 그것이 어떤 병리와 나약함을 알리는 신호가 아니라, 제가 곱씹던 생각이 제대로 저물기도 전에 새로운 생각이 관여해선 안 된다는 신호라고 해석했습니다. 이는 정말 색다른 발상이었습니다. 지능적으로 전달될 수만 있다면 하나의 강점이 되는 셈이었죠.

'즉각 거부 증후군'은 어떤 기이한 버릇을 포착하고 그것을 패턴으로 인식하는 데서 즐거움을 느끼는 사람이 지어낸 명칭이라 할 수 있습니다. 미셸은 절 위로하려고 그런 이름을 지어낸 것이 아닙니다. 그것은 별난 버릇이었고 별난 버릇은 불쾌감을 줄 수 있죠. 그녀는 그저 제 안의 특정한 성향을 인식한 후 그것을 활용해 일에 기여할 방법을 제가 알아내길 바랐습니다.

제 경험상 상대방의 친밀한 행동은 제게 불리하게 사용될 증거를 만들기 위한 시도였습니다. 하지만 자기 나름대로 이해한 후 그런 해석을 다정하게 남에게 공유하는 친밀한 행동을 한다니요? 저는 그런 상대방의 행동에 익숙하지 않아서 처음에는 의심을 거두지 않았습니다. 친밀감을 주는 행동이 타인을 일으켜 세울 수 있음을 상기하기까지 꽤 오랜 시간이 걸렸습니다.

6장에서 소개한 도널드 O. 클리프턴 박사의 행동을 다시 떠올려 보세요. 그는 제 사랑을 알아차리고 믿어주었습니다. 제게 기다리라고 하지 않았으며 제 사랑이 작동하도록 놔두었죠. 그는 그것이 갤럽에서 만든 어떤 공식 프로그램보다도 강력하다는 것을 알고 있었습니다. 그렇다고 해서 지식을 익히고 전문성을 쌓는 과정을 간과하지도 않았습니다. 그는 배움의 필요성도 인식했습니다. 하지만 제 사랑이 배움을 통합하고 촉진할 최고의 원동력이 될 것임을 알고 있었죠. 제가 사랑을 통해 더 많이, 더 빠르게 습득했기에 그는 제가 '너무 어리다'거나 '준비되지 않았다'는 우려를 접고 제 사랑을 인정해주었습니다. 사랑이 제게 필요한 것들을 갖추도록 이끌 테니까요.

인생을 살면서 당신의 사랑을 이토록 신뢰해주는 사람들을 만난 적이 있나요? 인생의 여정에서 얻어야 할 가장 중요한 교훈 중 하나는 혼자가 아니라는 점입니다. 다른 사람들의 생각을 신경 쓰지 말아야 하며 다른 사람들이 당신을 어떻게 생각하는지는 당신이 상관할 바가 아니라는 이야기를 종종 듣게 됩니다. 하지만 우리는 사회적 동물이며 각자 거울 신경 세포를 갖고 있습니다. 당신이 고통을 느끼면 저도 같은 고통을 느끼고 당신이 웃으면 저도 함께 웃을 수 있죠. 우리는 모두 주변 사람들을 보고 느끼는 반응에 매우 민감합니다. 이것은 고쳐야 할 문제도, 치료해야 할 병리도 아닙니다. 우리의 본질입니다. 우리는 각자 주변 사람들에게 촉매제 역할을 하며 우리가 사랑하고 이끄는 사람들에게 원동력이 됩니다. 간단히 말해, 당신은 다른 사람에 반응할 때 비로소 성장할 것입니다.

그렇다면 당신은 어떤 사람들에게 둘러싸여 있고, 그들은 당신의 어떤 부분을 이해하나요? 오직 극소수만이 맑은 눈으로 자기 자신을 스스로 발견할 수 있습니다. 나머지 사람들은 도움이 필요하죠. 우리는 자기 자신에 너무 집중하는 탓에 우리를 아름답고 강력하게 만드는 것이 무엇인지 더 이상 알아차리지 못하고 있습니다. 이제 측정과 판단이라는 구실을 걷어내고 우리를 비롯해 다른 모든 사람에게 베일에 감춰진 것을 드러낼 또 다른 사람이 필요합니다.

이와 같은 사실은 아무도 가르쳐주지 않을 것입니다. 우리가 얻는 교훈은 기본적으로 고대 그리스 사상가(주로 플라톤과 아리스토텔레스)의 생각에 기반을 두고 있습니다. 그들은 우리가 서로에게 얼마나 필요한 사람들인지에 대해 그다지 큰 가치를 두지 않았습니다. 그저 도덕적인 행동이 도덕적인 성품에서 우러나오므로 그런 성품을 기르도록 열심히 노력해야 한다고만 말했죠. 그들은 각자가 자신만의 도덕적 가치관을 품고 있으며 다른 사람들이 뭐라 하든 건강하지 못한 충동을 이겨내고 약점을 극복하며 자신의 행동에 대해 현명한 선택을 할 수 있어야 하고, 최고의 인생을 살기 위해서는 그런 완벽한 인생에 필요한 속성을 자신의 내면에 의도적으로 구축해야 한다고도 주장했습니다. 플라톤이나 아리스토텔레스를 비판할 뜻은 없습니다. 하지만 저는 제가 그리 완벽한 사람이 아니라는 사실을 알고 있죠. 필요한 모든 자원을 제 안에서 찾을 수 있다고 말해주는 사람이 있다면 기운이 솟아날 것 같지만, 제가 일상적으로 경험하는 현실은 그렇지 않습니다. 오히려 불완전한 자신과 늘 부딪히는 느낌이 들기 일쑤입니다.

앞서 말했듯이 저는 어떤 생각이나 행동 방침을 너무 성급하게 판단하는 경향이 있습니다. 너무 빨리 팀원들에게 개입하기 때문에 그들의 의견을 듣지 않는다는 인상을 남길 수 있죠. 저는 본능적으로 프로젝트 계획의 예측 가능성에 반항하고, 대신 기쁜 마음으로 미지의 토끼굴로 뛰어듭니다. 그 길을 따라가면 어딘가 흥미로운 곳으로 이어질지도 모른다고 믿기 때문이죠. 하지만 나머지 팀원들이 좌절하는 모습을 보고 나니 토끼굴에 뛰어드는 제 행동이 이기적인 사치가 될 수도 있겠다고 생각하게 되었습니다.

저는 사람들과 어울리는 것을 싫어하는 사람입니다. 규율과 규칙적인 일상도 싫어합니다. 다른 사람들에게는 안정감과 평정심을 안겨줄 법한 바로 그런 일상을 말이죠. 제가 얼마나 방어적으로 행동하는지, 상대의 반박에 현명하게 대처하기보다 목소리만 높일 수 있는지도 잘 알고 있습니다. 저는 이런 행동이 잘못되었다는 점을 알고 있습니다. 이 모든 것이 바람직하지 못한 특성이며 고쳐야 할 나쁜 행동이라는 것도 압니다. 제가 플라톤의 이상을 추종하는 사람이라면 평생 이런 결점을 포용하고 그것을 '기회의 영역'으로 이름 붙여 내재된 유혹을 떨쳐내고 대신 제 안에서 새롭고 훨씬 뛰어난 특성을 길러낼 방법을 알아낼 것입니다.

하지만 저는 그렇게 할 수 없습니다. 제가 노력했다는 것은 하늘도 아실 것입니다. 왜 저는 사람들과 섞이는 걸 싫어할까요? 사고 활동을 잘하니 사람들과 어울리는 것도 사랑해야 마땅합니다. 그렇지만 저는 대화를 시작하고 상대방이 좋아하는 수준까지만 대화를 끌고 가야 한다는 압박감에 쉽게 스트레스를 받습니다. 저는 담소를 나누다가 적절한 시점에 마무리한 후 헤어지는 것을 잘하지 못합니다. 다음 사람에게 다가가 이전과 약간 다르지만 상당히 유사한 대화를 또다시 시작해야 하는데 말이죠. 한편 사람들의 이름과 특징, 직업, 새로운 고양이나 자동차 등을 기억해야 한다는 압박감도 느낍니다. 그 모든 것이 제겐 스트레스고 절 계속 성가시게 하죠.

일상도 마찬가지입니다. 저는 어째서 어린아이처럼 규율에 반항하는 걸까요? 왜 전날 밤에 달력을 보지 않을까요? 왜 화요일 오전 팀 회의에 일부러 늦게 참여하는 걸까요? 왜 저는 팀원이 좋은 의도로 정해준 마감일을 지키지 못했을 때 약간의 스릴을 느끼는 걸까요? 저는 이런 행동을 하는 제 모습을 계속해서 발견하게 됩니다. 제 행동이 얼마나 비생산적인지 잘 알고 있죠. 그럼에도 여전히 그런 행동을 이어 갑니다. 왜 그럴까요?

당신도 비슷한 경험을 한 적이 있나요? 내면에 예측 가능한 특정 패턴이 있는데 일부 패턴이 삶에 조금도 도움이 되지 않는다는 것을 알아차린 적이 있나요? 인생에 닥친 역풍은 당신에게 반복해서 상기해줍니다. 당신이 노력하기만 하면 문제를 해결할 수 있고, 장점이 나오는 근원이 바로 당신 자신이며, 당신은 결점을 파헤치고 완벽하게 다듬는 데 필요한 모든 요소를 지니고 있다는 것을. 당신에게 이 사실을 알려주는 사람은 플라톤의 목소리가 아니라 당신의 어머니, 고등학교 수학 교사 또는 상사일지도 모릅니다. 누가 알려주든 그것은 강력하고 설득력이 있는 이야기입니다. 그들은 원죄, 자기 수양, 성장 마인드셋을 언급하며 "1만 시간을 꼼꼼하게 연습하기만 하면 마음먹은 대로 변화할 수 있다"고 말합니다. 당신이 완벽한 사람으로 거듭날 수 있으며 그 일을 해낼 적임자는 오직 당신뿐이라는 말도 잊지 않고 덧붙이죠.

하지만 최근 뇌 과학을 시작으로 높은 성과를 낸 직원을 대상으로 진행한 상세한 연구에 이르기까지 이 모든 것이 얼마나 잘못된 방향이었는지 보여주는 데이터가 넘쳐 나고 있습니다. 이미 아즈텍인들은 수 세기 전부터 모든 사람이 끊임없이 독특하고 서로를 얼마나 필요로 하는지 알고 있었습니다. 그들이 바라보는 미덕과 선함이라는 개념은 개인이 아닌 관계를 중심으로 세워졌습니다. 말하자면 '세상에 완벽한 사람은 없으므로 누구도 완벽함을 목표로 노력해서는 안 된다'는 것이죠. 그들의 이야기에 따르면 미덕과 기여, 창의성, 회복력, 이타주의, 세상의 모든 선함은 두 사람이 서로 연결될 때만 이뤄집니다.

어떤 사람은 다른 실패한 사람을 발견하고는 도와주기 위해 나섭니다. 저는 파티를 좋아하지 않아서 상대방은 저를 파티에 끌고 가지 않습니다. 설사 저를 파티에 데려가더라도 제가 사람들과 어울릴 필요가 없도록 제 곁에 있어주고요. 주기적으로 저를 찾아 너무 깊거나 너무 얕은 대화에서 헤어나오지 못하는 저를 구해주기도 하죠. 어떤 사람이 다른 사람의 행동 패턴을 볼 땐 패턴 중에서도 가장 긍정적인 표현이 이목을 끌기 마련입니다. 저는 체계를 좋아하지 않습니다. 상대방은 그런 제게 어떤 새롭고 가치 있는 것을 창조하는 데 제 본능적인 즉흥성을 쏟아부을 방법을 제시합니다. 또한 다른 사람이 덫에 걸리기 일보 직전인 모습을 보고 그 주변에서 주의를 환기해주는 사람도 있습니다. 제가 방어적으로 반응하려고 하면 상대방은 제가 자신만의 생각에 너무 사로잡혀 있으니 어떤 새로운 생각이나 증거를 받아들이고 반갑게 맞이할 수 있어야 한다면서 적절한 방법을 찾아 제게 상기시켜 주기도 하죠.

저는 이 글을 쓰면서 아즈텍인의 관점이 데즈먼드 투투Desmond Tutu 대주교의 우분투Ubuntu 철학에 근접하다는 사실을 깨달았습니다.

우분투 철학은 "사람은 다른 사람을 통해서만 사람이 된다"라는 공동체 정신을 말합니다. 그것은 "나는 생각한다, 고로 존재한다" 같은 매우 이성적인 생각과는 다릅니다. "당신이 있기에 내가 있다"라는 개념이라고 볼 수 있죠. 우리는 다른 사람과의 연결을 통해서만 세상에 존재하고 행복을 느낄 수 있습니다. 다른 사람의 눈과 마음을 통해 비로소 착하고 고귀하며 가장 크고 강력한 모습의 진정한 자기 자신으로 거듭날 것입니다.

성장하는 관계를 맺는 방법

저는 인생의 여정에서 실용적인 방식을 취해왔습니다. 저를 보완해주는 강점을 지닌 사람들로 팀을 짰고, 고객을 위해 열심히 노력하는 사람들로 회사 전체를 구성했습니다. 이들은 고객 역시 다양하게 서로 보완되는 팀을 구축할 수 있도록 지원합니다. 하지만 제가 개인적인 삶에서 갈피를 잡지 못하고 놓쳐버린 것은 바로 진정한 제 모습이 드러나는 '감정적인 힘'이었습니다.

어떤 관계에서든 사랑은 보호하는 행위가 아닙니다. 즉 누군가가 다가와 당신을 구해주는 것은 사랑이 아니라는 것이죠. 사랑은 다양성을 의미하지 않습니다. 다양한 강점으로 당신의 성격을 보완하는 사람이 당신의 사랑은 아닙니다. 사랑은 유사성을 의미하지도 않습니다. 관심사나 가치관, 꿈을 공유하는 사람이라고 해서 반드시 사랑은 아닙니다. 사랑은 당신이 최대한 진정한 모습으로 인생을 충만하게 살아가길 바라는 사람입니다. 이는 친구, 사업 파트너, 형제자매, 연인 등 모든 관계의 목적이기도 합니다. 우리는 각자 상대방이 개성을 최대한 강력하게 드러낼 수 있도록 온 힘을 다해 도울 수 있습니다. 사랑의 목표는 상대방의 성장을 돕는 것입니다.

당신이 어떤 일을 좋아한다고 해서 다른 사람도 그 일을 좋아할 필요는 없습니다. 다른 사람들은 그저 당신이 좋아하는 일에 빠져 있다는 사실에 함께 기뻐하고 그런 사랑으로 뭔가를 이뤄낼 수 있도록 당신을 응원해주는 것만으로 충분합니다. 이 모든 과정은 그들이 당신을 바라보고 이해하는 데서 시작합니다. 이해할 수 없는 일을 무조건 반길 수는 없을 테니까요.

관계와 사랑에 관한 연구는 '사랑으로 바라본다'라는 표현에 담긴 많은 의미를 보여줍니다. 우선 기이하게도 이 표현은 연인을 냉정하고 정확한 시선으로 바라보는 것을 의미하진 않는 것으로 보입니다. 일련의 추적 연구에서 연구원들은 커플들에게 '공감', '따뜻함', '결단력'과 같은 자질을 기준으로 서로를 평가하게 했습니다. 이때 매긴 등급이 서로 얼마나 근접하냐에 따라 커플의 행복도도 그만큼 높아진다는 것이 논제였죠. 한 사람이 '결단력' 부문에서 상대방을 높게 평가하고 '따뜻함' 부문에서 상대방을 더 낮게 평가한 상황에서 상대방도 이와 동일하게 자기 자신을 평가한다면, 이 커플의 행복도는 더 높다고 볼 수 있다는 뜻입니다. 각자가 자기 자신을 바라볼 때 느낀 바를 상대방에게서 발견하는 것이죠.

그러나 실제 연구 결과는 예상과 달랐습니다. 데이터에 따르면 행복도가 가장 높은 커플들은 모든 자질에서 상대방을 높게 평가했습니다. 이를 두고 특정한 시기에 한창 사랑에 빠진 커플에게서 나타나는 상관관계에 지나지 않는다고 생각할지도 모릅니다. 하지만 연구원들은 이후로도 이 커플들을 추적했고 모든 자질에서 서로를 높게 평가한 커플들이 시간이 지나도 여전히 행복도가 더 높다는 것을 확인했습니다.

사랑으로 누군가를 바라보는 것은 장밋빛 색안경을 끼는 것과 같습니다. 학계에서는 이를 '자애로운 왜곡benevolent distortion'이라고 부릅니다. 그러니까 당신의 연인은 부주의한 게 아니라 즉흥적인 사람입니다. 고집이 센 게 아니라 자신감이 있는 사람이죠. 가벼운 게 아니라 그만큼 매력적인 사람입니다. 자애롭지만 왜곡된 시선으로 상대방을 바라본다면 좀 더 자신 있게 자신의 인생과 연인의 인생을 연결하게 됩니다. 이런 확신은 친밀감을 낳고 친밀감은 당신의 사랑을 강화하여 더욱 자애로운 왜곡을 불러옵니다. 따라서 사랑이 계속해서 깊어질수록 더 많은 자신감과 친밀감으로 이어지죠.

사랑으로 바라보는 것은 연인의 자질뿐만 아니라 동기와도 관련이 있습니다. 행복도가 가장 높은 연인 관계에 있는 사람은 언제나 상대방의 행동을 가장 너그럽게 해석하려 한다는 연구 결과가 나왔습니다. 그들은 일단 이유를 찾은 후 그것을 굳게 믿었습니다. 너그러운 해석과 믿음은 관계를 지탱하는 데 도움이 되었습니다. 상대방에 대한 확신을 강화하고, 이런 자신감은 친밀감을 낳으며, 친밀감은 다시 사랑을 불러일으키기 때문이죠.

이런 연구 결과는 사람들의 의견을 조심스럽게 접근해야 하는 이유를 보여주는 또 다른 증거이기도 합니다. 한 사람이 마치 형사처럼 상대방의 행동에 담긴 '진짜' 이유를 파헤친 후 그런 현실이 알려주는 냉혹한 진실과 마주하는 경우는 그리 바람직한 관계가 아닙니다. 이는 자료에서도 드러나죠. 반면 각자가 자신의 행동을 설명해주는 가장 그럴듯한 이유를 상대방이 믿을 것이라고 생각할 때 최상의 관계가 구축됩니다.

사랑으로 바라본다고 해서 연인에게 자유, 구실, 또는 알리바이를 제공한다는 의미는 아닙니다. 상대방이 당신에게 실망을 안겨주었을 때 당신이 실제로 느끼는 감정을 억누르거나 조정하는 것은 관계에 도움이 되지 않습니다. 그저 누군가가 무언가를 하는 이유는 복잡하고 불투명하다는 것을 의미할 뿐입니다. 이는 우리 자신에게도 해당됩니다. 오직 상대방이 이런 복잡성을 인정하고 항상 최대한 너그러운 시선으로 이유를 찾는 관계를 형성할 때만 우리는 관계를 발전시킬 수 있습니다. 이런 관용은 누구에게나 도움이 되며 서로에 대한 확신을 단단하게 다져줄 것입니다. 현재는 영향이 미약할지라도 시간이 지나면서 커질 것입니다.

미셸은 제가 처음에 다른 생각을 거부하는 경향이 있음을 알아차렸을 때 사실 자기 생각만 내세우려는 사람이라며 저를 탓할 수도 있었습니다. 아니면 오랫동안 믿어온 것을 놓지 않으려고 주저하는 제 태도나 스스로 알아내지 않은 것을 의심하는 제 깊은 불신을 탓할 수도 있었죠. 미셸을 만나지 못했다면 어땠을까요? 어쩌면 저는 심리 치료사의 상담실에 있는 소파에 앉아 대화를 나누다가 이처럼 직설적인 해석이 실제로 제게 생기를 불어 넣었다는 사실을 내심 깨닫게 되었을지도 모릅니다. 이기적인 사람이 되고 싶은 마음은 없지만, 다들 그러하듯 자기애가 동기와 행동에 영향을 전혀 미치지 않을 수는 없다는 것을 저도 알고 있습니다.

혹시 심리 치료사를 자처하는 사람과 만나본 적이 있나요? 당신의 결점까지 샅샅이 밝혀내는 것이 자신의 역할인 것처럼 행동하는 사람은요? 그런 사람과 소통하는 것은 정말 피곤한 일입니다. 당신과 가장 가까운 사람이 당신의 가장 어두운 동기를 찾아 나서고 머지않아 듣기 고통스럽지만 그렇다고 완전히 틀리지도 않은 정보를 들이밀며 지적할 게 분명하다면 당신은 신경이 곤두선 채로 하루하루를 보내야 합니다. 끊임없이 방어적인 태도를 보이면서 언제나 뒷걸음칠 준비를 하고, 눈에 띄지 않으면서 위험하지 않은 곳을 찾으려 할 것입니다. 그렇게 계속 뒤로 물러서다가 어느 날 문득 정신을 차리고 보니 너무 멀리 와버려서 서로 심리적으로 갈라서게 되는 날이 오는 것이죠.

저는 이 글을 어떻게 써야 할지 고심하고 있습니다. 저와 미셸의 관계를 모범 사례로 삼고 싶진 않기 때문입니다. 저희 둘의 관계는 좋을 때도, 나쁠 때도 있어서 그리 모범이라 할 수 없을 겁니다. 하지만 제 별난 성향을 알아차리고 그렇게 행동하는 '진정한 원인'을 찾아내려고 제 바닥까지 들춰내기보다 별난 행동에 웃긴 별명을 지어주며 제 아픈 상처를 씻겨주는 사람과 관계를 맺는 것이 얼마나 안심이 되고 정신적으로 힘이 샘솟는 일인지 저는 잘 알고 있습니다. 이제 별난 버릇은 자취를 감췄고 저희는 웃으면서 과거의 그날을 떠올릴 수 있게 되었습니다. 사실 엄밀히 말하자면 그 별난 버릇을 활용해서 제가 성장할 길을 알아낸 것이죠.

이는 사랑에 관한 모든 연구에서 최종적으로 도출한 결과로 이어집니다. 많은 연구가 연인의 불완전한 모습을 발견하면 그에 대해 한계를 긋지 말고 '약점'으로 구분한 후 다른 장점과 균형을 맞추도록 노력하라고 말합니다. 예를 들면 "그래, 그는 새로운 생각을 바로 받아들이진 않지만 적어도 따뜻하고 창의적인 사람이야" 또는 "맞아, 그녀는 자기 생각이 늘 옳다고 생각하지만 적어도 일을 잘 해내잖아" 같은 식으로 말이죠. 이렇게 상대방의 약점과 사랑의 '균형'을 맞추는 것은 현명해 보일 수 있지만, 통계는 이런 방식이 효과가 없음을 보여줍니다. 이런 식으로 서로에게 균형을 맞추려고 하는 연인은 결국 더 많이 의심하고 갈등을 겪으며 그다지 보람차지 못한 관계로 치닫습니다. 상대방의 약점을 식별하면 그것을 정의하고 비중을 두어 힘을 부여하게 되기 때문입니다. 당신이 상대방의 약점을 매우 명확하게 정의하면 상대방은 당신과 이야기를 나눌 때마다 당신이 언제든지 그 약점을 끌어내어 자신을 상대할 무기로 휘두를 수 있다고 생각하게 되죠.

연구 자료에 따르면, 연인의 결점을 발견할 때 마음속에서 그 결점을 상대방이 사랑하는 대상의 한 측면으로 재구성하는 것이 좋습니다. 따라서 미셸의 마음속에서는 제 즉각 거부 증후군이 고쳐야 할 약점으로 정의되어 있지 않은 셈입니다. 그것은 저의 '한 부분'이죠. 저는 어떤 생각의 핵심 개념을 깊게 파고드는 편이라서 당장 머릿속에 떠오르는 생각을 놓지 않고서는 다른 생각을 받아들일 수 없습니다. 미셸은 제 즉각 거부 증후군을 없앨 수 없음을 알고 있습니다. 즉각 거부 증후군을 제거한다면 제가 어떤 개념의 핵심에 깊이 빠져들며 누리는 모든 즐거움까지도 갈기갈기 찢어버리는 것이나 다름없을 테니까요. 이렇게 깊이 파고드는 것은 제 기본적인 성향이자 가장 진한 붉은 실이며, 이 세상을 사는 목적에 상당 부분 부합한다는 사실을 미셸은 알고 있습니다. 그녀가 이 사실을 알고 있음을 저 역시 알고 있고요. 또 그 사실을 제가 알고 있음을 그녀도 알고 있죠.

정말 안심이 되고 힘이 나는 일이 아닐 수 없습니다. 제 사랑은 마음속 깊은 곳에서 우러나오고 때로는 비생산적인 행동으로 이끌기도 합니다. 성장하는 관계를 맺으려면 제 사랑에 대해 호기심을 갖고 제 안에서 사랑이 만들어낸 것에 주목하고 제가 사랑으로 건강하고 훌륭한 결과물을 엮어내는 과정을 항상 지지해주는 사람들과 어울려야 합니다. 일요일 오후에 대화를 나누다가도 어떤 좋아하는 일에 푹 빠져 성가신 결과물을 만들어낼지라도 이해해줄 사람들과 함께해야 합니다.

그러니 인생에서 자아를 찾는 여정에 나선다면 당신에 대해 궁금해하며, 당신이 좋아하는 일에 기뻐하고, 당신이 진정한 모습으로 살아가길 바라는 사람들과 함께할 마음이 있는지 스스로 자문해보세요. 그들이 있기에 미래의 당신이 존재하고, 당신이 있기에 미래의 그들이 존재하기 때문입니다.

직장에서 현명하게
자신을 드러내라

건강한 사회생활을 유지하고 경력을 쌓는 법

당신은 현재 경력을 잘 쌓고 있는 것 같나요? 어쩌면 당신은 사회 초년생으로서 온 세상이 눈앞에 펼쳐진 것처럼 영광스럽고 설레는 마음으로 이제 막 사회에 발을 내디뎠는지도 모릅니다. 아니면 이미 20년 경력을 쌓으면서 일에 익숙해져 그리 대단하게 생각하지 않을 수도 있고, 난관에 봉착했거나 완전히 잘못된 길에 들어섰을 수도 있죠. 아니면 새로 시작한 부업이 실질적인 수입을 벌어다주는 수준으로 발전하지 못해 제자리걸음을 할 수도 있습니다.

당신이 어떤 유형에 속하든 간에 현재 어떤 느낌이 드나요? 좀처럼 진전이 없어 답답한가요? 매우 흥분되거나 조금 지루한가요? 약간 겁이 나나요? 아니면 하루하루 당신의 기분이나 상사의 기분에 따라 생각이 달라지나요?

　사회생활은 인생의 토대가 됩니다. 때로는 그동안 쌓아온 경력에 기대어 어깨를 펴고 당당한 모습으로 서 있는 듯한 느낌이 들지요. 하지만 사회생활의 무게에 짓눌려 다리가 구부러지고 뒤로 젖혀지는 듯한 기분이 들 때도 있습니다. 그러면 견디기 어려울 수도 있을 겁니다. 당신은 금전적으로 성공해서 자기 자신과 가족을 부양하고 빚을 갚고 싶어 합니다. 그렇다고 해서 영혼을 팔고 싶진 않을 테죠. 은행 계좌에 얼마를 모았든, 죽기 직전에 자신이 세상에 아무것도 기여하지 못한 채 고립된 삶을 살아왔다는 사실을 깨닫고 싶은 사람은 아마 없을 것입니다. 직업은 내면의 특별함을 표현하는 유일한 방법은 아닐지라도 하나의 아름다운 방법인 것은 분명합니다. 당신의 진정한 모습을 단절시키는 일련의 직업들은 심리적으로 혼란을 일으키고요. 몸과 마음 사이의 연결고리를 익히지 못하도록 방해하는 직업들은 생리학적으로 혼란을 일으킵니다.

　사회생활은 참 까다롭습니다. 우리는 일과 삶의 균형을 이루는 사람이야말로 행복하고 건강하다고 생각하는 경향이 있습니다. 하지만 앞서 언급했듯이, 균형이라는 건 존재하지 않습니다. 사실 건강한 목표는 균형을 이루는 것이 아닙니다. 자연에서 건강한 존재는 모두 움직입니다. 따라서 건강한 삶은 당신에게 활력을 주고 그런 움직임에서 힘을 충분히 끌어내어 계속해서 움직일 수 있도록 만들죠.

　마찬가지로 건강한 사회생활은 정체되지 않습니다. 계속 일을 진행하면서 언제나 변화하는 상태에 있죠. 완벽한 직업을 찾았다고 생각할 때 인생은 계속 흘러가고, 다시 처음부터 시작해야 하는 상황을 맞닥뜨리게 됩니다. 새로운 팀이나 새로운 회사로 옮기거나 새로운 경력을 쌓기 시작해야 하는 것이죠. 이처럼 계속해서 변화하고 새롭게 시작하는 경력에 사랑과 일의 원칙을 어떻게 적용할 수 있을까요?

제 경력의 대부분은 이 질문을 연구하는 일과 관련되어 있습니다. 저는 기업가 정신의 사회적·심리적 문제를 주제로 석사 논문을 쓴 것을 시작으로 성공한 기업가 100명을 면담한 후 이들의 선택을 실패한 기업가 100명의 선택과 비교했죠. 그 후 딜로이트Deloitte와 액센츄어Accenture에서 연구 프로젝트를 계속 진행했으며, 거대한 미로 같은 기업 조직에서 직원들이 어떻게 길을 찾아 나아가고 승진했는지 조사했습니다. 그리고 현재 사랑과 일에 관한 연구 프로젝트에서는 일을 사랑하는 사람들의 관점에서 일의 본질을 이해하려 합니다. 저는 언제나 같은 주제에 집중했습니다. 자신을 완전하게 드러내는 수단으로서 일을 사랑하게 된 사람들은 실제로 어떻게 최적의 지점에 도달하고, 그런 최적의 지점을 유지하면서 계속해서 움직일 수 있을까요?

저는 제 경력에서 어떤 교훈을 얻을 수 있을지 살펴보는 수밖에 없었습니다. 저는 왜 대학을 졸업한 후 영국에서 미국의 네브래스카주 링컨으로 이주했을까요? 고향에서 가까운 런던에서 직장을 구할 수도 있었는데 왜 알지도 못하는 동네로 이주하고, 연봉이 다른 회사의 절반밖에 되지 않는 회사에 입사하고, 제 전공과 다른 직업을 가질 정도로 매우 극적인 도약을 꾀했을까요?

더불어 네브래스카로 이주한 지 10년이 지났을 때 저는 왜 글을 쓰기 시작했을까요? 서재에 틀어박혀 글을 쓰기 시작해 실제로 사람들이 읽고 싶어 하는 책으로 엮기까지 저는 얼마나 열심히 노력했을까요? 제가 글쓰기에 재주가 있었던 걸까요? 아니면 단순히 운이 좋았던 걸까요? 도대체 어떻게 이런 일이 가능했던 걸까요? 이런 식으로 일이 진행될 것임을 저는 알고 있었을까요? 만일 알고 있었다면 그 비결은 무엇이었을까요? 이후 저는 갤럽을 떠나 직접 회사를 차렸습니다. 저는 이렇게 될 줄 미리 알았을까요? 저는 왜 갤럽에서 쌓은 17년 경력을 포기하고 처음부터 다시 시작했을까요? 저는 사전에 계획을 짜놓았을까요, 아니면 일을 진행하면서 계획을 구상했을까요?

마침내 저는 회사의 중심축을 바꾸기로 결정했습니다. 처음에는 콘텐츠 및 코칭 회사로 시작했지만, 점차 구독 서비스로 운영하는 소프트웨어 회사가 되어야 한다는 생각에 이르렀죠. 저는 소프트웨어 관련 지식을 많이 갖추고 있었을까요? 아뇨. 거의 알지 못했습니다. 그렇다면 소프트웨어를 왜 중심축으로 삼은 걸까요? 팀 내부에서 강력한 우려의 목소리가 나왔음에도 저는 왜 이 방향이 옳다고 확신했을까요? 제가 100명의 엔지니어와 제품 개발자로 구성된 팀을 이끌 방법을 상상이나 할 수 있었을까요? 괜한 환상을 품지 않도록 조심해야 했는데 말이죠.

서베이몽키SurveyMonkey에서 회사 지분의 25퍼센트를 인수하고 싶다고 제안했을 때 저는 왜 CEO인 데이브 골드버그Dave Goldberg를 그토록 신임하고 그의 의견을 전적으로 따랐을까요? 저는 왜 다른 인수 제안을 모두 거절했으면서 2년 후 ADP에서 회사를 완전히 인수하겠다는 제안을 받아들였을까요? 왜 회사를 매각한 후 기쁜 마음으로 ADP 연구소에서 연구를 계속 이어갔을까요? 그때 저는 회사에 남지 않아도 되었지만 한 치의 망설임 없이 회사에 남아 열심히 일하기로 했습니다. 경력을 측정하는 표준적인 방식을 모두 적용하자면 제 사회생활은 잘 풀렸다고 볼 수 있습니다. 저는 40년 전 공항에서 네브래스카주 링컨으로 향하는 그레이하운드Greyhound 버스(미국 최대 장거리 버스 회사－옮긴이)에 올라탔을 때 제 선택이 무엇을 의미하는지 알고 있었을까요?

저는 많은 질문에 답을 할 수 없습니다. 그저 운이 좋았다고밖에 생각할 수 없죠. 짐 콜린스Jim Collins는《좋은 기업을 넘어 위대한 기업으로Good to Great》라는 책에서 "행운의 중요성을 강조하는 리더는 그저 겸손한 자세를 드러낼 뿐"이라고 말합니다. 그러나 저는 겸손이 아니라 현실주의에 입각해 말하고 있습니다. 인생에서 무언가를 가진 축복받은 사람들은 행운이 따라주었으며, 작은 실수라도 있었다면 결과는 매우 달라졌을지도 모른다고 마음속 깊이 상기하며 행동합니다. 신의 은총이 없었다면 불가능했으리라고 믿는 것이죠. 조지프 키플링Joseph Kipling의 〈만약에〉라는 시에는 다음과 같은 구절이 나옵니다.

승리와 패배를 만났을 때 이 두 협잡꾼을 똑같이 대할 수 있다면…
이 세상과 그 안에 있는 모든 것은 네 것이 되리라.

우리는 성공적인 사회생활을 다룬 연구에서 통찰을 얻고 실행 방법을 익힐 수 있습니다. 몇 가지 강력한 통찰과 방법을 살펴보자면 다음과 같습니다. 먼저 주변 사람들이 선한 의도로 제공하는 조언과 가하는 압력이 당신의 경력과 결정에 어떤 영향을 끼칠 수 있을지 생각해보세요.

완벽보다는 관대해질 것

첫 단추를 올바르게 끼웠는지 어떻게 알 수 있을까요? 처음부터 알아낼 방법은 없습니다. 그냥 시작하는 수밖에요. 경력은 사다리도, 격자도, 정글짐도 아닙니다. 경력은 사랑이라는 보물을 찾는 것과 같습니다.

대학을 졸업한 후 숲 가장자리에 서 있는 상황을 상상해보세요. 숲으로 향하는 진입로가 많습니다. 어디를 통해야 할까요? 예를 들면 '석사 학위를 취득할 때까지 대학에 남는' 길과 '몇 년 동안 바닥부터 다지며 길을 개척해본 후 판단하는' 길, '의대, 법대, 디자인 스쿨에 진학하는' 길 등이 있습니다. 솔직히 이 질문에 정답은 없으니 너무 걱정하지 마세요. 그냥 시작하면 됩니다. 먼저 숲으로 걸어 들어가세요. 어떤 진입로를 선택하든 상관없습니다. 일단 숲에 들어가면 마음을 열고 끌리는 붉은 실을 찾아보세요. 당신이 사랑하는 대상, 활동, 사람, 상황을 숲에서 마주할지도 모릅니다.

저는 대학을 졸업한 후 왜 갑자기 영국을 떠나 네브래스카주로 건너갔을까요? 저도 왜 그랬는지 모르겠습니다. 당시 저는 스물한 살이었고 네브래스카주라는 곳에 있는 회사가 런던 중심가에서 찾을 수 있는 일자리보다 훨씬 흥미롭게 느껴졌을 뿐입니다.

"다른 곳에서 경험을 쌓는 것은 어떨까요?"

제가 아버지에게 물었습니다.

"유럽에 있는 대기업에 들어가서 일하다가 그곳에서 사업을 해야 할까요?"

"경험이라고 다 같은 경험이 아니란다."

아버지가 말씀하셨습니다.

"경험의 질이 중요하지. 네브래스카주에 가면 확실히 독특한 경험을 할 수 있을 거라고 생각하니?"

"네."

그리하여 저는 네브래스카주로 건너갔습니다. 그것은 올바른 결정이었을까요? 집에서 가까운 곳에 머물렀다면 더 큰 성공과 만족을 경험할 수 있었을까요? 그랬을지도 모르지만, 정확히 알 길은 없습니다. 제가 아는 것이라고는 링컨행 버스를 올라탄 후에 시작된 여정에서 겪은 일뿐이니까요. 당신도 마찬가지일 것입니다. '올바르게 시작'해야 한다는 생각에 사로잡혀 지나치게 부담을 느끼지 마세요. 세상에 올바른 시작이라는 건 없습니다. 올바른 시작이 있다고 해도 수많은 종류가 있거든요.

자기 자신에게 관대해질 필요가 있습니다. 완벽한 진입로를 알려주는 표지판을 찾지 마세요. 모든 길에서 무성한 덤불과 쓰러진 나무가 없어질 때까지 가만히 기다려선 안 됩니다. 일단 움직이세요. 직관에 귀를 기울이고 한두 가닥의 붉은 실이라도 엿볼 수 있는 직무를 찾으려 노력하고 그 길을 따라가면서 더 많은 붉은 실을 열심히 찾아보면 됩니다. 붉은 실을 하나 발견하면 꽉 붙잡고 그 실이 이끄는 방향으로 향하세요.

'무엇'은 언제나 강하다

제 모든 연구를 살펴보면 자기 분야에서 최정상에 오른 사람들은 매우 놀랍게도 직무를 통해 ① 목적의식을 채우고 일을 '왜' 수행하는지에 확신을 품고, ② 신뢰하고 존경하는 동료들과 함께 팀을 이루며 '누구'와 연결할지 결정하며, ③ 사랑하는 활동을 하고 '무엇'을 즐길지에 집중한다는 사실을 분명하게 알 수 있습니다. 이 세 가지 특성이 맞물리는 아름다운 교차점을 발견하는 사람은 행복도가 매우 높게 나타납니다.

하지만 세 가지 특성 중에서 '무엇'이 가장 중요하다는 점을 명심해야 합니다. 수많은 연구에 따르면, 매일 자신이 좋아하는 일을 할 기회가 있었다고 답한 사람들은 회사의 사명을 믿거나 팀원이 마음에 들었다고 답한 사람들보다 높은 성과를 올리고 직무를 계속 수행할 가능성이 훨씬 큰 것으로 나타났습니다. 그렇다고 해서 '누구'와 '왜'라는 나머지 두 가지 특성이 중요하지 않다는 의미는 아닙니다. 실제로 직무를 수행함으로써 보상을 받게 되므로 무엇을 하는지가 더 중요하다고 말할 뿐이죠. 판매하는 제품을 신뢰하면서도 정작 판매하기는 싫어한다면 절대 성공하지 못할 것입니다. 마찬가지로 팀원들을 대단히 존경하면서도 정작 본인은 팀에서 적합하지 못한 직무를 맡는다면 어려움을 겪을 수밖에 없습니다.

따라서 일을 하기 전에 정확히 어떤 종류의 활동으로 주당 근무 시간을 채울 것인지 조사하는 원칙을 세워보세요. 실제로 해당 직무를 맡은 담당자를 찾아 물어보세요. 저마다 일에서 느끼는 사랑이 다를 수 있으므로 담당자에게 그 일을 좋아하는지 물어볼 필요는 없습니다. 대신 보통 오전 10시에 어떤 활동을 하는지 또는 해당 직무에서 어떤 활동이 가장 많은 시간을 차지하는지 물어보세요. 이런 활동은 긍정적으로든 부정적으로든 당신의 감정을 고조시킵니다. 게다가 매 순간 진을 빼는 활동으로 가득한 직무를 맡게 된다면 아무리 뜨거운 동료애와 투철한 사명감이 있더라도 직장에서 충분히 만족할 수 없을 것입니다. 그 길을 계속 가다가는 결국 번아웃을 겪고 말 테죠.

그리고 붉은 실 설문지에서 알 수 있듯이 '무엇'을 할지 생각할 땐 세부 사항이 중요합니다. 제가 갤럽에 처음 입사했을 때 강점 평가 중 하나를 수행한 사람들에게 각각 결과를 전달한 후 그들이 강점을 활용해 성장할 수 있는 방법에 대해 보고서를 작성했습니다. 저는 그 일을 꽤 잘 해냈습니다. 보고서 작성만큼은 정말 잘했죠. 하지만 그 활동 자체는 제게 큰 감동을 주지 못했습니다. 저는 당시 최고운영책임자COO였던 코니 래스Connie Rath에게 전화를 걸어 간절한 목소리로 물었습니다.

"저는 설문자에게 관심이 별로 없는 것 같아요. 도대체 제가 왜 이럴까요?"

그러자 코니가 말했습니다.

"전혀 이상한 일이 아니에요. 혹시 발표를 해본 적이 있나요? 많은 사람 앞에서 이야기하는 일이 당신에게 더 잘 맞을 수도 있어요."

그래서 직접 시도해봤습니다. 확실히 제겐 발표하는 일이 잘 맞았습니다. 저는 일대일 코칭 업무를 좋아할 줄 알았는데 실제로 해보니 그렇지 않다는 것을 깨달았죠. 그렇게 보물찾기가 계속되었습니다. 이 책을 빌어 좋아하는 일을 찾을 수 있도록 도와준 코니에게 감사를 전하고 싶네요.

매일 붉은 실을 찾아보라

서문에서 언급했듯이 ADP 연구소에서 진행한 글로벌 연구에서 성과, 직원들의 입사 첫해 유지율, 몰입도 또는 회복력 등을 기준으로 긍정적인 결과를 예측하는 데 가장 강력하게 작용한 두 가지 질문은 다음과 같습니다.

- 매일 자신의 강점을 발휘할 기회를 얻을 수 있는가?
- 지난주에 매일 신나는 마음으로 출근했는가?

'전적으로 동의'한다고 응답한 사람들은 1년 이상 근속하고, 몰입도와 회복력에 관한 질문에 긍정적으로 답하고, 상사에게서 '항상 이 직원에게 일을 맡기면 뛰어난 성과를 얻는다'라는 평가를 받을 가능성이 훨씬 큰 것으로 나타났습니다. 위 질문에서 '매일'이라는 단어를 눈치채셨나요? 이 단어는 매우 중요합니다. '매일'을 제거하면 답변과 모든 긍정적인 결과를 잇는 연결고리가 사라지기 때문에 두 질문은 예측력을 전부 잃어버리게 됩니다. 위 질문은 응답자에게 '매일 온종일 어떤지' 묻지 않습니다. '매일을 소유하고 주도하라'고 요청하죠.

당신에게 이 말은 어떤 의미인가요? 이는 생산성과 심리적 행복을 고려할 때 '횟수'가 중요하다는 것을 의미합니다. 사랑하고 기대할 무언가를 찾지 못한 채 하루를 흘려보내면 점차 몰입도와 생산성이 떨어지게 될 확률이 높아집니다. 온종일 사랑할 수 있는 완벽한 직업은 절대 찾지 못할 것입니다. '사랑하는 일만' 골라서 할 수도 없고요. 하지만 '매일매일' 좋아하는 활동이나 상황, 순간, 사건을 발견할 수는 있습니다. 어쩌면 붉은 실 중에서도 가장 얇은 실일 수 있지만, 어쨌든 찾을 수 있을 것입니다.

적어도 붉은 실을 신중하게 찾으려고 노력하면 결국에는 포착할 수 있습니다. 따라서 매일 몇 분 동안이라도 오늘의 붉은 실이 무엇일지 기대하며 아침을 시작해보세요. 오늘 당신에게 힘을 북돋아줄 것으로 기대되는 일이나 활동이 있나요? 꼭 대단한 일이나 활동일 필요는 없습니다. ADP 연구소의 자료에 따르면, 분기에 한 번씩 일을 통해 극도의 에너지를 얻는 사람들의 생산성과 몰입도가 더 높다고 해석할 만한 일정한 패턴은 발견되지 않았습니다. 사랑이 주는 힘을 기준으로 볼 때 횟수는 강도보다 강력합니다. 따라서 하루를 시작할 때 조금만 주의를 기울여 오늘의 사랑을 세심하게 가려내는 훈련을 하는 것이 좋습니다.

그렇다면 현재 직무에서 붉은 실을 찾을 수 없더라도 그것은 당신에게 걸림돌이 되지 않습니다. 당신은 마음이 흐트러지는 것을 경계해야 합니다. 당신은 더 이상 자신이 어떤 순간을 좋아하는지 주의 깊게 살펴보지 않습니다. 당신이 좋아하는 순간들은 다른 잊힌 것들과 마찬가지로 시들어가고 힘을 잃고 말았죠. 해결책은 관심을 기울이는 것입니다. 목적이 있어야 합니다. 오늘 직장에서 발견할 붉은 실에 주의를 기울인다면 필요한 것을 손에 넣을 수 있을 것입니다. 매일 관심을 기울이세요.

내면에 잠재된 힘을 믿어야 하는 이유

2008년에 제 친한 친구 B는 다리가 저릿한 느낌을 받기 시작했습니다. 그녀는 대대적인 검진을 받았고 정말 안타깝게도 루게릭병 진단을 받았습니다. 루게릭병은 운동 신경 세포가 손상되면서 점차 근육을 통제하지 못하게 되는 질병입니다. 당시 B의 남편은 이렇게 말했습니다.

"마치 슬로 모션으로 자동차 사고를 당하고 사형선고를 받는 것만 같아요. 저와 아이들은 엄마가 죽어가는 모습을 가만히 지켜볼 수밖에 없고 우리가 할 수 있는 건 아무것도 없거든요."

루게릭병에 걸리면 보통 3년 안에 사망하지만, 12년이 지난 현재까지도 B는 다행히 잘 살아 있습니다. 더 이상 스스로 움직이거나 먹거나 말하거나 숨을 쉴 수조차 없지만, 여전히 우리 곁에 있습니다. 그녀의 눈이 어디에 초점을 맞추고 있는지 감지할 수 있는 근사한 기계가 나온 덕분에 그녀는 예전처럼 사람들과 생생한 대화를 나눌 수 있죠. 그녀처럼 똑똑하고 말재주가 있는 사람에게 의사소통이 느리거나 막힌다는 건 대단히 답답한 일일 것입니다. 눈으로 초점을 맞춰 각 글자를 하나씩 선택해야 하니 속도가 대단히 느리죠. 하지만 적어도 그녀는 여전히 우리와 소통할 수 있습니다.

저는 코로나19 팬데믹과 관련하여 B에게 정신력을 어떻게 강인하게 유지했는지 물었습니다. 우리가 코로나19로 1년 반 넘게 겪은 자택 대피와 사회적 거리 두기를 B는 그보다 더 강도 높은 형태로 지난 10년 동안 경험해왔습니다. 저는 그녀가 우리에게 어떤 가르침을 줄 수 있을 거라고 생각했죠.

마커스, 나는 직접 통제할 수 있는 것에 집중하기로 했다는 것밖에는 따로 해줄 수 있는 말이 없어. 지금 내 인생에서 직접 통제할 수 없는 것이 너무도 많아. 내가 잃어버린 모든 것에만 집중한다면 나는 저녁 시간 즈음에 자살 충동이 들 테지. 대신 나는 여전히 내가 통제할 수 있는 것에 집중하기로 했어. 여전히 아이들에게 좋은 엄마가 되어줄 수 있고, 남편의 배우자가 될 수 있고, 좋은 친구로 남을 수도 있으니까.

이 글을 쓰고 있는 지금, B가 제게 문자 메시지를 보내왔습니다. 저는 이번 주에 키우던 개를 안락사해야 했습니다. 귀여운 골든리트리버 마시가 폐렴에 걸렸고 저는 정말 힘든 결정을 내려야 했죠. B의 메시지는 다음과 같습니다.

마시를 포기할 수밖에 없다는 이야기를 T에게 들었어. 너한텐 너무도 힘든 날이었을 거야. 그런 일을 겪게 되었다니 내 마음도 아프구나. 마시는 항상 네 삶의 일부였고 네가 마시를 얼마나 사랑했는지 나도 기억하고 있어. 참담한 심정이겠지만 마시는 널 진심으로 사랑했으니 부디 그 생각으로 마음을 추스를 수 있길 바라.
사랑하는 네 친구로부터.

B가 이 메시지를 작성하기까지 얼마나 오랜 시간을 들였을지 상상해보세요. 그녀는 아픈 몸으로 침대에 누워 꼼짝도 하지 못하지만 자신의 처지를 한탄하며 분노하지 않습니다. 오히려 이번 주에 제가 느꼈을 감정을 떠올리고 따뜻한 마음으로 제게 먼저 손을 내밀었죠. B는 이전과 마찬가지로 여전히 좋은 친구로서 제 곁에 남아 있습니다.

저는 당신이 B에게 어떤 가르침을 얻을 수 있을 거라고 생각해서 B의 이야기를 언급했습니다. 목적 의식과 강인한 회복력은 주체 의식에서 비롯됩니다. 물론 직장에는 직원이 통제할 수 없는 많은 일이 벌어집니다. 당신은 모든 고객을 상대로 회사의 실적을 통제할 수 없고, 상사를 마음대로 정할 수도 없으며, 바보 같은 성과 평가 양식이나 취득해야 하는 자격증을 바꿀 수도 없습니다. 직장에서 통제할 수 없는 모든 요소를 목록으로 작성해보기 시작하면 끝도 없을 거예요.

제 소중한 친구가 말했듯이 통제할 수 없는 것은 무시하세요. 대신 직장에서 당신이 통제할 수 있는 것에 집중해보세요. 설문에 참여한 직원 중 73퍼센트는 자신의 강점을 더 잘 발휘할 수 있도록 직무를 수정할 기회가 있다고 답했습니다. 이 작업부터 시작하세요. 붉은 실 한두 가닥을 발견했다면 이를 이용해서 일을 완료할 방법을 알아낼 차례입니다.

당신이 알고 있는 가장 성공한 사람을 떠올린 후 영감을 얻어보세요. 여기서 성공은 금전적인 성공만을 의미하지 않습니다. 일의 모든 측면은 아닐지라도 대부분을 이해한 사람, '운이 참 좋구나. 어떻게 저 직업을 갖게 되었을까? 정말 완벽하게 어울리는 것 같아. 어떻게 저렇게 기막히게 적합한 일을 찾았을까?'라고 궁금해지는 사람을 찾아보세요. 물론 사실은 그들이 그 직업을 찾은 것이 아닙니다. 그 직업을 만들어낸 것이죠. 그들도 다른 사람들과 마찬가지로 일반적인 직무 기술서를 받았지만 자신이 좋아하는 활동에 점점 더 집중할 수 있도록 신중하게 점진적으로 직무를 만들어나갔습니다. 거의 누구에게나 이처럼 조정할 여지는 주어집니다. 최정상에 오른 사람들은 이를 이용해서 매주 새로운 붉은 실을 엮어 궁극적으로 실제 업무 자체를 그들이 좋아하는 요소가 가득한 업무로 전환합니다.

당신의 붉은 실에 대해 당신만큼 자세히 아는 사람은 없으므로 당신을 대신해서 이런 작업을 해줄 사람도 없습니다. 어떤 직무를 맡든 그것을 자신이 좋아하는 일을 하며 돈을 버는 직업으로 만들어낼 책임은 당신에게 있습니다. 설문에 참여한 직원의 73퍼센트와 마찬가지로, 꿈에 그리던 직무를 직접 만들어낼 힘은 바로 당신에게 있죠.

먼저 오늘 그려낼 수 있는 붉은 실에 집중하세요. 그런 다음 가장 진한 붉은 실 중에서 한 가닥을 찾아 한 주 중 오롯이 하루를 그 일에 쏟아부을 방법을 찾아보세요. 월트 디즈니 월드에서 일하는 청소부들이 고객을 위해 작은 동물 인형들을 재미있게 배치한 것처럼 당신도 창의력을 발휘해 붉은 실을 엮어 업무를 수행할 새로운 방법을 고안할 수 있을 것입니다. 어쩌면 당신이 사랑하는 활동 중에서 하나를 실제 업무로 만들고 미세하게 조정하는 데 도움이 될 만한 수업을 수강할 수도 있습니다. 시간이 지나면서 당신의 사랑을 매우 독특하고 강력한 것으로 다듬는다면 팀 차원에서 특별히 당신에게 맞춘 직무를 마련하려 할지도 모릅니다.

더 나아가 이전에는 직장에서 당신의 성공을 방해하거나 애매모호한 태도를 보였던 팀과 팀 리더가 이제 당신을 지원하기 시작할 수 있습니다. 그러다 보면 다른 사람들은 당신이 좋아하는 일에 푹 빠져들 때 예전과는 뭔가 달라진 당신의 모습을 눈치채게 됩니다. 마치 사랑에 빠진 사람이 다른 사람들에게 더 매력적으로 보인다는 연구 결과처럼 말이죠. 이는 당신의 옥시토신이나 노르에피네프린 수치가 높아진 것을 주변에서 알아차리는 것과 같습니다.

당신이 관심을 기울이는 대상에 따라 사회 전반에 걸쳐 당신의 진로가 달라집니다. 특히 좋아하는 활동에 주목할 때 이런 현상이 두드러지죠.

우월감보다는 특별함에 주목할 것

면담, 인사 고과 또는 일상 대화에서 자신이 얼마나 훌륭하고 다른 사람들보다 얼마나 나은 사람인지 주장할 필요는 없습니다. 우리 대부분은 허세를 부리지 않으면서 자질을 강조하기가 매우 어렵다는 사실을 알게 된 후 억지로 자신을 왜곡하며 겸손하게 보이려고 애를 쓰는 동시에 상대방에게 자신의 우월한 힘을 각인시키려 합니다.

자신의 모습을 꼭 왜곡할 필요는 없습니다. 우월성보다는 특별함을 강조해보세요. "나는 … 분야에서 최고입니다"라고 말하지 마세요. 그보다 겸손한 표현도 피하는 것이 좋습니다. "나는 … 할 때 최선을 다합니다"는 표현을 사용하고 최선을 다하게 이끄는 활동, 상황, 맥락, 순간들을 상세하게 설명해보세요. 특히 "나는 … 할 때 최선을 다합니다"는 취업 면접에서 정말 잘 통하는 표현입니다. 새로운 팀에 합류할 때 "… 업무는 언제나 내게 맡겨주세요" 같은 표현을 써볼 수도 있을 것입니다. 이 말은 탁월한 성과를 내겠다는 주장이 아니라, 당신이 팀에 기여하고자 하는 형태에 관한 자세한 설명일 뿐입니다. 이는 거만한 태도가 아니라 분석적인 인상을 심어주고 자제력을 보여줄 수 있죠. 이런 자세는 모든 팀에게 중요한 자질로 통할 것입니다.

허세를 부리지 않으면서 자신의 운명을 상세하게 설명할 수 있는 몇 가지 방법이 있습니다. 바로 아래 문장대로 말하는 연습을 해보는 것입니다.

- 나는 수년에 걸쳐 내가 _____ 하다는 것을 알게 되었다.
- 다른 사람들은 내가 _____ 하다고 말한다.
- 나는 _____ 할 때 설렌다.
- 나는 _____ 할 때 가장 잘 배운다는 것을 깨달았다.
- 내가 가장 좋아하는 시간은 _____ 할 때다.

일을 잘하려면 미리 정의된 여러 속성과 기술을 갖춰야 한다는 일반적인 통념은 좋아하는 일을 찾지 못하도록 막는 강력한 힘으로 작용합니다. 장황한 직무 설명서, 각 직무에 필요한 기술에 따라 설계된 경력 경로, 미리 정의된 기술 목록을 기준으로 직원을 측정하고 평가하기 위한 성과 평가 양식에서 바로 이런 믿음을 엿볼 수 있습니다. 여기에는 일을 잘하기 위해서는 미리 정의된 모든 속성이나 기술을 완벽하게 갖춰 보여줘야 한다는 메시지가 담겨 있죠. 특정 항목이 부족한 사람으로 보이면 그 항목을 갖추라는 말을 듣습니다. 그래야 완벽해지고 뛰어난 성과를 낼 것으로 여겨지거든요.

이 모든 것이 이른바 '인력 계획' 또는 '인재 계획'을 구조화하려는 노력으로 발생합니다. 이런 노력은 선한 의도를 담고 있지만 모든 직무를 구체적으로 정의할 수만 있다면 직무에 적합한 사람들을 조직적으로, 예측 가능한 방식으로 선택하고 평가하고 교육할 수 있다는 완전히 잘못된 믿음에 근거하고 있습니다.

이런 믿음이 잘못된 이유는 개인마다 탁월함이 다르기 때문입니다. 즉 두 사람이 같은 직무를 수행할지라도 똑같은 방식으로 뛰어난 성과를 달성하는 것은 아닙니다. 학술지에 게재된 연구 논문 중에서 미국 해군 특수부대, 교사, 응급실 간호사, 또는 재정 자문가 등 여러 직군에 걸쳐 똑같은 직무를 탁월하게 수행하는 사람들이 모두 똑같은 기술과 속성을 보유하고 있음을 증명한 논문은 없습니다. 비슷한 자격증을 공유하거나 똑같은 시험을 통과했을 수는 있지만 그들의 공통점은 그 정도 수준에 그칩니다. 일하는 이유와 방식, 관계를 구축하고 정보를 받아들이고 학습하는 방식, 혁신하는 시기와 이유, 방법 등은 모두 개인마다 고유한 양상을 보입니다.

하지만 당신이 인사부HR 고위급 결정권자가 아닌 한, 똑같은 직무에서 탁월한 성과를 올리는 사람들이 똑같은 방식으로 일을 잘한다는 믿음에서 비롯된 기존 인사 절차를 전부 바꿀 수는 없을 것입니다. 그렇다면 당신은 무엇을 할 수 있을까요?

표면적으로는 규칙에 따라 행동하면 됩니다. 직무 기술서와 직무 평준화, 직무 역량을 없애는 일은 목숨 걸고 덤빌 만한 사안이 아닙니다. 따라서 특정 직무를 원하는 경우 미리 정의된 기술을 충족한다는 점을 보여주는 것이 현명한 방법이 될 수 있습니다. 역량 평가를 포함한 인사 고과를 준비하고 있다면 필요한 모든 자질을 갖추고 있음을 증명할 사례를 고민해봐야 합니다. 인사 고과를 1년에 한 번 시행한다는 점은 정말 다행이죠.

하지만 현실 세계에서 성공과 성취를 달성하려면 완벽해 보이려는 속임수를 버리고 남들과 차별화하는 법을 익혀야 합니다. 첫 번째 방법으로 붉은 실을 최대한 활용해야 합니다. 당신은 세상에 유일무이한 사람으로 매우 정확한 활동과 결과, 사례에서 사랑을 찾습니다. 저는 앞서 붉은 실에 담긴 세부 정보를 정확히 짚어내어 인생이라는 천을 구성하는 다른 모든 실과 구별하는 데 도움이 될 만한 붉은 실 설문지를 공유했습니다. 이 붉은 실은 당신의 에너지와 학습, 비교우위의 원천입니다. 당신은 절대 완벽해질 수 없습니다. 하지만 언제나, 영원히 이 붉은 실로 무언가 차별화된 결과물을 짜낼 것입니다.

두 번째, 구별한다는 것은 붉은색이 아닌 다른 실을 설명하는 데 익숙해지는 것을 의미합니다. 앞서 언급했듯이 새로운 팀에 합류할 땐 "… 업무는 언제나 내게 맡겨 달라" 또는 "나는 … 할 때 최선을 다한다" 같은 표현을 쓰면 자신의 붉은 실을 설명하는 과정이 수월해질 것입니다.

하지만 붉은색이 아닌 다른 실을 설명하는 기술도 익혀야 합니다. 다음과 같은 표현이 도움이 될 수 있습니다.

- 나는 _____ 할 때 최선을 다하지 못한다.
- 나는 _____ 할 때 시간을 지체하는 경향이 있다.
- 나는 _____ 을 어려워하는 것 같다.
- 나는 _____ 할 때 진이 빠진다.

이런 표현은 간단하지만 정작 직장에서 많이 사용해본 적이 없었을 것입니다. 완벽함이라는 근거 없는 믿음을 기반으로 구축된 직장은 당신이 사랑하지 않는 요소를 설명하도록 권장하는 장소가 아니기 때문이죠. 당신은 마음속 깊이 어떤 활동을 좋아하고 싫어하는지, 어떤 활동으로 힘이 빠지고 힘을 얻는지, 그리고 그런 활동들의 차이점이 매우 분명하다는 점도 알고 있지만, 당신에 관한 이토록 매우 중요한 정보를 공유하도록 권장하는 직장은 그리 많지 않습니다.

아마도 당신은 가장 취약한 실타래가 오히려 강력한 실타래로 보이도록 자신의 언어를 구사할 것입니다. 취업 면접에서 불가피하게 "당신의 약점은 무엇입니까?"라는 질문을 받으면 당신은 "너무 신경을 많이 쓰는 것이요" 또는 "기준이 너무 높아요" 같은 답변을 늘어 놓으며 회색 실타래를 붉은색으로 만들기 위해 애를 쓸 것입니다.

이제 이런 습관에서 벗어나야 합니다. 모든 실타래가 붉은색인 것처럼 꾸미는 데 평생을 쏟아붓다 보면 진정한 붉은 실을 알아보기는커녕 엮어내지도 못할 것입니다.

물론 어떤 활동이 당신을 지치게 하거나 지루하게 만든다는 사실을 고백한다고 해서 그 일을 하지 않아도 되는 것은 아닙니다. 앞서 언급한 메이요 클리닉 연구에서 알 수 있듯, 전체가 붉은 실로 만들어진 이불이 있어야 일을 잘하는 건 아닙니다. 직장에서 주어지는 모든 업무를 좋아하진 않더라도 그 업무를 본격적으로 수행해야 할 것입니다. 하지만 붉은색과 나머지 다른 색을 명확하게 구분한다면 점차 더 신뢰받는 팀원이 될 수 있습니다. 모든 업무를 좋아하는 사람은 신뢰를 얻기 어렵습니다. 식당에서 어떤 메뉴가 좋은지 묻는 질문에 "전부 다 좋아요!"라고 답하는 종업원을 신뢰하지 못하는 것과 다르지 않습니다. 붉은색과 다른 모든 색을 정직하고 생생하게 구별해내는 방법을 익히세요.

당신은 그 방법을 팀원들에게 적용하고 싶어질 것입니다. 그들의 붉은 실은 당신의 붉은 실과 마찬가지로 구체적이고 뚜렷하게 돋보입니다. 직장 생활에서 좌절감을 없애려면 사람들이 제공할 수 없는 능력을 기대하지 마세요. 팀원에게 무언가를 여러 번 요청했는데 그가 잘못 이해했거나 마감일까지 전달하지 않았거나 그냥 잊어버렸다면 그 업무가 그의 붉은 실이 아니라는 사실을 눈치채야 합니다. 효과적으로 협업하려면 팀원들의 실타래를 이해해야 하며 팀원들도 당신의 실타래를 어느 정도 이해해야 합니다. 당신이 붉은 실과 나머지 실을 편안하게 공유할수록 상대방도 자신의 실을 편안하게 공유할 수 있을 것입니다.

이는 팀 리더에게도 그대로 적용됩니다. 예컨대 저는 본격적으로 다음 작업으로 넘어가기 전에 팀 리더에게 제가 얼마나 많은 선택지를 떠올리고 고민했는지 '보여주는 것을 통해' 깊은 인상을 남기고 싶었던 적이 있습니다. 조건별 가능성을 매우 상세하게 여러 갈래로 보여주는 플로 차트를 파워포인트로 만드느라 밤을 꼬박 지새웠죠. 제가 다음 날 아침까지 매달려 만든 자료에 비하면 나사NASA의 달 착륙 계획은 조잡해 보일 정도였습니다. 그런데 팀 리더는 제 자료를 보고 전혀 감동하지 않은 눈치였습니다. 제가 정리한 열다섯 가지 선택지 중에서 첫 번째를 제시하자마자 그녀는 앉은 자세를 바꾸기 시작했고 통명스럽게 질문을 던지며 제 말을 끊었습니다. 저는 그런 모습을 본 적이 한 번도 없었기 때문에 계속해서 분석 결과를 보고했죠. 결국 팀 리더가 대뜸 이렇게 말했습니다.

"마커스, 어떤 선택지를 따라야 할 것 같아요? 우리는 내일까지 다음 단계로 넘어가야 해요."

그녀의 붉은 실은 수많은 연결과 가능성을 살펴보는 작업이 아니라, 팀원들의 의견을 신뢰하고 회의 전에 팀원들이 최종 의견에 도달하기를 기대하는 것이었습니다. 모든 리더가 붉은 실을 공유하는 것은 아닙니다. 그녀의 행동이 리더십이라는 실타래로 확립된 것도 아니죠. 실제로 세부적으로 사전에 계획하고 구체적으로 가능한 여러 대안을 검토하는 작업을 선호하는 리더들도 있습니다. 하지만 그녀는 사실과 결론, 행동을 선호했습니다.

제가 그녀의 방식을 알아내기까지는 시간이 조금 걸렸습니다. 처음에는 제가 계속해서 그녀를 실망시키고 있다고 생각했죠. 이를 구별하는 것은 쉬운 일이 아닙니다. 당신이 지닌 붉은 실 중에서 하나를 사용해서 아름다운 작품으로 만들었는데 팀 리더가 그것을 단순한 흑백 작품으로만 바라본다면 어떨까요? 당신은 이와 비슷한 상황에 처했을 때 자신이 무엇을 사랑하는지 알리고 상대방에게도 똑같이 하도록 요구하는 식으로 문제를 해결하려 할 것입니다. 어쩌면 당신은 '사랑'이라는 단어를 사용하지 않을 수도 있습니다. 대신 '나는 … 할 때 최선을 다한다' 또는 '나는 … 할 때 가장 빠르게 정보를 받아들일 수 있다' 같은 문구를 사용할지도 모르죠. 이런 대화를 나누면서 당신의 붉은 실을 설명하고 상대방의 붉은 실에 대한 한두 가지 세부 정보를 알아내는 것을 목표로 삼아야 합니다.

자랑하거나 변명을 늘어 놓아선 안 됩니다. 팀원들이 잘 협력할 수 있도록 소통하고 서로 이해하려 노력해야 합니다. 그것이야말로 직장에서 자신의 사랑을 키우는 방법이 될 것입니다.

경력의 형태는 모래시계와 같다

우선 당신은 구할 수 있는 직장을 찾아 취직한 후 계속 일하면서 늘 당신에게 긍정적인 영향을 미치는 활동을 찾으려 할 것입니다. 붉은 실한 가닥을 발견한 후 그것을 현재 직무와 엮어 넣고 또 다른 실을 찾아 직무에 엮어 넣을 수도 있습니다. 원래 경력 경로와 연결되어 있지만 숲의 다른 영역으로 향하는 새로운 경로로 방향을 틀어보는 것이죠. 그다음에 또다시 방향을 전환하고 또 다른 갈림길에 들어서면 또 다른 경로를 선택하는 겁니다.

　경력을 쌓기 시작한 초기 단계에는 대체로 이와 같은 느낌을 받을 것입니다. 자신이 누구인지, 무엇을 좋아하는지 이해하며 이리저리 실을 움직이고 새로운 실로 천을 엮어냅니다. 이것이 모여 모래시계의 넓은 바닥을 이룹니다. 사회생활을 시작한 후 첫 몇 년 동안 사랑을 찾아 헤매고 있음을 깨닫더라도 자기 자신을 너무 가혹하게 밀어붙이지 않아야 합니다. 경력이 사랑이라는 보물을 찾는 과정이라면, 촉각을 곤두세운 채 가능한 모든 종류의 사랑을 찾는 것은 사냥을 시작하는 현명한 방법입니다.

　연구에 따르면 대부분의 성공한 사람들은 사회생활을 시작한 후 몇 년이 지났을 때 진로를 선택하고 10년 이상 유지합니다. 10년 동안 팀이나 회사를 바꾸거나 대기업 업계를 완전히 떠날 수도 있지만 같은 전문 분야에 남아 계속 집중합니다.

　높은 전문성을 다룬 가장 영향력 있는 연구는 플로리다 주립대학교의 안데르스 에릭슨Anders Ericsson 교수 팀이 수행한 연구를 꼽을 수 있습니다. 에릭슨 교수의 자료는 '1만 시간'이라는 개념으로 대중에게 널리 알려졌죠. 1만 시간의 법칙은 대략 10년 동안 같은 일에 계속 몰두하면 뛰어난 전문가가 될 수 있다는 이론입니다.

　사실 에릭슨의 연구는 이런 결론에 이르지 않았습니다. 그가 발견한 사실은 누구나 10년 동안 어떤 일에 집중하면 뛰어난 경지에 오를 수 있다는 것이 아니라 결국 어떤 일에 숙련된 사람은 그 기술에 상당한 시간을 할애했다는 것입니다. 이런 결과는 대중에게 알려진 1만 시간의 법칙과 크게 다릅니다. 당신의 사랑은 구체적이고 특별한 만큼 어떤 의미 있는 결과물로 이어지기까지 시간이 걸립니다.

당신은 특정 활동에서 빠르게 습득하는 경험을 할 수 있습니다. 이는 결국 사랑의 신호이기도 합니다. 하지만 영업, 가사, 엔지니어링, 간호, 교육, 마케팅 등 어떤 분야에서든 진정으로 전문 지식을 쌓으려면 수년이 걸립니다. 수년 동안 어떤 일을 시도하고, 새로운 접근법을 실험하고, 결과를 기다려야 합니다. 결과는 당장 내일 나올 수도 있고, 1년 안에 나올 수도 있습니다. 여러 결과가 물방울처럼 하나둘 맺혀 흘러내리고, 이전 결과를 바탕으로 하나의 작은 통찰을 구축하거나 하나의 거대한 통찰로 한 번에 나타날 수도 있겠죠. 하지만 결과물은 시간이 지나야 나타나므로 오랜 시간에 걸쳐 습득하고 전문성을 쌓아야 합니다.

에릭슨의 연구는 바로 이 점을 짚어냈습니다. 실제 연구 논문을 읽어보면 세심하게 설명하고 있으며 주장에 대한 방법론이 매우 타당하다는 점을 알 수 있습니다. 한편 의학의 아버지인 히포크라테스Hip-pocrates는 무려 2,000년 전에 "생명은 짧고 의술은 길다"라며 에릭슨의 연구와 거의 일맥상통하는 말을 남겼습니다. 오늘날 인간의 수명은 과거보다 훨씬 길어졌지만, 히포크라테스의 통찰은 여전히 훌륭합니다. 수행할 가치가 있는 모든 기술은 한 사람의 수명을 뛰어넘을 만큼 훨씬 크고 깊고 풍부하니까요. 따라서 사회생활에서 어느 시점에 이르면 스스로 선택한 길, 즉 스스로 선택한 기술에 온전히 집중하며 그 길을 따르고 싶을 것입니다. 집중을 잃는 것은 탁월한 성과를 방해하는 적이나 다름없습니다.

　이처럼 집중을 거듭하면 기술에 숙달할 뿐만 아니라 신뢰도 얻게 될 것입니다. 요즘에는 누구나 일종의 '선구자적인 사상가'가 되는 것 같습니다. 콘텐츠를 만들고 소셜 미디어 플랫폼에 게시하는 활동의 장벽이 너무도 낮아져서 휴대전화만 있으면 누구나 자신이 좋아하는 것에 대해 의견을 밝힐 수 있습니다. 특히 수천 명의 팔로워가 있는 사람의 의견은 잘 받아들여지는 것으로 보입니다.

　이처럼 팔로워를 중심으로 의견을 밝히는 행위는 소셜 미디어 세계에서 가치가 있을 수 있지만, 직장에서는 이런 방식이 그리 잘 통하지 않습니다. 직장에서는 자기 분야에 제대로 몰두하며 업무의 모든 세부 사항을 알고, 또 어떤 세부 사항이 진정으로 중요한지 이해하는 사람임을 증명해야 가장 큰 가치를 구축할 수 있습니다. 어떤 분야든지 이런 종류의 전문성은 항상 팀에서 가치를 인정받고 무게감이 있으며 희귀합니다. 다른 팀원들이 세부 사항을 이해하지 못하더라도 인정받을 수 있습니다. 전문성은 위협적이지만, 이는 나쁜 것이 아닙니다. 다른 동료들이 당신을 깊이 신뢰할 수 있도록 만드는 요인이 되기도 하죠.

　일반적으로 알려진 것과 다르게, 자기 분야에 집중한다고 해서 참신한 방식과 혁신을 잘 받아들이지 못하고 편협해지는 것은 아닙니다. 사실 그 반대입니다. 어떤 것이 언제, 어떤 이유로 작동하는지 또는 작동하지 않는지를 포함해 기존 작업 방식을 잘 알고 있어야 더 효과적인 방식이 어떤 양상을 띠는지 상상할 수 있습니다. 숲속으로 깊숙이 들어가 남들보다 앞서 나가야 더 많은 모퉁이를 누구보다 먼저 확인할 수 있듯, 이와 같은 집중은 미래를 예측할 뿐만 아니라 미래를 만드는 데도 도움이 됩니다. 이런 집중을 통해 수년 동안 실행된 행동, 경험, 결과를 거쳐 마음의 준비를 하게 됩니다. 모든 혁신가가 말하듯, 창의성은 오직 준비된 마음에서 나옵니다.

루이 파스퇴르Louis Pasteur는 "준비된 자만이 관찰할 기회를 얻는다"라는 유명한 말을 남겼습니다. 이는 관찰뿐만 아니라 모든 분야에 적용될 수 있습니다. 다시 말해, 자기 분야를 자세히 알아야만 특정 세부 사항의 상태가 근사하고 새로운 신호라는 것을 알아차릴 수 있습니다. 파스퇴르는 실수로 변질된 닭 콜레라균을 닭에게 한 번 주입했다가 그 닭이 콜레라균에 영구적인 면역을 얻었다는 사실을 발견했습니다. 그는 수차례의 좌절 후 질병 세균론에 대한 통찰을 얻었고, 이는 질병을 예방하는 백신을 발견하는 계기로 이어진 것이죠.

분야에 따라 이런 기회는 달라질 것입니다. 예를 들어 수술을 받은 환자의 통증을 효과적으로 줄이기 위한 방법에 대한 통찰이 될 수 있고, 학습 격차가 있는 학생에게 미적분학을 좀 더 잘 설명할 방법을 찾는 것일 수도 있습니다. 아니면 피부에서 습기를 흡수하는 스포츠용 직물을 만들 혁신적인 방법이거나 마케팅 이메일을 열어보는 비율이 두 배로 늘어나도록 이메일을 작성하는 방법이 될 수 있습니다. 어떤 기술이든 일단 수년 동안 주변에서 사랑이라는 숨은 보물을 찾은 다음 붉은 실 몇 가닥을 함께 단단히 묶어 놓은 후, 계속해서 실을 엮어내어 굵은 밧줄로 만들어봅시다. 그러면 시간이 지날수록 숙련도, 창의성, 가치가 기하급수적으로 늘어나는 경험을 하게 될 것입니다.

자신의 분야에서 전문가가 되라

'아마도' 숙련도를 높이는 방향으로 경력을 쌓는 길을 선택하는 사람들이 많아지므로 당신은 다른 많은 길로 확장해서 다른 많은 사람을 책임질 수도 있을 것입니다. 이는 모래시계에서 넓은 상단에 해당합니다. 자기 분야에서 쌓은 전문성은 다른 사람들을 이끄는 능력의 토대가 됩니다. 사람들은 미래에 대한 불안을 자신감으로 바꿔줄 무언가를 발견할 때 비로소 리더를 따르기 때문입니다.

당신의 전문성은 다른 사람들에게 자신감을 불러일으키는 요인이 되고, 당신에 대한 구체적·가시적이며 모호하지 않고 생생한 측면을 보여줍니다. 당신은 현재 직무에서 전문가로 통하므로 어떤 상황에 직면하든 전문가로서 자신의 역할을 다할 것이며, 당신이 선택한 기술 분야의 전문가로서 먼저 모퉁이를 살피고 다가오는 미래에 대비할 가능성이 큽니다. 이와 같은 두 가지 전문성은 모두 자신감을 불러일으킵니다.

《일에 관한 9가지 거짓말》에서 애슐리 구달과 저는 이런 리더의 자질을 '특질spike'로 일컬으며 "최고의 리더는 특출하다"라고 썼습니다. 즉 최고의 리더는 추종자들에게 매우 중요한 일을 정말 잘 해내기 위해 헌신했다는 뜻입니다. 이런 전문성은 사랑과 일에 몰입해 이뤄진 조합으로서 다른 사람들을 이끄는 리더십의 원천이 됩니다. 우리는 이미 이 사실을 직관적으로 알고 있습니다. 당신이 기꺼이 따를 수 있는 리더들을 아무나 떠올려보세요. 아마 마음속에 그들을 생생하게 그릴 수 있을 것입니다. 그들의 특성과 깊은 전문 지식, 의사 결정 방식 등 모든 것이 매우 명확하게 정의되어 있습니다. 이런 리더도 완벽하지 않을 수 있고, 당신 역시 리더가 완벽하기를 원하지도, 기대하지도 않습니다. 하지만 대체로 그런 리더들은 매우 꼼꼼합니다. 사람들은 '꼼꼼하다'는 이유로 그들을 따릅니다. 워런 버핏Warren Buffett, 리처드 브랜슨Richard Branson, 마거릿 대처Margaret Thatcher, 마틴 루터 킹 주니어Martin Luther King Jr., 데즈먼드 투투, 저신다 아던Jacinda Ardern, 블라디미르 푸틴Vladimir Putin은 모두 각양각색이고 불완전하지만 매우 특출합니다.

이에 대한 당신의 직관을 믿지 못하겠다면 시스코Cisco에서 진행한 몇 가지 연구에서 이를 확인해볼 수 있습니다. 시스코 연구원들은 매우 영리하게 설계한 한 실험에서 수천 명의 직원을 대상으로 업무와 회사에 관한 생각을 조사한 후 다른 시점에 같은 직원들에게 팀 리더를 설명하는 단어나 문구를 떠올려보라고 요청했습니다. 어떤 팀원들은 자신의 리더가 어떤 사람인지 확신이 서지 않은 듯 다양한 단어로 리더를 설명했습니다. 반대로 모든 팀원이 몇 가지 속성에 초점을 맞춰 한정된 단어로만 리더를 설명하는 경우도 있었습니다. 후자에 속하는 리더들이 팀원들에게 더 뚜렷한 인상을 남겼습니다. 역시 그들은 '특출'했습니다.

연구원들은 복잡한 수학과 자연 언어 처리 알고리즘을 사용하여 한 가지 중요한 사실을 발견했습니다. 그것은 바로 팀원들을 대상으로 진행한 설문 조사 문항 중 특히 "회사의 미래를 매우 확신한다"라는 문항에서 특출한 리더가 이끄는 팀이 최고 등급을 받았다는 점입니다. 여기서 얻을 수 있는 교훈은 모래시계의 최정상에서 리더로 성공하고 싶다면 모래시계 좁은 중간 통로에 많은 시간을 쏟아부을 필요가 있다는 점입니다. 수년 동안 집중적으로 기술을 갈고닦는다면 기술이 숙련될 뿐만 아니라, 당신을 따르는 사람들의 마음에 더욱 깊은 인상을 남기고 많은 자신감을 심어줄 것입니다.

물론 당신이 수년 동안 기술을 익히는 데 오롯이 집중하면 다른 사람들은 당신을 본보기로 삼을 것입니다. 그들은 전문가가 되는 길을 찾는 과정을 당신이 공감하고 있으며 전문성의 가치를 높게 평가하고 있다고 믿습니다. 당신도 그래왔듯이 그들이 저마다 사랑을 진지하게 받아들일 수 있도록 인내심을 갖고 필요한 시간을 제공해주리라 기대할 것입니다. 또한 그들은 당신이 호사가를 경멸하고 단순히 많은 추종자에 기대어 쌓아 올린 명성에 속아 넘어가지 않는 사람, 무엇보다 기술을 연마하기까지 오랜 시간이 걸린다는 사실을 인지하고 있는 사람이길 바랄 것입니다. 이는 우리 모두가 리더에게 바라는 모습입니다.

최고의 팀을
만들기 위해 질문하라

리더를 위한 일과 사랑

2017년 늦가을, 인도네시아 술라웨시섬에서 현지 인류학자 패크 함룰라Pak Hamrullah는 한 예술 작품을 발견했습니다. 과학자들은 이것이 현존하는 가장 오래된 인공 예술품으로 추정하고 있습니다. 제작 시기는 보수적으로 잡아도 최소 4만 4,000년 전으로 거슬러 올라갑니다. 함룰라는 석회암 동굴 내부를 걷다가 천정에 있는 작은 구멍을 하나 발견했고, 무화과나무에 기어올라 그 안으로 들어갔죠. 휴대전화 불빛으로 벽을 비추니 한 그림이 나타났습니다. 길이가 5미터에 달하고 붉은색 안료로 그려진 이 동굴 벽화에는 사냥하는 장면이 있었습니다. 창이나 밧줄을 들고 있는 사람들과 그 주변에 사슴, 아노아, 멧돼지 등 현지 고유종인 여러 동물이 무리 지어 있는 모습을 묘사했죠. 이 그림

속 사람들은 동물을 포획하거나 죽이려 합니다.

고대의 사냥 장면을 묘사한 그림을 패크가 우연히 발견했다는 점만으로도 충분히 놀라운 일이지만, 인간의 형상이 그려진 방식은 더욱 흥미로운 볼거리입니다. 그림 속 대상은 분명히 인간을 의미하지만, 각각 동물의 머리나 꼬리 또는 둘 다 가지고 있습니다. 인류학자들은 절반은 인간이고 절반은 동물인 형상을 반인반수therianthrope라고 불렀고 이 사냥 장면에 나타난 반인반수가 이미 4만 4,000년 전에 인간이 신화적 존재를 만들어내고 있었다는 증거라고 주장했습니다. 이 장면에서 종교적 믿음의 발단도 엿볼 수도 있겠죠.

그런데 저는 술라웨시 동굴 벽화를 색다르게 해석한 글을 읽고 충격을 받았습니다. 이 인간과 같은 형상들은 '저마다 어떤 이유로 인해 서로 다른 동물적 특성이 부여되었을 것'이라는 해석이 있더군요. 어쩌면 각각의 존재가 신화와 전혀 관계가 없고 작가가 실제로 알고 지내는 실존 인물이었을지도 모릅니다. 그녀(인류학자들은 선사 시대 동굴 예술 작품이 대체로 여성에 의해 만들어졌다고 추정합니다)는 인간의 특성을 가장 잘 보여주는 특유의 동물적 특성을 각 인물에 부여했습니다. 악어 꼬리는 지능을, 새의 날개와 부리는 속도를, 사자 머리는 용기를 나타냅니다. 지금까지 발견된 인물화 중에서 가장 오래된 이 벽화는 '한 팀'을 그림에 담았습니다. 각 구성원이 같은 목표를 공유하면서도 팀 전체를 돕기 위해 저마다 고유한 자질을 발휘하는 모습을 이 그림에서 확인할 수 있죠.

여러분은 이 벽화에서 어떤 감정을 느꼈을지 모르겠지만, 저는 이 색다른 해석을 통해 큰 위안을 받았습니다. 초기 선사시대부터 인간은 서로 얼마나 다른 존재이며, 얼마나 서로에게 의존하고, 혼자보다 함께할 때 얼마나 더 많은 것을 달성할 수 있는지 깨달았습니다. 우리 인간은 늘 그랬듯이 한 팀을 꾸려 살아가는 존재이며 인간이 하는 일은 공동 작업, 즉 팀워크가 필요합니다.

팀워크의 진실

2019년 저는 ADP 연구소 팀과 함께 전 세계 노동자에 관한 글로벌 연구 자료를 분석하면서 오늘날까지 '일은 팀워크'라는 개념이 얼마나 널리 퍼져 있고 강력한 영향을 미치는지 알 수 있었습니다. 팀에 소속감을 느낀다고 보고한 노동자는 일에 적극적으로 몰입할 가능성이 그렇지 않은 노동자보다 2.7배 더 높았을 뿐만 아니라 회복력이 세 배 더 높았고 조직에 대한 강력한 소속감을 느낄 가능성이 두 배 더 높았습니다.

인간의 모든 활동에서 팀의 존재가 얼마나 중요한지는 아무리 강조해도 지나치지 않은 것처럼 들립니다. 하지만 자세히 살펴보면 우리가 팀에 대해 배우는 사이에 개인은 팀만큼 중요하게 다뤄지지 않는다는 사실을 알 수 있습니다. "팀에서 '나'라는 건 없다"라는 말이 있을 정도죠. 팀워크는 개인이 전체보다 중요하지 않다고 상기시키는 하나의 열망처럼 팀에 소개되기도 합니다.

술라웨시 동굴 벽화가 보여주듯이 이런 시각은 팀을 완전히 오해해서 비롯된 결과입니다. 개인이 단체만큼 중요하지 않다는 것을 상기시키기 위해 팀을 꾸리는 것이 아닙니다. 팀을 구성하는 이유는 '팀이 개인의 고유한 자질을 극대화할 수 있는 최고의 메커니즘'이기 때문이죠. 우리는 모닥불에 둘러앉아 비바람을 피할 은신처를 짓고 길을 찾고 우리보다 훨씬 덩치가 큰 동물을 쓰러뜨리는 등 함께 다양한 문제를 해결할 방법을 고민했습니다. 조직원들이 지닌 고유한 재능을 들여다보니 저마다 조직에 유용한 재능과 본능적으로 동물과 소통하는 능력, 무자비한 힘, 정교한 재주를 갖추고 있었습니다. 그래서 이런 생각이 들었죠.

　　'서로 다른 사람들을 하나의 단위로 모은다면, 네 손가락을 모아 주먹을 쥔다면 어떻게 될까?'

　　그리하여 우리는 모닥불에 둘러앉아 조직원들에게 우리가 포위해야 할 언덕을 알려주고 각자 어떤 역할을 수행할 수 있을지 설명했습니다. "팀에서 '나'라는 건 없다"라는 말은 맞지 않습니다. 팀의 전반적인 목표는 '나'라는 개인들을 활용하는 것입니다. 여러 명의 '나'를 조직화한 것이 바로 팀입니다. 팀은 당신의 고유한 사랑을 세상에 알리고 무언가를 이루는 데 그 사랑을 쏟을 수 있는 완벽한 장소죠. 조직들은 팀이 지닌 힘을 이해하지 못하고 분리된 업무 환경을 만들었습니다. 자료에 따르면, 팀원이 아닌 사람이 소속감, 회복력, 연결성을 느끼는 경우는 10퍼센트 미만에 불과합니다. 이는 의료 산업 종사자와 교육자가 몰입도와 회복력이 가장 낮은 직업으로 꼽히는 이유를 어느 정도 설명해줍니다. 병원과 학교는 팀을 중심으로 조직되지 않았기 때문이죠.

직장에서 최선을 다하려면 이처럼 팀이 없는 작업 환경을 극복해야 합니다. 어떻게 극복하고 나아갈 수 있을까요? 당신은 자신이 어떤 사람이며 팀에 어떻게 기여할 수 있을지에 깊은 관심을 보이는 동료와 리더가 있는 팀을 어떻게 찾을 수 있을까요?

이 책의 서두에서 설명했듯이, 세상에는 당신이 실제 모습과 의도적으로 거리를 두도록 설계한 것처럼 보이는 절차와 도구를 도입한 조직이 많습니다. 일반적으로 당신의 고유한 사랑과 개성은 제품과 서비스부터 가치에 이르기까지 획일성을 요구하는 조직과 반대되는 대척점에 있습니다. 따라서 당신이 영업사원, 청소부, 교사, 관리자, 간호사, 기계 기사 등 어떤 직종에 있든 직장에서는 당신을 다른 사람들과 최대한 비슷하게 만드는 것을 목표로 삼고 지속적으로 노력을 기울이죠.

사실 이는 잘못된 생각입니다. 물론 조직의 인재 관리 정책을 개인이 혼자서 바꿀 방법은 없습니다. 저와 같은 사람들이 영향력을 발휘해 이처럼 획일성에 초점을 맞춘 인재 정책을 폐기하고 좀 더 개개인에 맞춘 인재 정책을 선택해 도입하도록 리더들을 설득하고 있지만, 이런 흐름이 바뀌려면 앞으로 몇 년은 걸릴 것입니다. 그렇다면 당신은 그동안 무엇을 할 수 있을까요? 일할 때 사용하는 수많은 도구와 기술, 절차가 (선한 의도로) 당신을 억누르려 한다면 당신은 어떻게 최선을 다해 일에서 사랑을 찾고 직장에서 진정한 자아를 온전히 드러낼 수 있을까요?

실제로 직장에서 당신과 같은 노력을 기울이는 동료들이 있을 것입니다. 직장은 당신이 몸담고 있는 하나의 생태계이지만, 여기에는 다른 팀원들과 팀 리더, 임원, HR 부서 등이 포함됩니다. 이런 생태계에서 사랑이 어울릴 만한 곳은 어디일까요? 어떻게 하면 뛰어난 생산성을 앞세워 높은 성과를 올리는 팀을 사랑으로 이끌 수 있을까요?

먼저 생각을 바로잡으려 노력해야 합니다. 그리고 당신이 팀원이든 팀 리더나 임원이든 상관없이 그 생각에서 자연스레 나오는 행동을 그대로 따르면 됩니다. 사랑하는 일을 하는 리더가 되는 데 도움이 될 만한 다섯 가지 오해와 진실을 아래에서 알려드리겠습니다.

목표를 설정하는 방법

- 오해 : 팀 리더는 연초에 목표를 설정해야 한다.
- 진실 : 팀 리더는 매주 15분 동안 각 팀원의 상태를 확인해야 한다.

목표는 까다롭습니다. 직장에서 가장 흔한 특징 중 하나이지만 동시에 가장 사랑스럽지 않은 요소 중 하나이기도 합니다. 그렇다고 목표에 사랑이 빠질 필요는 없습니다. 직장 이외의 세상에서 목표란 '내면에서 느끼는 사랑을 실현할 수단'이 됩니다. 제가 도널드 O. 클리프턴의 연구실에 들어가겠다는 목표를 세웠던 이유는 제가 그곳에서 연구하는 일을 정말 좋아한다고 느꼈기 때문입니다. 그 목표는 제 내면에서 사랑으로 피어나기 시작했고 저는 그것을 목표로 표면화했죠. 이것이 우리 인생에서 목표가 작동하는 방식입니다. 하지만 목표가 언제나 측정할 수 있거나 구체적이거나 시간 제한이 있어야 하는 것은 아닙니다. 그저 당신의 내면에서 비롯되면 됩니다. 사랑에서 솟아난 목표는 그 자체로 유용하고 훌륭하죠.

안타깝게도 직장에서 사용되는 목표는 이렇지 않습니다. 일반적으로 목표는 상부에서 전체 조직에 맞게 정의한 다음 계단식으로 단계를 거치며 아래로 전달되어 당신에게 이르게 됩니다. 조직 자체를 고려하면 이처럼 상부에서 세우는 목표 설정이 그리 나쁜 것은 아닙니다. 각 부서장은 내년 예산을 수립해야 하고, 목표 매출과 수익성은 미래를 계획할 때 유용한 도구가 되어 부서별로 현명한 투자 결정을 내릴 수 있도록 돕습니다.

그러나 위에서 정한 목표가 당신에게 주어졌을 때 문제가 발생합니다. 이런 목표는 당신이 스스로 설정한 것이 아닙니다. 당신이 사랑하는 일에서 비롯된 목표도 아닙니다. 사실 이런 목표는 당신의 사랑을 전혀 알지 못하며 당신의 사랑과 관계도 없습니다.《일에 관한 9가지 거짓말》에서도 설명했듯이, 위에서 부여한 목표는 당신의 목표가 아닙니다.

그렇다고 위에서 부여한 목표를 상대로 공개적으로 싸움을 걸 필요는 없습니다. 조직에서 당신의 사랑에 얼마나 관심이 있든 없든

간에 적어도 사람들이 좀 더 데이터에 익숙해지고, 직원의 성과를 평가하거나 급여를 결정하는 데 목표를 사용하는 것이 데이터를 심각하게 오용하는 일이라는 사실을 알아차리기 전까지는 이런 기업 목표가 한동안 유지될 가능성이 큽니다. 가령 누군가가 설정한 목표의 난이도는 당신이 설정한 수준과 일치하지 않고, 설령 일치할지라도 팀 리더마다 이런 목표를 향한 진행 상황을 평가하는 방식이 다릅니다. 기본적으로 모든 목표 달성 데이터는 체계적으로 유효하지 않기 때문에 직원을 평가하는 데 사용되어서는 안 됩니다.

하지만 앞서 언급했듯이, 이런 깨달음을 널리 퍼뜨려 매년 위에서 쏟아지는 목표에 매몰되지 않고 넘길 수 있으려면 앞으로 수년이 더 걸리겠죠. 그때를 기다리면서 팀 리더와 함께 시도해보거나, 이미 당신이 팀 리더라면 직접 해볼 수 있는 새로운 의식이 있습니다. 이른바 '체크인check-in'이라는 작업입니다. 체크인은 다행히 단계적으로 흘러 내려오는 기업 목표와 공존할 수 있으며 얼마든지 무료로 진행할 수 있죠.

체크인은 매주 팀 리더와 다가오는 한 주에 대해 15분 동안 나누는 대화를 의미합니다. 이 대화는 지난주에 관한 질문 두 개와 이번 주에 관한 질문 두 개, 총 네 개의 짧은 질문에 당신이 응답한 답변을 바탕으로 작성됩니다.

- 지난주에 나는 어떤 활동을 좋아했는가?
- 지난주에 나는 어떤 활동을 싫어했는가?

- 이번 주에 내 우선순위는 무엇인가?
- 나는 팀 리더에게 어떤 도움을 받아야 할까?

이 체크인은 매우 간단해 보이지만 그 안에 당신의 사랑으로 일에 기여하는 방법을 다루는 미묘한 차이가 모두 포함되어 있습니다. 매주 당신은 아직 기억이 생생할 때 붉은 실과 다른 색상의 실 몇 가닥을 고민하고 공유하게 됩니다. "사람들을 돕는 일이 좋았어요"처럼 이론적인 용어로 모호하게 말할 필요는 없습니다. "예산 회의를 준비하면서 맬컴과 함께 회계 오류를 해결하는 작업이 좋았어요"처럼 곧장 본론으로 들어가 상세하게 설명하면 됩니다.

체크인은 매주 짧은 형식의 붉은 실 설문지를 작성한 후 팀 리더와 즉시 공유하는 작업과 비슷합니다. 물론 이렇게 공유한 내용은 선반에 보관하거나 보고서 어딘가에 채워 넣는 데 사용되지 않습니다. 다가오는 주에 당신이 수행할 업무와 상사의 도움이 필요할 만한 항목에 즉시 적용되죠. 현실 세계에서 발생하는 모든 불가피한 변화가 당신과 상사를 엄습할 때 두 사람이 계속 연결되고 같은 태도를 취하게 된다는 점에서 이 방식은 매우 유용합니다. 연초에 당신이 성과 관리 소프트웨어에 입력한 엄격한 목표가 그해 세 번째 주까지도 적합하지 않았다면, 이제 그 목표를 정기적인 주간 체크인으로 대체해 당신이 업무를 제대로 수행할 준비가 되었는지 확인하면 됩니다.

한편 체크인은 당신의 사랑과 매주 그 사랑을 적용할 방법에 계속 주의를 기울인다는 장점이 있습니다. 번아웃은 파산이나 숙면처럼 처음에는 서서히 스며들다가 갑자기 발생합니다. 체크인은 압력을 해제하는 밸브 역할을 합니다. 어쩌면 당신은 몇 주 동안 귀중한 붉은 실몇 가닥을 발견하다가 이후 몇 주 동안 당신과 팀 리더가 사랑이 빠진상태에서 억지로 일을 밀어붙여야 한다는 생각에 이를 수도 있습니다. 그렇지만 적어도 당신은 이제 조만간 붉은 실이 끌어당길 것임을 알고 있습니다. 아마도 다음 주는 아닐지라도 그다음 주에는 붉은 실을느끼기 시작할 테죠. 무엇보다 중요한 점은 팀 리더가 현재 당신의 위치와 상태를 알고 있다는 점입니다. 당신이 자기 자신과 사랑, 일에 대해 느끼는 점을 그들도 알고 있음을 인지하는 것만으로도 당신에게는커다란 위로와 강력한 힘이 됩니다.

체크인 일상을 설정하도록 팀 리더를 설득하는 데 도움이 될 만한 데이터는 다음과 같습니다.

- 매주 체크인을 실행하는 팀 리더는 팀원의 몰입도를 77퍼센트 높였으며, 향후 6개월 동안 팀원의 자발적 이직률이 67퍼센트 줄어들었습니다.
- 체크인이 대면, 전화, 이메일 또는 앱을 통해 이뤄지는지 중요하지 않습니다. 체크인을 실행하는 것이 무엇보다 중요합니다.
- 실제로 네 가지 질문과 답변에 대해 팀원과 소통한 리더는 통계적으로 팀원의 성과와 몰입도를 더 높이는 것으로 나타났습니다. 이런 상호작용이 음성, 또는 문자로 이뤄지는지

는 상관없습니다.

- 자질 평가는 중요하지 않은 것으로 보입니다. 당신과 팀 리더가 한 번의 체크인으로 특출한 코칭을 실행하지 못하더라도 걱정하지 마세요. 다음 주에 다시 체크인하면 됩니다. 그때 두 사람은 어떤 엄청난 영감을 받을지도 모릅니다. 체크인은 자주 수행해야 하는 일이고 매번 훌륭한 성과를 올린다는 보장은 없습니다. 팀을 이끌 땐 질보다 횟수가 중요합니다.

당신이 팀 리더라면 체크인을 하나의 핵심 의식으로 설정하면 도움이 될 것입니다. 제너럴 일렉트릭General Electric은 이런 의식을 '표준 리더 행동'이라고 부릅니다. 체크인은 팀을 이끄는 일에 새로 추가된 의무가 아닙니다. 체크인 자체가 팀을 이끄는 업무입니다. 1년 내내 매주 팀원이 맡은 일과 사랑을 연결시키는 것이죠.♥ 리더는 바로 이런 일을 하는 사람입니다. 한 사람 한 사람을 체크인하는 일이 따분

♥ Mary Hayes and Marcus Buckingham, "The Definitive Series: Employee Engagement," ADP Research Institute, November 17, 2020, https://www.adpri. org/assets/the-definitive-series-employee-engagement; Mary Hayes and Marcus Buckingham, "Top 10 Conclusions: The Definitive Series on Employee Engagement," ADP Research Institute, November 17, 2020, https://www. adpri.org/assets/top-10-conclusions-the-definitiveseries-on-employee-engagement; Mary Hayes and Marcus Buckingham, "Engagement Is Closely Linked to Sales Performance," infographic, ADP Research Institute, November 17, 2020, https://www.adpri.org/assets/engagement-is-closely-linked-to-sales-performance.

하게 느껴진다면(그것이 당신의 회색 실이라면) 자신이 리더가 되는 게 맞는지 다시 한번 생각해야 합니다. 리더에게 체크인은 양치질과 비슷합니다. 리더라면 절대 타협하지 않고 항상 해야 하는 일이거든요.

정확히 말해, 체크인은 팀원들을 진단한다는 의미가 아닙니다. 진단이라는 행위에는 사랑이 빠져 있습니다. 체크인은 당신이 할 수 있는 세상에서 가장 다정한 일이고요. 상대방이 어떤 사람이며 무엇을 하고 있는지 들여다보는 과정이기 때문이죠. 당신은 상대방에게 관심을 기울입니다. 팀원들과 체크인을 자주 진행할수록 당신의 팀은 사랑으로 더 가득 차게 되고 생산성, 창의력, 회복력, 협업이 더욱 증가할 것입니다. 각 팀원과 체크인을 수행하고 싶어도 사람이 너무 많아서 할 수 없다면 실제로 당신의 팀에 인원이 지나치게 많은 것일 수 있습니다. 사실 팀 리더로서 적절하게 통솔할 수 있는 범위는 단순 관리와 관련이 없습니다. 매주 얼마나 많은 팀원에게 집중할 수 있는지와 관련이 있죠. 통솔 범위는 집중 범위로 이름을 바꿔야 합니다.

매주 각 팀원의 상태와 답변을 시작으로 어떤 규칙적인 방식에 따라 그들에게 주의를 기울이지 못한다면, 직장에서 사랑을 몰아내고 그에 따른 모든 부정적인 영향을 남기게 될 것입니다. 간호사 감독자 대 일반 간호사의 비율이 1대 40인 병원을 설립할 경우, 미숙한 감독자는 간호사들과 일일이 체크인을 할 수 없게 되고 간호사는 자신이 관심을 받지 못하고 목소리를 낼 수도 없다고 느껴 결국 번아웃 상태에 빠지고 말 것입니다. 이런 현상은 학교, 유통 센터, 콜센터, 또는 제조 공장에도 똑같이 일어납니다. 주간 체크인을 수행할 수 없는 보고 체계를 가진 조직에서는 업무 사고와 직원들의 항의가 발생하기 쉽고, 노동 손실 일수와 90일 이내 이직률이 훨씬 높으며 품질과 고객 만족도 수준도 낮게 나타납니다.

직원에게 나타나는 모든 부정적인 결과를 줄이고 긍정적인 결과를 늘리고 싶다면 체크인이 가장 간단하고 강력한 처방이 될 것입니다. 체크인을 표준 리더 행동으로 삼는다면 직장에 다시 사랑을 가져올 수 있습니다.

성장과 혁신을 위한 고민

- 오해 : 사각지대를 분석하고 없애야 성장이 일어난다.
- 진실 : 사랑을 배워야 성장이 일어난다.

화가인 마르크 샤갈Marc Chagall은 "마음에서 우러나와 창조하면 거의 모든 게 해결되지만, 머리로 접근하면 아무것도 해결되지 않는다"고 했습니다. 당신에게 사랑이 있다고 해서 자부심을 가져야 하는 건 아닙니다. 본질적으로 훌륭하거나 나쁘거나 고귀하거나 천박한 사랑은 없죠. 사랑은 동력을 제공할 뿐입니다. 사랑을 진지하게 받아들이고 그것을 사용해서 다른 사람을 위해 성과를 창출할 때 그것이 훌륭하고 고귀한 사랑인지 알 수 있습니다. 하지만 이는 저절로 일어나는 일이 아닙니다. 이를 위해서는 다른 사람의 도움이 필요하죠. 당신이 한 걸음 물러나 생각할 수 있도록 도와주고 당신에게 작은 사랑의 불꽃을 보여줄 수 있는 누군가가 필요합니다. 당신은 사랑이 어떤 감정인지 알고 있겠지만, 다른 누군가가 당신에게 사랑의 모습과 다른 사람들에게 사랑이 미치는 영향을 보여줄 수 있습니다.

때로는 체크인을 수행할 때 이번 주에 정말 효과가 있었다고 생각하는 방법을 대화 주제로 삼아보세요. 이는 마르크 샤갈이 고백했듯, 단순히 칭찬을 받기 위해서가 아니라 더 나은 성과를 더 많이 올리기 위해서입니다. 이를 통해 혁신도 가능할 것입니다. 당신이 팀 리더라면 팀원들이 무엇을 좋아하는지에 진정으로 관심을 갖고 있다는 점을 알리세요. 우선 "지난주 프로젝트 정말 좋았어요"라는 말을 건넨 다음 팀원들을 인정하는 데 그치지 말고 계속해서 다음과 같은 질문을 던져야 합니다.

- 그 일이 재미있었나요?
- 그 일에서 가장 마음에 들었던 점은 무엇인가요?
- 어떤 새로운 것을 배우고 통찰을 얻었나요?
- 그와 비슷한 또 다른 프로젝트를 준비하고 있습니다. 이번에 수정하거나 변경하고 싶은 부분이 있나요?

물론 이런 질문에 팀 리더인 당신이 답하려고 하면 안 됩니다. 당신은 팀원들보다 경험이 더 많을지라도 그들의 붉은 실을 공유하는 건 아니므로 그들이 좋아하는 활동에 푹 빠지도록 살포시 등을 밀어주기만 하면 됩니다. 그러면 미리 정해 놓은 답을 학생에게 강요하는 선생이 되지 않을 수 있습니다. 솔직히 당신이라면 스스로 절대 생각해내지 못했을 대답과 통찰을 팀원들이 내놓을 수 있도록 그들에게 호기심을 품고 관심을 기울이는 촉매제 역할이 당신의 몫입니다.

11장을 돌이켜보면, 만일 제가 애슐리의 팀 리더였다면 그에게 피아노 악보를 보듯 오디오북을 읽는 상상을 해보라는 조언을 해줄 수 없었을 것입니다. 하지만 그가 스스로 알아낸 이 방법은 그에게 완벽하게 통했고 뛰어난 성과로 이어졌습니다. 샤갈이 말했듯이 제 머리에서 쏟아낸 온갖 데이터는 애슐리에게 전혀 효과가 없었습니다. 애슐리가 자신의 마음이 흘러가는 대로 행동하자 모든 것이 해결되었죠.

사랑으로 잠재력을 끌어올리는 방법

- 오해 : 팀원에게 지나치게 애정을 쏟을 수 있다.
- 진실: 더 많은 사랑을 줄수록 더 나은 결과를 얻는다.

사랑이 가득한 직장을 바라는 건 너무 무른 생각일까요? 그런 직장에선 성과가 좋지 못할 때 정면으로 대처할 수 없게 될까요? 때로는 '사랑하는' 사람들을 해고해야 하는 조직이 사랑을 논한다는 게 과연 적절한 걸까요?

누군가를 사랑한다는 것은 그들의 가장 좋은 모습을 바라보고,

당신의 눈에 비친 그들의 모습을 받아들이고, 당신이 지닌 모든 힘을 발휘해 그들이 크게 성장할 수 있도록 돕는 것입니다. 당신의 사랑은 상대방이 스스로 느끼는 독특한 사랑을 진지하게 받아들이고 그것을 바탕으로 무언가를 달성하길 바라고 기대하죠. 당신의 사랑은 통찰력 있고 친절하며 상세하고 개개인에 맞춰져 있으며 영감을 불러일으킵니다. 다른 사람들이 꿈도 꾸지 못했던 성과와 창의력을 빠른 속도로 끌어올리도록 도와줄 수도 있습니다.

사랑은 무른 것이 아닙니다. 오히려 그 반대죠. 다른 사람을 향한 당신의 사랑은 그들이 잠재력을 발휘하지 않은 채로 살고 있다는 생각에 도저히 견딜 수 없어 그들에게 도전을 권하고 부추기며 그들을 절대 가만히 내버려두지 않을 것입니다. 어느 시점에 이르러 당신은 그들이 자기 자신을 해치거나 위축시키는 방향으로 나아가는 모습을 보게 되면 위험에 처하지 않도록 그들을 밀어낼 것입니다. 아직 그들이 당신의 행동에서 사랑을 알아차리지 못할지라도 말이죠. 누군가를 사랑하면 그들이 원하는 일이 아니라 그들에게 맞는 일을 하게 됩니다. 당신은 그들에게 바라는 점이 있고, 당신의 기대는 대단히 높은 수준이죠. 이것은 매우 엄격한 사랑입니다. 때로는 직장에서 그런 사랑을 실현할 것을 당신에게 요구하겠죠. 사랑이 있는 장소와 사람들을 돕고자 하는 마음에서 우러나온 사랑이 바람직합니다. 진정한 사랑이 빠진 엄격한 사랑은 냉정하거나 잔인하기 때문입니다. 그런 엄격한 사랑을 원하는 직장은 한 곳도 없을 겁니다.

직장에서 낭만적인 사랑, 정확히 말하자면 '연인간의 사랑'도 많이 일어나고 있습니다. 조사마다 다르지만, 대체로 응답자의 약 22~27퍼센트가 직장에서 연인을 만났고 절반 이상이 직장에서 만난 사람과의 연애를 고려하겠다고 답했습니다. 미셸 로빈슨Michelle Robinson은 새로 고용한 대학생 인턴사원에게 데이트 신청을 받았고 몇 주에 걸쳐 그의 제안을 거절했습니다. 그러다 '참 촌스러운 발상이야!'라고 생각하게 되었죠. 그녀는 끝까지 그의 구애를 거절할 만큼 촌스러운 사람은 아니었고, 결국 그와 사랑에 빠졌습니다. 그렇게 만난 미셸과 버락 오바마는 2022년에 결혼 30주년을 맞이했습니다.

이와 비슷한 사례는 많습니다. 빌 게이츠Bill Gates는 당시 마이크로소프트Microsoft에서 관리자로 일하고 있었던 멀린다 프렌치Melinda French를 만났습니다. 셰릴 샌드버그Sheryl Sandberg는 페이스북Facebook에서 글로벌 브랜딩 작업을 위해 선임한 한 회사의 대표를 만났고 두 사람은 약혼자가 되었죠. 보리스 존슨Boris Johnson 전 영국 총리는 일을 통해 약혼자를 만났고, 에바 멘데스Eva Mendes, 라이언 레이놀즈Ryan Reynolds, 내털리 포트먼Natalie Portman도 일을 하다가 연인을 만났다고 합니다. 제 약혼녀인 미셸 로먼스Myshel Romans도 마찬가지죠. 직장은 상대방이 가진 아름다운 실로 짜낸 천 전체를 서로 들여다볼 수 있는 장소가 될 수 있습니다. 이는 놀라운 일이 아니며 무척 사랑스럽고 인간적인 사건입니다. 우리가 아무리 노력해도 직장에서 사랑을 멈출 수는 없을 것입니다.

그렇다고 해서 직장에서 낭만적인 관계를 탐색하는 방법에 대해 깊이 고민해선 안 된다는 의미는 아닙니다. 보고 체계에 연인 관계에 있는 두 사람을 배치하지 않는 것은 상당히 합리적인 방안으로 보입니다. 관계가 깨질 경우 법적 책임을 줄이기 위해 양쪽 당사자가 '관계 계약'에 서명하도록 요구하는 조직도 있습니다. 이런 계약은 혼전 합의서와 마찬가지로 몇 가지 장점이 있습니다. 제 취향은 아니지만요. 하지만 조직에서 위험을 줄이기 위해 이를 요구하는 것도 이해는 갑니다. 마찬가지로 일부 조직에서 포옹 금지 정책이 합리적으로 받아들여지는 이유도 어느 정도 이해할 만합니다.

조직의 정책과 상관없이 사랑은 서로 바라보고 보여주는 행위이며 상대방이 성장하길 바라는 마음을 담고 있음을 기억해야 합니다. 물론 본질적으로 사랑에는 존중이 담겨 있습니다. 미셸은 이전 회사에서 다음 강습에 필요한 자료를 얻으러 교육장 비품실에 들어갔고, 그곳에서 2년 동안 전문가로서 함께 일해온 상사의 부름에 뒤를 돌아봤습니다. 상사가 벗은 몸을 노출하고 있었고 그 모습은 존중과 거리가 멀었습니다. 그녀는 상사의 제안을 거절했습니다. 그러자 그는 이후 모든 결정에서 미셸을 배제하고 직장에서 그녀를 피해 다녔죠. 이 역시 존중과는 완전히 반대되는 태도였습니다. 이와 유사하거나 훨씬 심각한 폭력을 경험한 수많은 여성과 남성, 트랜스젠더, 생물학적 성별에 불응하는 팀원들이 존중받기는커녕 부당하게 이용당하거나 힘에 억눌리고 묵인되었습니다.

어떤 단어를 사용하든, 그들이 구체적으로 어떤 경험을 했든 그것은 사랑이 아니었습니다. 오히려 사랑과 정반대되는 개념이었죠. 직장에서 더 많은 사랑은 더 많은 존경을 의미합니다. 더 많은 팀원이 상대방의 진정한 모습을 바라보고 생김새나 생각, 성적 지향에 관계없이 서로 성장시키는 것이 바로 사랑입니다. 사랑은 산소와 다릅니다. 사랑이 지나치게 많은 경우는 결코 없을 겁니다.

조직의 관심을 역으로 질문하기

* 오해 : 조직 문화는 상부에서 나온다.
* 진실 : 조직 문화는 팀에서 나온다.

직장에서 일어나는 사랑에 대해 배우고 싶다면 조직 차원에서 웹사이트에 직접 게시한 내용에 기대를 걸지 마세요. 조직이 말하는 문화에 대한 글은 읽지 마세요. 취직 면접에서 일과 삶의 균형에 대해 묻지 마세요. 물어보는 것은 자유지만 실질적으로 조직이 당신의 개인적인 사랑을 진지하게 받아들일지 알아낼 수 있으리라는 기대는 버리는 게 좋습니다.

그 이유는 고위 경영진이 무슨 말을 하든 조직 문화는 상부에서 나오는 것이 아니기 때문입니다. 위에서 내려오는 것은 조직의 인재상입니다. 그들은 '문화'라는 단어를 사용하지만 실제로는 최고의 인재들에게 가능한 매력적인 조직으로 보이려고 노력할 뿐입니다. 물론 이런 노력이 나쁜 건 아닙니다. 치열한 노동 시장에서 조직이 인재를 잘 대우하기 위해 어떤 노력을 기울이는지 설명하기 위해 솔직하고 구체적으로 차별화된 발표를 하는 것은 조직 차원에서 매우 현명한 대응입니다.

하지만 조직에서 일하는 현실은 언제나 동료 팀원들과 팀 리더에 달려 있습니다. 이에 대한 데이터는 명확합니다. 특정 조직이 다른 조직과 양적으로 차이가 나고 조직 전반에 걸쳐 균일한 직원 경험을 만들어낸 기록을 보여주는 데이터는 좀처럼 찾기 어렵습니다. 《일에 관한 9가지 거짓말》에서 설명했듯, 데이터에 따르면 조직에서 일하는 것에 대한 측정 기준은 여러 팀 중에서도 조직 내부에서 가장 큰 차이를 보입니다.

따라서 조직이 당신의 고유한 사랑에 진정으로 깊은 관심을 갖고 있는지 알아보려면 취업 면접 절차를 밟기 시작할 때 팀 리더와 대화를 나누고 싶다는 의사를 밝히는 것이 좋습니다. 팀 리더의 관리 범위가 어떻게 되고 각 팀원과 개별적으로 얼마나 자주 만나 이야기를 나누는지 물어보고, 가능하다면 적절한 시점에 팀원 몇 명에 대해 설명해달라고 요청해보세요. 각 팀원이 무엇에 동기 부여가 되고 어떻게 학습하며 어떤 종류의 칭찬이나 인정을 받는 것을 선호하는지도 물어보세요.

이처럼 면접을 통해 생생한 세부 정보를 들어야 합니다. 물론 팀 리더가 설명하는 내용이 모두 정확한지 알 수는 없지만, 정확도를 평가하는 것은 중요한 문제가 아닙니다. 어쩌면 머지않아 당신의 관리자가 될지도 모를 사람의 말에 귀를 기울이고 그가 각 팀원이 품고 있는 다양한 사랑에 대해 충분히 관심을 기울이는 리더인지 확인하는 것이 가장 중요합니다.

그리고 가능하면 다른 팀원들과 짧게나마 대화를 나눠보는 것이 좋습니다. 상사와 얼마나 자주 일대일로 만나 소통하는지, 팀 리더가 팀원들을 잘 이해하고 있는지 물어보세요. 앞서 언급했듯, 그들이 어떤 정보를 공유하든 당신이 들은 내용을 그대로 믿으면 됩니다. 만일 리더의 관리 범위가 너무 넓거나 리더가 그다지 체크인을 많이 진행하지 않고 팀원들을 잘 알지 못하는 것처럼 들리더라도 당신은 여전히 그 직무를 맡아도 됩니다. 하지만 그 일을 맡게 된다면 관리자의 관심을 받지 못한 채로 팀에 기여해야 한다는 사실을 인지해야 합니다. 물론 그것은 가능한 일입니다. 잠시 동안이면 가능하지요. 하지만 장기적으로 성장하려면 언제나 주변 사람들의 관심이 필요합니다.

조직에 신뢰를 줄 수 있는 방법

- 오해 : 조직의 가장 귀중한 자산은 사람이다.
- 진실 : 조직의 가장 귀중한 자산은 신뢰다.

2015년부터 저와 제 연구팀은 25개국의 노동자들을 대상으로 설문 조사를 진행했습니다. 100만 건 이상의 스탠드아웃 강점 평가를 분석했으며 400만 건 이상의 체크인을 기록했죠. 이 연구에서 가장 신뢰할 수 있는 결과를 꼽아보자면 다음과 같습니다. "팀원과 팀 리더,

임원 등 세 개 집단을 신뢰하는가?"라는 질문에서 셋 중 두 집단을 신뢰한다는 답변에 전적으로 동의한 사람들은 몰입도와 회복력이 대단히 높을 가능성이 그렇지 않은 사람들에 비해 세 배 더 높았습니다. 세 집단을 모두 완전히 신뢰한다는 답변에 전적으로 동의한 사람들은 몰입도와 회복력이 높을 가능성이 각각 15배, 42배로 나타났습니다.

모든 것은 신뢰에 달려 있습니다. 신뢰 없이는 조직에 사랑을 불어넣을 수 없습니다. 당신이 팀원이라면 동료들과 신뢰를 쌓기 위해 하는 모든 행동이 직장에 사랑과 그로써 비롯되는 모든 좋은 결과를 불러오는 방향으로 올바르게 나아가는 발걸음이 될 것입니다. 사람들의 신뢰를 유지하고, 말한 대로 행동하고, 남들과 함께 위험을 감수하고, 당신의 붉은 실과 다른 색상의 실을 공유하고, 개개인에 맞춰 다른 사람들을 평가하고, 그들의 행동을 설명할 때 너그러운 태도를 보이는 것이 좋습니다.

당신이 팀 리더라면 역시 팀에 신뢰를 가져다주는 사람이 되어야 합니다. 매주 체크인을 수행하고, 몇 가지 작은 약속을 내걸었다면 모두 지켜야 하며, 한 팀원에 대해 다른 팀원에게 부정적으로 이야기해선 안 됩니다. 팀원들이 원하는 일이 아닐지라도 언제나 그들을 위해 옳은 일을 하고, 각 팀원에게서 발견하고 알게 된 점을 개별적으로 자세하게 공유하세요. 이런 행동은 팀에 대한 신뢰를 쌓고 사랑을 불러올 것입니다.♥

당신이 임원이라면 사랑과 일이 진정으로 조화를 이루는 조직이 등장할 만큼 높은 수준의 신뢰를 구축하기 위해 무엇을 할 수 있을까요? 물론 앞서 언급한 모든 행동은 임원에게도 적용됩니다. 당신은 여러 부서를 이끄는 리더이기 이전에 당신이 이끄는 직속 팀의 구성원이자 리더입니다. 하지만 조직 전반으로 보면 어떨까요? 조직에 사랑을 불러오려면 무엇을 할 수 있을까요?

우선 아래와 같은 특정 의식부터 중단해볼 수 있습니다.

- 사랑과 일이 조화를 이룬 조직은 목표를 상부에서 아래로 전달하지 않습니다. 위에서 부여한 목표는 각 직원이 좋아하는 일과 조직에 기여할 수 있는 방법을 스스로 구상하지 못하도록 방해하기 때문입니다.

- 사랑과 일이 조화를 이룬 조직은 성과 등급 체계를 사용하지 않습니다. 아무도 등급을 신뢰하지 않기 때문이죠. 성과 등급은 직원을 조작된 숫자로 축소해 조직이 직원을 온전한 사람으로 바라보지 못하게 합니다.

- 사랑과 일이 조화를 이룬 조직은 성과 피드백 도구를 전혀 사용하지 않습니다. 이런 도구는 신뢰를 떨어뜨립니다. 다

♥ Mary Hayes, Frances Chumney, and Marcus Buckingham, "Global Workplace Study 2020," ADP Research Institute, September 29, 2020, https://www.adpri.org/assets/global-workplace-study; Mary Hayes, Frances Chumney, and Marcus Buckingham, "17 Findings on Engagement and Resilience," ADP Research Institute, September 29, 2020, https://www.adpri.org/assets/17-findings.

른 직원들의 피드백은 오히려 그들을 드러내고 당신을 가려 버립니다. 그들의 피드백은 당신이 사랑하는 것을 알아보지 못합니다.

- 사랑과 일이 조화를 이룬 조직은 계단식 인재 검토를 수행하지 않습니다. 조직 전반의 신뢰를 떨어뜨리기 때문이죠. 자신보다 3단계 위에 있고 자신을 알지도 못하는 사람들이 자신의 성과와 '완성도' 수준을 논하고, 그 수준이 조직에서 자신의 미래에 어떤 영향을 미칠지 가늠한다는 이야기를 듣고 달가워 할 직원은 아무도 없을 것입니다.

- 사랑과 일이 조화를 이룬 조직은 직원들을 상대로 중앙 집중식 설문 조사를 실시하지 않습니다. 이런 조사는 팀에 꼭 필요한 신뢰를 없애버립니다. 직원들을 상대로 진행하는 모든 의견 조사는 팀 리더가 개시하고, 조사 결과는 가장 먼저 팀과 팀 리더에게 제공되어야 합니다.

위와 같은 의식을 중단한다면 대신 어떤 의식을 수행해야 할까요? 사랑과 일이 조화를 이룬 조직에서 수행하는 의식의 특징을 아래에서 살펴보겠습니다.

조직을 출발점부터 설계할 수 있는 위치에 있는 사람은 그리 많지 않다는 점에서 저는 여러분에게 이를 어떻게 전달할지 고민했습니다. 취업 면접에서 지원자의 질문에 답하듯이 특징을 설명하려 합니다. 당신은 많은 재능을 지닌 소중한 인재이며 많은 조직에서 당신을 원할 것입니다. 당신이 인식하든 못하든 직장에서 실무와 정책을 바꿀 수 있는 상당한 힘을 갖고 있습니다.

먼저 취업 면접에서 사랑과 일이 조화를 이룬 조직의 특성에 대해 질문해보고, 그런 특성이 없는 조직을 거부함으로써 어느 정도 권한을 행사할 수도 있습니다. 이를 위해서는 자제력과 용기가 필요합니다. 회사에서 상당한 연봉을 제시하거나 성장할 수 있는 탄탄대로를 제안한다면 단호하게 대응하기 어려울 것입니다.

하지만 당신의 후임자들을 떠올려보세요. 당신이 아끼는 친구와 사촌, 팀원들을 생각해보세요. 먼저 단호하게 반대 의사를 표현하고 사랑과 일이 조화를 이룬 조직의 기준을 충족하지 않는 회사들을 거부한다면 점차 많은 사람이 이에 동참할 것입니다. 당신과 같은 인재들이 직원 개개인의 사랑을 진지하게 받아들이는 조직에만 입사하기로 선택한다면, 그리고 그런 인재들이 충분히 많아진다면, 우리는 모두 함께 직장에 커다란 변화를 불러일으킬 수 있습니다.

사랑과 일이 조화를 이룬 조직에 관한 질문을 읽기에 앞서

- 질문 1~5는 최소 요건입니다. 요건을 충족하지 않는 조직이라면 입사를 재고하세요.

- 질문 6~11은 고차원적 특성입니다. 이를 구현하는 조직을 찾는다면 잠재적으로 당신의 성공을 지원하는 데 전념하는

특별한 직장을 바란다고 할 수 있습니다.

1. 조직의 사명은 무엇인가요?

▶ 이는 간단한 요건입니다. 하지만 최고의 리더가 부하 직원들에게 계단식으로 전달하는 것은 목표가 아니라 의미이므로 이 요건을 먼저 살펴보는 것이 좋습니다. 의미를 실현하기 위한 해답을 찾아보세요. 생생한 사례와 이야기, 최근 일화에 귀 기울이고 "우리는 직원을 소중히 여기고 업계 최고로 올라서기 위해 열심히 노력하며 고객을 사랑합니다" 같은 진부한 말에 촉각을 곤두세워야 합니다. 이런 말을 들으면 항상 구체적인 사례를 찾는 것이 좋습니다. 진정으로 사랑과 일이 조화를 이룬 조직이라면 열정을 품고 최선을 다하는 영역을 당신과 공유하고 당신이 사랑하는 일을 조직의 폭넓은 열정에 연결하도록 지원할 수 있을 것입니다.

2. CEO의 직속 부하 직원은 몇 명인가요?

▶ 직속 부하 직원은 열 명 미만이 좋습니다. 조직에 좋고 나쁜 일은 모두 상부에서 시작됩니다. CEO는 우선 팀 리더입니다. 직속 부하 직원이 열 명 이상이라면 CEO가 각 팀원에게 필요한 미래 지향적인 관심을 자주 기울이지 않을 뿐만 아니라 그런 요구를 진지하게 받아들이지도 않는다는 신호입니다(경영진 수준으로

올라가면 임원위원회 구성원들에게 그리 빈번하게 관심을 기울이지 않아도 된다는 말에 속지 마세요. 그 말은 경영진 수준에 이르면 임원위원회 구성원들이 더 이상 인간이 아니라는 말과 다를 바 없습니다. 물론 이는 무섭고 잘못된 발상입니다).

3. 공식적으로 어떤 종류의 팀 참여 프로그램을 진행하나요?

▶ 면접관이 당신의 질문을 이해하지 못한다면 그것은 안 좋은 징조입니다. "각 팀 리더에게 맡긴다"라는 답변도 좋지 않은 징조죠. 메타 분석에 따르면 신입사원 대부분이 입사 후 90일 이내에 새로운 조직에 합류한 것이 올바른 결정이었는지 알게 되며, 실제로 조직에 계속 남거나 떠날지를 가늠할 수 있는 강력한 예측 변수로는 팀 소속감이 꼽힙니다. 사랑과 일이 조화를 이룬 조직은 이런 문제를 인식하고 있으며 이를 해결하기 위해 공식적인 팀 참여 프로그램을 개발했을 것입니다.

4. 팀원은 얼마나 자주 팀 리더와 일대일로 만나 우선순위와 성과를 논의할 수 있나요?

▶ '매주'라는 답변을 기대해야 합니다. 주의해서 들어보세요. 면접관의 대답대로 당신은 실제 경험하게 될 것입니다. '매주 팀 단위로' 또는 '원하는 만큼 여러 번'이라는 말을 듣게 될 가능성이 큽니다. 이처럼 편향된 응답이 나온다면 무시하고 조직에서 팀 리더와 팀원이 일대일로 만나 가까운 미래의 업무에 대해 자

주 논의하는 것을 우선 과제로 삼는지에 초점을 맞추세요.

5. 조직은 어떤 방식으로 직원 교육을 지속적으로 지원하나요?

▶ 물론 이 질문에 "예"라는 답변이 나와야 합니다. 프로그램이 무엇인지는 중요하지 않습니다. 고급 학위를 따는 데 드는 학비를 지불하거나, 지속적인 교육비를 공동 부담하거나, 학자금 대출을 지원하거나, 직원이 원하는 창의적인 프로젝트에 업무 시간의 20퍼센트를 할애하도록 허용한 구글의 '20퍼센트 타임제'와 비슷한 제도를 시행할 수도 있습니다. 이런 지원은 조직이 단기적으로 얻게 될 이익과 별개로, 당신을 진행 중인 연구 프로젝트이자 하나의 개체로 바라보고 있음을 암시합니다. 즉 당신의 학습과 성장을 도덕적 의무라고 여기는 것이죠.

사랑과 일이 조화를 이룬 조직의 고차원적인 특성에 관한 질문

6. 조직 내 최고의 팀을 더 많이 구축하기 위해 무엇을 하나요?

▶ 이것은 어려운 문제입니다. 솔직히 말해서 조직이 뭐라도 하는 게 있다면 괜찮습니다. 인간은 5만 년 동안 팀을 이뤄 일해왔지만, 대부분의 조직은 아직도 어떤 팀이 무슨 이유로 최고의 성과를 올리는지 연구하는 것을 그다지 중요하게 생각하지 않습니다. 리더가 최고의 팀이 일하는 방식이 어떻게 다른지 또는 최고의 팀이 보이는 특성이 무엇인지 이해하기 위해 의도적으로 어떤 조치를 취했다면 '팀이 가는 길에 조직도 간다'라는 사실을 깨

달았다는 신호로 받아들이면 됩니다. 리더가 무엇을 알게 되었는지는 별로 중요하지 않습니다. 중요한 것은 리더가 올바른 질문을 던지고 있었다는 점입니다.

7. 필요한 역량에 따라 정해진 경력 경로가 있나요?

▶ 심리측정학에서는 이를 '간접적으로 부정하는 문항'으로 일컫습니다. 당신은 면접관에게 "직무는 규정된 역량이 아니라 몇 가지 간단한 결과로 정의되어야 한다고 생각합니다"라는 부정적인 답변을 듣고 싶을 것입니다. 만일 면접관이 긍정적으로 대답한다면 위험 신호로 받아들이세요.

8. 동료들이 피드백을 주는 시스템을 운영하나요?

▶ 역시 간접적으로 부정하는 문항입니다. "아니요"라는 대답이 나와야 합니다.

9. 저를 포함해 저와 같은 직무를 맡은 사람들을 전담하는 HR 담당자가 있나요?

▶ 이 문항에서는 "예"라는 답변이 나와야 합니다. ADP 연구소의 최근 연구에 따르면 HR 담당자를 알고 있는 직원은 친구와 가족에게 조직을 추천할 가능성이 훨씬 큽니다. 생각해보면 당연한 일입니다. 급여, 휴가, 휴직, 경력 경로 등 인사부에서 다루는 모든 업무는 각 팀원의 고유한 요구 사항과 상황과 많은 연관

이 있습니다. 직원들의 고유한 요구 사항을 진지하게 받아들이는 조직이라면 당신에게 든든한 HR '쿼터백(통솔자)'을 붙여 당신과 당신의 가족, 사랑, 두려움, 희망, 꿈에 대해 알아갈 것입니다.

안타깝게도 대부분의 조직은 이런 제도를 폐지했습니다. 대신 보상, 복리후생, 휴가 등을 전문 분야로 나눠 수직적인 경력 경로를 구축한 후 각 분야에 대한 모든 사내 질문을 처리하는 콜센터를 운영하기 시작했습니다. 결국 직원이 알아서 길을 찾아야 하죠. 환자 입장에서는 자기 분야만 아는 전문의는 많아도 전반적으로 이해하는 의사가 없는 것처럼 느껴지듯, 이와 같은 다중 경로 HR 시스템은 직원을 불안하게 합니다. 진정으로 사랑과 일이 조화를 이루는 조직이라면 온전히 직원 개개인에 집중하고 그에 맞게 시스템을 구축할 것입니다.

10. 조직에 퇴사자를 졸업생처럼 관리하는 동문 alumni 프로그램이 있나요?

▸ 대부분의 조직이 질문에서 탈락할 것입니다. 하지만 이 질문은 매우 중요합니다. 여기서 핵심은 사랑과 일이 조화를 이룬 조직이 현재 당신의 고용 상태만이 아니라 평생에 걸쳐 진행되는 성장과 공헌이라는 관점에서 당신을 바라본다는 점입니다.

"당신이라는 존재와 세상에 대한 당신의 공헌은 무엇보다도 도덕적·윤리적 관점에서 중요하므로 우리는 당신이 당사에 고용되어 일할 때만 가치가 있다고 여기지 않을 것입니다. 당신이 당사와 함께 일한 경험을 살려 사랑하는 일을 찾고 그 사랑을 바탕으로 세상에 어떻게 기여하는지 알 수 있도록 당신과 계속 관계를 유지할 방법을 찾을 것입니다."

맥킨지 McKinsey, 액센츄어 Accenture PLC를 비롯해 많은 기업이 증명했듯, 긴밀한 동문 네트워크는 단기적으로 고객 관계, 산업 연계, 시장 인재 브랜드 면에서 다양한 비즈니스 이점을 제공합니다. 하지만 사랑과 일이 조화를 이룬 조직은 단지 그 이유만으로 동문 프로그램을 운영하지 않습니다. 퇴사한 직원들의 사랑과 잠재력, 공헌은 궁극적으로 도덕적 규범에 해당하므로 그들과 긴밀한 관계를 유지하는 것이죠.

11. 퇴사하는 팀원들을 어떻게 관리하나요?

▶ 이 질문은 취업 면접 때 물어보기 이상할 수 있지만, 그래도 물어봐야 합니다. 이를 통해 조직을 떠나는 팀원들의 두려움과 요구 사항, 사랑을 조직이 얼마나 깊이 존중하는지 보여주는 프로그램이 있는지 알아낼 필요가 있습니다. 고용 계약이 종료되었다고 해서 팀원들의 사랑이 끝나는 것은 아닙니다. 진정으로 사랑과 일이 조화를 이루는 조직이라면 이 사실을 인식하고 퇴사자들을 대할 때도 신입사원만큼이나 많은 사랑과 존중을 드러낼 것입니다. 면접관의 답변에 귀를 기울이세요. 어느 시점에 이르러 당신은 진정으로 좋아하는 일을 찾기 위해 조직을 떠날 수도

있습니다. 그때도 회사가 당신을 한 사람으로서 바라보고 당신

이 지닌 가치를 존중할지 지금부터 미리 알아봐야 합니다.

사랑을 배울 수 있는 시스템을 만들어라

인류애를 되살릴 사랑과 교육

지난 30년 동안 저는 인간 본성의 힘을 주제로 강연을 해왔습니다. 저마다 인간의 본성은 고유하고, 사랑과 혐오를 느끼고 강점과 열정을 품는 분야가 다르며, 우리가 성장할 가장 좋은 방법은 각자의 개성을 생산적인 일로 전환하는 것이라는 이야기를 했죠. 발표가 끝나고 제게 다가와 "학교에서 우리 아이들에게도 이 방식을 적용하는 건 어떨까요?"라고 말하는 사람이 없는 날은 거의 드뭅니다.

　우리는 모두 자신이 독특하고 세상에 자신과 똑같은 사람이 없다는 사실을 알고 있습니다. 우리는 본능적으로 학교가 우리의 개성을 이야기하고 존중하며, 그것을 이해할 수 있도록 우리를 도와주고, 개성을 학습에 적용하는 곳이 되어야 한다고 생각하죠. 학교를 받아들이고 수업을 통해 영향을 받으면서 자기 자신이 내면부터 최고의 모습으로 성장하는 느낌을 받고 싶어 합니다.

하지만 우리 대부분은 학교에서 그런 감정을 느끼지 않습니다. 성인이 된 우리에게 이 사실은 엄청난 영향을 미칩니다. 학교는 우리에게 어떤 영향을 준 것처럼 보이지만, 정작 우리에 대해 아는 게 별로 없습니다. 학교는 온갖 지식과 가르침을 주입하고 시험을 치르게 하고 성적만 매길 뿐, 그에 따른 부담과 경쟁은 학생이 알아서 견뎌야 합니다. 머지않아 학교는 싸워서 이기고 물리쳐야 하는 대상이자 부자연스러운 관습과 기이한 의식, 평가가 끝없이 이어지는 이상한 세상이 될 수 있습니다.

우리는 생존하기 위해 이처럼 기묘한 세상을 배웁니다. 이 기묘한 세상에서 벗어날 때 사용할 귀중한 통행증을 확보할 수 있도록 언제나 고개를 숙인 채 시선을 과제와 퀴즈에 고정하고 우리 앞에 놓인 계단을 올라가려 노력합니다. 좋은 학점과 높은 대학 입학시험 점수, 이력서를 빛낼 만한 적절한 과외 활동이 바로 그런 통행증 역할을 하는 것이죠.

안타깝게도 우리는 학교를 졸업하면 대학에 들어가거나 직업을 갖게 됩니다. 대학과 직장에선 모두 동일하게 '기이한 의식'을 중심으로 돌아갑니다. 예를 들어 우리는 정보 전달이라는 단순한 형식으로 학습하고, 타인은 우리의 성과를 평가하고 격차를 파악한 후 그런 격차를 메워 성과 등급을 높이고 승진하라고 일방적으로 조언하죠. 초등학교부터 고등학교, 대학교, 직장에 이르기까지 모든 과정이 진정한 자아와 분리해 살아가야 한다는 압박을 줍니다. 학생들이 불안감을 낮추기 위해 스스로 약에 손대는 것도 그리 놀라운 일이 아닙니다. 부모들은 허무맹랑하고 심지어 불법적인 수단을 쓰면서까지 아이들에게 적절한 점수와 자격을 물어다주죠. 조직들은 직원의 20퍼센트라도 일에 몰입하도록 붙잡지조차 못합니다. 전반적인 생태계가 우리 모두에게 불리하게 조작된 것처럼 보이기도 합니다.

저는 애석하게도 2019년에 이런 압박이 부모와 자녀에게 미치는 영향을 직접 경험했습니다. 제 아이들과 마찬가지로 당시 일어난 일을 지금까지도 이해하려 노력하고 있고, 아마도 이런 노력은 남은 생에도 계속 이어질 것입니다. 제가 이런 경험을 독자에게 공유하는 이유는 당시 사건이 일어나게 된 정확한 원인이 무엇이었는지 정답을 알고 있어서가 아닙니다. 관련된 사람들을 비판하려는 의도로 말하려는 것도 아닙니다.

제가 이 이야기를 공유하는 건 당시 엄청 강한 고통을 느끼고 제 안에서 변화가 필요하다는 절박함과 열망이 생겼기 때문입니다. 저와 제 아이들의 경험이 당신에게도 비슷한 감정을 자아낼 수 있기를 바랍니다. 우리는 학생, 학부모, 교사, 행정가로서 모두 진지하게 뜻을 모아 학교에 변화를 요구해야 합니다.

고통스러운 순간을 이겨내는 힘

부모는 삶을 통틀어 아이들을 가장 많이 사랑합니다. 아이가 고통을 느끼면 부모는 50배 더 심한 고통을 느낄 겁니다. 저는 어렸을 때 아픈 기억이 있습니다. 누구나 그럴 것입니다. 저는 그 고통의 상당 부분을 전략적으로 숨기거나 피할 은신처를 찾아냈죠. 당신도 그랬을 것입니다. 우리는 방법을 알아내고 계속 앞으로 나아갑니다. 하지만 우리 아이들이 고통스러워하는 모습을 지켜보는 건 정말 참기 어렵습니다. 많은 사람들이 마치 제 살점이 잘려 나가는 것만 같은 극심한 고통을 느끼고 나서야 뒤늦게 도움을 요청합니다.

제 첫째 아들은 제게 전부나 다름없습니다. 2001년 3월의 뉴욕, 몹시 추운 아침에 저는 이제 막 세상에 태어난 아들을 처음으로 품에 안았습니다. 아내와 제가 창조한 생명을 품는 것은 정말 황홀할 정도로 아름다운 일이었습니다. 울음을 터트리고 손을 꼼지락대고 몸을 꿈틀거리며 탯줄을 꽉 움켜쥔 아들의 모습은 작지만 정말 특별했습니다. 저는 한 번도 그렇게 행복한 적이 없었습니다. 만감이 교차했습니다. 한 번도 본 적 없었던 한 생명체가 순식간에 세상에서 제가 가장 사랑하는 사람이 되었으니까요. 모든 부모가 그렇듯이 저 역시 제 아들이 자신의 역량을 발휘하고 개성과 아름다움을 잃지 않으면서 진정한 자아를 드러내며 살 수 있기를, 세상이 그를 알아주길 바랐습니다.

그로부터 18년이 지나 3월이 되었을 때, 저는 아들을 다시 품에 끌어안았습니다. 이제 아들은 생기를 잃어버렸고 목소리는 단조롭고 밋밋했습니다. 아들은 뒤로 물러나 쓸쓸한 눈빛으로 저를 바라보더니 터벅터벅 멀리 걸어갔습니다. 그의 눈 흰자는 잿빛으로 변해 있었죠. 아들은 어깨가 무릎으로 향하게 등을 구부린 채 바닥에 주저앉았습니다. 마치 폐에 산소가 흐르지 않는 것처럼 보였습니다. 아니, 어쩌면 제가 잠시 숨을 쉬지 않았는지도 모릅니다.

2019년 3월 12일 아침, 저는 역대 최대 규모로 이뤄진 대학교 집단 부정행위 사태의 기사 헤드라인을 장식한 무고한 아들의 아버지가 되었습니다. 그날 오전 6시 35분에 전화 한 통이 걸려 왔습니다.

"아빠, 집에 계세요?"

아들이 떨리는 목소리로 말했습니다.

"그래."

"여기로 좀 와보셔야 할 것 같아요. 방금 엄마가 FBI에 체포됐어요."

저는 마침 출근하기 위해 차고 밖에 서 있던 참이었습니다. 방금 휴대전화 너머로 들은 내용을 이해해보려고 애를 썼죠. 당시 차고 벽을 타고 올라간 재스민 꽃이 피어나고 있었는데, 저는 지금도 재스민의 달콤한 꽃향기를 맡을 때마다 그때 느낀 극심한 공포를 떠올리곤 합니다. 아들의 이야기는 비현실적으로 들렸습니다. 물론 저는 전처와 심한 갈등을 겪고 이혼을 했고, 애석하게도 그 이후로 냉전 상태를 계속 이어갔지만, 전처는 결코 부패한 사람은 아니었습니다. 오히려 그와 정반대로 캡틴 마블 유형이라 할 수 있었죠. 기꺼이 남을 돕고 약속을 꼭 지키며 세상을 구할 준비가 된 사람이었고 모르는 게 없는 어머니였습니다. 그녀가 미국 연방 수사국Federal Bureau of Investigation, FBI에 체포되었다는 게 좀처럼 이해가 가지 않았습니다.

차를 타고 집으로 향하는 15분이 세 시간처럼 느껴졌습니다. 변속기어에 손바닥이 미끄러지자 순간 시간의 흐름이 멈춘 것만 같았죠. 저는 집 앞에 차를 세운 후 차 문을 열어 고개를 들었습니다. 마침 갈색 래브라두들(래브라도리트리버와 푸들을 교배한 종 – 옮긴이) 한 마리를 데리고 산책을 나온 옆집 이웃의 못마땅한 시선과 마주쳤죠. 집 대문은 열려 있었고 저는 서둘러 문으로 향하다 현관 계단에 넘어졌습니다. 몸을 숙인 상태에서 매스꺼움이 몰아치자 잠시 그 자리에 멈춰 섰습니다. 래브라두들이 짖어대기 시작했습니다. 저는 앞으로 무슨 일이 닥치든 간에 아이들에게 강인한 모습을 보여야 한다는 생각에 숨을 크게 내쉬며 다시 자세를 곧게 가다듬었습니다.

두 아이가 모두 복도 바닥에 앉아 있었습니다. 그 집은 제가 예전에 살던 곳이었지만 오랫동안 찾지 않은 탓인지, 아니면 그날 아침만 유독 낯설게 보였던 건지 알 수 없었습니다. 오랜만에 찾은 그곳은 사람들이 사는 집처럼 느껴지지 않았습니다. 이사를 가거나 누군가가 방금 죽어 나간 집처럼 보였죠. 저는 복도에서 아이들과 이야기를 나누면서도 당장 방문을 열면 가구가 천에 덮여 있고 책과 수저가 박스에 담겨 켜켜이 쌓여 있을 것만 같았습니다. 마치 이사 갈 준비를 다 마친 집처럼요. 저는 당시 열여덟 살이 된 아들과 열여섯 살 딸을 꼭 안아주었습니다. 우리 셋은 이삿짐 센터를 기다리듯 다시 바닥에 앉았고 아무 말도 하지 않았습니다.

약 30분이 흐르자 아들의 트위터 피드에 함정 수사로 수십 명이 체포되었다는 뉴스가 쏟아져 나오기 시작했습니다. 아들은 엄지손가락으로 능숙하게 화면을 몇 번 쓸어내리더니 정부의 공식 고소장을 찾아냈습니다. 우리 셋은 고개를 숙여 아들의 휴대전화를 들여다봤고 아들은 새로운 트윗과 고소장을 차례로 읽어 내려갔습니다. 저는 안경을 집에 두고 온 탓에 아들이 전하는 소식에만 귀를 기울여야 했습니다.

"고소장에 엄마 이름이 있어요."

잠시 정적이 흘렀습니다.

"그래도 15페이지를 넘겨야 나오네요."

또다시 정적이 흘렀습니다.

"엄마가 '정직한 역무honest service' 어쩌고라는 죄목으로 기소되었대요(모든 학생의 정직하고 공정한 시험을 치를 권리를 불법적으로 편취한 행위로 판단하여 기소한 사건이었다 – 옮긴이). 사건의 목격자였던 걸까요?"

아들은 다음 내용을 읽기 위해 잠시 말을 멈췄습니다. 얼마 지나지 않아 두 아이가 깜짝 놀라며 헉 하는 소리를 냈습니다.

"뭔데 그래? 뭐라고 써 있는데?"

제가 외쳤습니다.

"릭 싱어Rick Singer와 나눈 대화 녹취록이 있어요. 엄마가 릭 싱어에게 돈을 주고 저 대신 ACT(미국 대학 수능 시험)를 치를 사람을 구해달라고 했나 봐요."

그동안 이뤄낸 성과가 자신의 힘으로 얻은 게 아니라는 사실을 알게 된 아들을 지켜보는 것은 정말 괴로운 일이었습니다. 아들은 몇 달 전에 저와 주변 친구들, 할머니에게 ACT 점수를 공유하며 자부심을 보였기 때문입니다. 이번 사태가 그에게 어떤 영향을 줄지 가늠조차 할 수 없었죠. 저는 그 순간을 떠올릴 때마다 눈물이 나옵니다. 몇 주 동안 고소장에 실린 그 한 문장에 담긴 의미가 우리에게 저마다 다르게, 서로 다른 시기에 엄습하고 날마다 새로운 고통의 파편을 불러올 테지만, 그날 그 순간만큼은 모든 고통이 한꺼번에 몰려와 우리에게 충격을 안겨주었습니다. 딸은 거실로 건너가 소파에 털썩 주저앉았고, 아들과 저는 그 자리에 계속 서 있었습니다. 저는 아들을 끌어안았습니다.

"아빠, 이제 어떻게 되는 거예요?"

저는 아들을 꽉 안아주었습니다. 엄마는 괜찮을 것이고 우리가 이 문제를 해결할 것이며 인생이 끝난 게 아니라며 아들을 안심시켰죠. 아들은 저를 바라보다가 자신의 방에 들어가버렸습니다. 솔직히 저는 확신할 수 없었습니다. 아들을 위해 최선을 다해 침착한 태도를 유지했지만, 착잡한 심정을 막을 길이 없었죠. 제 머릿속에 온갖 질문이 맴돌기 시작했습니다. 세상이 그의 진정한 모습을 알아주기나 할까요? 저는 어째서 아들에게 이런 일이 일어나도록 내버려둔 걸까요? 어떻게 해야 아들이 이 어려움을 극복할 수 있을까요?

저는 제 아들이 충실한 성격을 타고났고 규칙을 잘 지키는 사람이라고 세상에 고하고 싶습니다. 아들은 다섯 살 때부터 비행기 좌석 옆에 있는 창문 가리개를 내리지 못하게 했는데 창문 가리개로 그늘

이 지면 앞좌석에 영향을 줄 수 있다고 생각했기 때문입니다. 그는 주목받는 걸 싫어하고 성공을 갈망하고 경쟁에 집착하는 노력가도 아닙니다. 그의 친구들은 그를 믿고 지지합니다. 견진 성사나 바르미츠바(유대교에서 13세가 된 소년이 치르는 성인식 – 옮긴이)를 앞둔 친구들이 그에게 축사를 부탁한다는 점은 정말 자랑스러운 일이 아닐 수 없습니다. 저는 세상이 제 아들에 대한 이 모든 사실을 알아주면 좋겠습니다. 하지만 그날 아침 저는 복도에 서서 부정행위라는 충격적인 사건의 무게에 짓눌린 채 점점 작아져 저 멀리 사라져가는 아들의 모습과 지난 세월을 지켜만 봐야 했습니다.

하지만 아이들은 놀라울 정도로 강인합니다. 그로부터 6개월 후 저는 제 아들과 한 학교 강당에 앉게 되었습니다. 아들이 처음에 자기 힘으로 치른 ACT 시험 결과를 받아준 학교였죠. 다른 50명의 신입생과 부모들도 오리엔테이션에 참석했습니다. 한 리더가 매우 활기차게 무대에 오른 후 학생들에게 다른 사람들과 공유하고 싶은 놀라운 이야기, 자랑스럽거나 그렇지 못한 이야기, 사람들이 당신을 이해하는 데 도움이 될 만한 이야기를 떠올려보라고 말했습니다.

저는 온몸이 굳어버린 것처럼 가만히 앉아 있었습니다. 과연 아들은 어떤 이야기를 공유할까요? 바로 그날 아침 배우 펄리시티 허프먼Felicity Huffman, 로리 로클린Lori Loughlin과 함께 그의 어머니가 잡지 《베니티 페어Vanity Fair》 신간의 표지를 장식했습니다. 저는 아들을 도울 방법을 찾기 위해 머리를 굴리기 시작했습니다. 종이에 몇 가지 괜찮은 아이디어를 적어 전해줘야 할지 고심하던 찰나에 벌써 아들이 발표할 차례가 되었습니다. 저는 등을 곧게 편 채 반항심 어린 눈빛으로 강당 안을 둘러보며 피할 수 없는 운명을 기다렸습니다.

아들은 간단히 자기소개를 한 후 이렇게 말했습니다.

"저는 로스앤젤레스에서 왔어요. 저에 대해 잘 모르시겠지만⋯. 사실 저는 발톱을 물어뜯을 수 있습니다. 그렇다고 맨날 물어뜯는 건 아니고요. 그냥 할 수 있다고만 말씀드릴게요."

곳곳에서 웃음이 터져 나왔습니다. 그에게 이의를 제기하거나 비웃는 사람은 아무도 없었습니다. 아들은 제 도움이나 도발이 필요하지도 않았습니다. 저는 다시 자리에 편안히 앉아 아들이 점차 자신의 길을 찾아 앞으로 나아갈 것이라는 생각에 안도했습니다. 아들이 자신의 목소리를 되찾는 날이 분명 올 것이라고 믿으면서요.

변화가 필요한 교육 시스템

아이들이 회복한다고 해서 우리의 죄가 용서받는 것은 아닙니다. 우리가 구축한 교육 생태계는 아이들과 부모들에게 스트레스를 주고 아이들이 직장에서 최선을 다해 기여할 준비를 하도록 교육하지 못합니다. 이제 기존 생태계의 틀을 해체하고 개개인을 중심으로 돌아가는 체계로 재조립할 때입니다.

이를 실현하려면 우리는 두 가지 변화를 꾀할 필요가 있습니다. 첫째, 현재 학교들이 많은 해를 끼치고 있는 일을 밝히고 학교에서 어떤 관행을 완전히 없애야 하는지 정확하게 짚어내야 합니다. 둘째, 이와 동시에 더 나은 시스템을 만들기 위한 청사진을 그려야 합니다. 우리 모두가 뜻을 모아 각자의 자리에서 행동을 취할 수 있는 시스템을 만들어야 할 의무가 있지요.

시작하기에 앞서 한 가지 분명히 밝히자면, 세상에는 선한 의도를 갖고 가르치는 훌륭한 교사가 수백만 명이나 있습니다. 아마 당신은 몇몇 좋은 선생님을 만나는 행운을 누렸을 것이고, 저 역시 그랬습니다. 위대한 문학 열정을 품은 화이트하우스 선생님, 그리고 저도 얼마든지 라틴어를 익힐 수 있다며 제 능력을 굳게 믿어준 헤더링턴 선생님이 없었다면 저는 지금 이 자리에 없었을 것입니다. 이처럼 훌륭한 교사들이 최선을 다해 우리가 배우고 성장할 수 있도록 도와주고 있습니다. 하지만 훌륭한 교사들의 행동은 우리의 교육 생태계 때문에 비롯된 것이 아닙니다. 대부분은 교육 생태계와 상관없이 그렇게 열심히 가르칠 것입니다. 교사는 물론이고 우리에게 더 효과적인 시스템을 구축하려면 먼저 다음과 같은 기본적인 질문에 답할 수 있어야 합니다. 학교는 무엇을 위한 곳일까요?

학교는 기본적으로 '보육'을 목적으로 합니다. 학교라는 개념은 19세기 중반 독일에서 고안되었습니다. 부모들은 학교에 아이들을 맡기고 자유롭게 집을 비우고 당시 우후죽순 생겨난 공장과 사무실에 나가 일할 수 있었죠. 산업혁명은 처음으로 노동력을 집 밖으로 끌어냈고, 그 결과 부모들이 하루에 10~12시간 동안 아이들을 믿고 맡길 수 있는 구조적인 시스템이 필요했습니다. 학교는 바로 그런 시스템이었습니다. 학교는 예나 지금이나 보육을 위한 곳이며 부모들은 덕분에 경제 생산에 기여할 수 있는 자유를 얻었습니다. 우리는 학교 덕분에 직장에 나갈 수 있게 된 것입니다.

물론 학교에는 원래 두 번째 목적이 있었습니다. 바로 아이들이 성장해 국가 경제에 노동력을 더할 수 있도록 교육하는 것이었죠. 아이들은 글을 읽고 쓰는 법과 산수를 배웠고, 이후 사업에 종사할 아이들(이들은 빠르게 실습생으로 옮겨갔습니다)과 변호사, 의사, 엔지니어, 금융가, 사업가와 같은 전문 직종에 종사할 아이들로 나뉘었습니다. 후자는 학교에 남아 문학, 역사, 철학 등 위대한 학문을 접하며 생각하는 법을 배웠죠. 이런 시스템은 수십 년 동안 그럭저럭 잘 작동했습니다. 문해력을 갖춘 인구가 늘어나자 성장하는 국가 경제에 더 많이 참여할 수 있었습니다. 그들은 국내 총생산GDP에 생산력을 더할 방법을 알고 있었고, 전보다 훨씬 풍요롭고 교육받은 소비자가 되었습니다. 글을 읽고 쓸 줄 아는 사람들이 더 많이 소비했죠.

이상하게 들리겠지만 오늘날에는 이런 목적의 중요성이 줄어들었습니다. 아이들에게 글을 읽고 쓰는 방법을 가르치는 것은 여전히 이치에 맞는 일이지만, 그 수준을 넘어 학교에서 가르치는 기술과 지식은 점차 아이들이 선택하는 직업군에서 성공하는 데 도움이 되지 못할 것입니다. 왜 그럴까요? 첫째, 아이들이 학교를 졸업할 즈음인 10년 후에 얻게 될 일자리는 아직 존재하지도 않기 때문에 학교에서 미래의 일자리에 맞춰 아이들을 교육하기는 불가능합니다. 둘째, 간호, 자동차 제조 및 수리, 판매 또는 숙박과 같이 영원할 것만 같은 직업군조차도 빠른 속도로 변화하고 있습니다. 해당 산업에 속한 업체들의 가장 큰 도전과제가 기존 직원들을 재교육하는 일이 되었을 정도죠.

학교의 원래 목적이 오늘날 직장에서 일어나는 변화의 속도를 따라잡지 못하고 있다면, 학교가 더 이상 학생들이 미래 진로를 준비하며 교육받는 곳이 아니라면, 학교는 과연 무엇을 위한 공간일까요? 왜 우리는 학교에 그토록 많은 시간과 에너지, 돈을 쓰는 것도 모자라 아이들이 학교라는 곳에서 달성하는 성과에 부모의 명망까지 거는 걸까요? 왜 페이스북에 엄마와 아빠 그룹이 늘어나고, 왜 청소년 스포츠가 극단적으로 전문화되고, 왜 과외 수업과 시험 준비에 수십억 달러를 지출하고, 왜 부모는 기꺼이 자신의 평판을 깎아내리고 법을 어기면서까지 이 학교라는 곳에서 자녀를 성공시키려 안달하는 걸까요? 수십 년 동안 금전적으로나 도덕적으로 우리를 지배하고 파멸의 길로 이끌 수도 있는 학교는 도대체 무엇을 위한 곳일까요?

이 질문에 가장 진부한 답은 다음과 같습니다. 학교는 '급을 나누기 위한 곳'입니다. 학생들을 여러 범주와 숙련도 수준으로 구분하죠. 학생들에게 어느 방향으로 향할지 일러주고 학생들의 수준을 가늠합니다. 그렇다면 이렇게 구분하길 바라는 곳은 어딜까요? 바로 '직장'입니다. 기업과 조직은 학교와 대학에게 고객이나 다름없습니다. 학교와 대학은 '상품'을 제공하고 기업과 조직은 그 '상품'을 사용합니다. 여기서 '상품'은 바로 졸업생을 가리킵니다. 돈을 쥐고 있는 기업과 조직은 급여, 기부, 투자의 형태로 상품 값을 지불합니다. 특히 그들은 적합한 유형의 직원을 채용하기 위해 어디로 가야 할지 더 쉽게 알아내기 위해 학생들을 특정 방식으로 구분하길 원합니다. 이런 조직들은 각 대학에서 어떤 유형의 학생이 양성되는지 명확하게 알 수 있도록 대학에 학생들을 미리 분류할 것을 요구하며 엄청난 압박을 가하고 있죠.

기업들의 압박을 받는 대학들은 학생들을 분류하는 임무에 몰두하고 있습니다. 각 대학은 '회사를 위해 어떤 종류의 학생을 배출할지'를 중심으로 브랜드를 확고히 해야 한다는 사실을 깨달았습니다. 교육에서 브랜딩은 비즈니스에서 작동하는 방식과 정확히 동일한 방식으로 작동합니다. 즉 겉보기에는 완전히 똑같아 보이는 상품을 차별화하는 것이 바로 '브랜딩'입니다.

삼성 휴대전화와 아이폰iPhone은 기능 면에서 어떤 차이가 있을까요? 애플Apple 브랜드가 삼성 브랜드보다 더 강력하고 분명한 연계성을 지니고 있다는 점을 제외하고는 큰 차이가 없습니다. 그럼 테슬라Tesla의 모델 3Model 3와 폴스타Polestar의 차이점은 무엇일까요? 기본적으로 기술, 범위, 안전 측면에서 차이점은 전혀 없습니다. 유일한 차이점은 브랜드입니다. 테슬라의 CEO인 일론 머스크Elon Musk는 산업 전반에 등장하고 있고 머스크와 그의 회사가 상징하는 바를 모르는 사람이 없을 정도로 유명세를 떨치고 있죠. 폴스타는 아직 브랜드 신뢰도가 없다시피 해서 이 문제를 고칠 때까지 판매가 부진할 것입니다. 그렇다고 테슬라와 똑같은 브랜드를 만들 필요는 없으며 자체 브랜드를 알리고 확장하면 됩니다.

대학도 이와 똑같은 방식으로 작동합니다. MIT를 졸업한 공대생은 캘리포니아 폴리테크닉 주립대학교(줄여서 '칼 폴리'), 에모리 대학교 또는 버몬트 대학교를 졸업한 공대생과 다를 게 없으며 같은 작업을 수행하는 방법을 똑같이 알고 있습니다. MIT 이사회는 이런 상황이 달갑지 않기에 MIT 브랜드가 독특하고 두드러지도록 모든 수단을 동원합니다. MIT가 등록금과 기업들의 관심을 받고 일반 기부기금에 적립되는 동문회 기부금을 계속 확보하려면 '테슬라'가 브랜드를 상징하듯 'MIT'라는 세 글자가 브랜드를 상징하도록 만들어야 합니다. 이런 행보를 보이는 대학은 MIT뿐만이 아닙니다. 운영이 잘 되는 대학들은 모두 대학의 목적이 어떤 종류의 학생을 배출하는지를 중심으로 브랜드화하여 세상에 이름을 알리고 원하는 브랜드 특성을 강화하는 방향으로 모든 의사 결정을 내려야 한다는 사실을 잘 알고 있습니다. 브랜드에 집착한다 해도 아무런 문제는 없습니다. 모든 조직은 차별화할 방법을 찾아야 하고 대학도 예외는 아닙니다. 각자의 브랜드를 반드시 진지하게 여겨야 한다는 점이 중요합니다.

하지만 대학이 브랜드의 기본 구성 요소로 우리 아이들을 이용하면서 문제가 발생하는 것입니다. 대학의 브랜드 생태계는 일종의 마케팅 기계로, 그 안에서 아이는 목적이 아닌 기계 부품으로 전락하고 말죠. 대학의 브랜드가 바로 목적이 되는 겁니다. 이런 생태계는 매우 강력하고 현실적·확정적이어서 아이가 부적절한 브랜드로 학업을 시작하면 그곳에서 벗어나 스스로 새로운 브랜드로 거듭날 가능성이 거의 없는 것처럼 인식됩니다. 이런 이유로 어떤 부모들은 자녀를 적절한 유치원에 보내기 위해 필사적으로 자기 자신을 포장합니다. 아이를 테슬라에 태우면 평생 테슬라를 타는 사람이 되지만, 폴스타에 태우면 처음 시작부터 불이익을 받는다고 믿는 거죠.

데이터에 좌우되지 않으려면

이처럼 급을 나누고 브랜드화하는 관점에서 학교를 바라보면 온갖 이상한 의식을 치르는 이유가 매우 명확하게 드러납니다. 칼 폴리가 미셸의 아들에게 신입생 모집 요강을 보내는 이유가 뭘까요? 그리고 왜 미셸은 모집 요강을 식탁에 올려놓고는 '우리와 함께해요!'라는 제목을 아들이 보길 바라는 걸까요? 그녀가 모집 요강을 식탁에 둔 이유는 아들이 칼 폴리에 관심을 갖도록 유인할 수 있다면 후에 그가 테슬라에 올라타는 데 도움이 될 것이며 동시에 그 대학이 아들의 입학을 원할 가능성이 있다고 진심으로 믿기 때문입니다.

하지만 물론 칼 폴리는 그를 원하지 않습니다. 원할지도 모르지만 그런 이유로 그에게 모집 요강을 보낸 건 아닙니다. 다른 100개 대학에서도 이런 이유로 안내문을 보내지 않았습니다. 대학들은 낮은 입학률을 원합니다. 그것이 브랜드에 도움이 되기 때문이죠. 지원하는 학생이 많아질수록 입학률이 낮아지고 학생을 엄선한다는 인상을 남길 수 있어 원하는 브랜드를 구축할 수 있게 됩니다. 대학들은 가을 단풍잎이 무성한 안뜰, 산책하며 미소 짓는 학생들의 사진을 넣어 화려

한 안내문을 만들었습니다. 더할 나위 없이 매력적인 안내문에서는 학생들에게 특정 학교에 적합한 인재이며 함께하자는 약속을 내걸죠. 미셸의 아들이 이 모집 요강을 보고 학교에 지원하면 지원자 수가 크게 늘어나 합격률이 낮아지고 결과적으로 학교의 브랜드 가치는 높아질 것입니다.

그러면 칼 폴리는 《US 뉴스 & 월드 리포트US ∩ews and World Report》 대학 순위에서 올해 몇 단계라도 상승하길 바라는 마음으로 합격률을 공시할 것입니다. 이 매체의 웹사이트를 보면 칼 폴리를 비롯한 모든 대학에 대해 제공하는 첫 번째 정보가 바로 합격률임을 알 수 있습니다. 《US 뉴스 & 월드 리포트'에서 비교한 바에 따르면, 공교롭게도 지난해 칼 폴리의 합격률은 30퍼센트를 기록한 반면 캘리포니아 대학교 데이비스는 41퍼센트, 캘리포니아 대학교 샌타바버라는 32퍼센트였습니다.

이 순위 목록은 부모와 자녀에게 큰 영향을 미칩니다. 잘 모르실 수도 있지만, 많은 대학 이사회가 《US 뉴스 & 월드 리포트》의 대학 순위에 연계해서 대학 총장과 행정관의 상여금 수준을 결정합니다. 아이비리그, 스탠퍼드, 옥스퍼드, 케임브리지와 같은 몇몇 대학들은 이 순위에 오르기 위한 요건을 이미 넘어선다고 생각하지만, 그 외 모든 대학은 이 순위가 각 기관의 상대적 브랜드 경쟁력을 정확하게 측정하는 일종의 브랜드 모니터링 역할을 한다는 사실을 잘 알고 있습니다. 물론 데이터에 대해 아는 사람이라면 누구나 《US 뉴스 & 월드 리포트》와 이를 뒷받침하는 데이터가 어처구니없을 만큼 신뢰할 수 없다는 사실을 알지만(정확성을 가장한 추측에 불과합니다), 데이터는 사람들의 시선을 사로잡을 뿐만 아니라 그들의 상여금까지 결정짓습니다.

그러므로 대학은 극소수의 지원자만 받아들인다는 사실을 알고 있으면서도 가능한 많은 지원서가 접수되도록 할 수 있는 모든 일을 시도할 것입니다. 그렇게 하면 대학 순위에서 몇 단계 더 올라갈 수 있고, 기업들이 그런 대학에 더 많은 관심을 기울이고, 동창회는 대학에 더 많은 돈을 기부할 것이며, 대학은 그 돈으로 새로운 도서관이나 수영장, 장미 정원 등을 지을 수 있게 됩니다.

대학 브랜드에 정확성을 더해줄 또 다른 요소는 무엇일까요? 고등학교에서 학생들의 학업 능력을 정량화할 방법을 알아낼 수 있다면, 그래서 학점 평균 시스템을 구축하게 된다면 어떨까요? 고등학교에서 관리한 GPA(평균 학점)를 전달받은 대학들은 이 GPA를 근거로 학생 개개인을 비교해 일정 등급 이상인 학생만을 선발한 후 신입생 평균 GPA를 계산해 공개할 수 있습니다.

브랜드에 정확성을 더해야 할 필요성은 대학 입학을 위한 SAT(미국 대학 수능 시험), ACT 등 표준화된 일반 지능 시험이 존재하는 이유를 설명합니다. 연구 결과에 따르면 일반 지능과 같은 개념은 실제로 의미가 없고 이런 시험은 소득 능력, 행복, 수명 또는 건강과 같은 현실 세계의 요소들을 예측하지 못합니다. 하지만 대학에서는 지능 시험을 이런 이유로 사용하지 않습니다. 대학은 이런 시험을 통해 대학 GPA와 예측 관계를 형성하는 것입니다. 이런 식으로 대학에서는 신입생들이 SAT 또는 ACT 평균 점수 ○점을 올렸음을 세상에 알리고, 결과적으로 대학 GPA가 평균 Y점인 졸업생들을 배출하는 대학 브랜드라는 인상을 기업들에 심어줄 수 있습니다.

대학에서는 GPA가 현실 세계의 차후 소득 능력이나 행복 또는 건강 등과 아무 예측 관계를 형성하지 못한다는 사실을 알고 있지만, 이는 대학들의 관심사가 아닙니다. 대학들은 기업들을 상대로 일관된 브랜드를 제시하는 데만 신경을 쓰고 있으므로, SAT와 ACT 점수를 기준으로 학생들을 선발하고 GPA를 공개하는 능력을 가장 중요시합니다. 이 모든 시험이 과외 선생과 시험 특강(모두 돈이 드는 활동) 수요로 이어지고 대학들의 브랜딩 수요가 가장 부유한 부모에게 점점 더 기울어지는 운동장을 만들고 있다는 사실은 매우 안타깝지만, 앞서 말했듯이 이는 대학들의 관심사가 아닙니다. 대학은 그저 학생들을 구분하는 절차에 필요한 기준을 정의하고 있을 뿐입니다. 자녀가 이런 기준을 충족할 수 있도록 수천 달러를 써서 지원할지는 부모의 선택입니다.

학생 시절에 왜 성적에 집착하고 괴로워해야 하는지, 왜 SAT와 ACT 과외 비용을 내야 하는지, 왜 대학 지원서를 작성하는 데 군비 경쟁을 벌여야 하는지, 왜 이런 일을 겪어야 하는지, 왜 이것이 전투처럼 느껴지는지, 왜 나를 신경 쓰거나 이해하거나 바라보지도 않고 나와 상관도 없는 것처럼 느껴지는 생태계에 속해야 하는 건지 의문이 든 적이 있나요? 아주 좋은 질문입니다. 중학교, 고등학교, 대학교는 당신을 성장시키도록 설계되지 않았습니다. 당신과 아름다운 당신의 개성은 유치원 이후에 진입한 교육 생태계에서 요구하는 사항과는 거의 아무 관련이 없습니다.

교육 기관이 당신을 브랜드화하기 위해 기꺼이 찍어대는 우등생과 최우등생 같은 낙인은 또 다른 브랜드 데이터이며 개별 학생에게는 해로운 영향을 줄 수 있습니다. 미셸은 마그나 쿰 라우데magna cum laude라는 우등상을 받았고 졸업식 때 영예로운 장식끈을 자랑스럽게 착용했습니다. 그녀는 졸업식에서 이 장식끈을 받기 위해 열심히 공부했습니다. 공부 일정을 빽빽하게 짜고, 식사를 포기하고, 밤을 지새우며 과제를 끝마친 후 수업 시간에 깨어 있기 위해 각성제(암페타민)의 힘에 기댔고 무엇보다도 엄마가 우등상 장식끈을 보며 매우 자랑스러워하기를 바랐습니다.

물론 현실 세계에서 미셸의 엄마는 자랑스러워하지 않았습니다. 미셸은 혼란스러웠죠. 엄마는 33.5킬로그램으로 삐쩍 마른 미셸을 보고는 마음이 무너져 내렸습니다. 우등상 같은 낙인은 장군이 젊은 병사에게 수여하는 메달과 같습니다. 군인의 주의를 딴 데로 돌려 실제로 벌어진 참상을 알아차리지 못하게 하는 것이죠. 미셸은 이 낙인을 얻으려고 노력하는 사이에 자신의 진정한 정체성을 잃어버렸습니다. 그녀가 이 낙인을 얻기 위해 들인 모든 노력은 그녀가 좋아하고 싫어하는 것, 가장 잘 배우는 시기와 방식, 창의성을 불러일으키는 원동력, 그녀를 무력하게 만드는 요인 등 자기 자신에 대한 흥미로운 점을 잃어버리게 만들었습니다. 직장에서 어떤 문제든 해결할 수 있다고 믿는 자기 효능감을 높여줄 모든 요소, 그리고 직장에서 그녀에 대해 알고 싶어 할 만한 흥미로운 특징까지도 모두 숨겨버렸죠. 메달이 장군 위주로 돌아가듯 우등상이라는 낙인도 대학 위주로 돌아가더군요.

그렇다면 GPA는 어떨까요? 부모는 자녀의 GPA를 유지하기 위해 매주 자녀의 상태를 돌보고 확인합니다. GPA를 부풀리기 위해 추가로 AP(대학 과목 선수 과정) 수업을 듣게 하고, GPA를 유지할 수 있도록 10대 시절 내내 스트레스를 주고, 사회적 발달을 해치기도 합니다. 부모는 좋은 대학에 들어가려면 GPA가 이만큼 필요하다고 자녀에게 말하죠.

GPA란 무엇일까요? GPA는 데이터 관점에서 보면 혼란스럽기 그지없습니다. 평가자 간 신뢰도IRR라는 말을 들어본 적 있나요? 이는 모호하게 들리겠지만 부모와 자녀에게 매우 의미 있는 개념입니다. IRR은 두 평가자가 똑같은 시험을 정확히 똑같은 방식으로 채점하는 능력을 나타냅니다. 어떤 교사가 자녀가 작성한 글을 채점하고, 다른 교사가 또다시 채점한다면 두 교사가 매긴 성적은 같을까요? 두 교사의 평가가 똑같다면 아무 문제가 되지 않습니다. 그럼 IRR은 100퍼센트가 되지요. 하지만 평가가 똑같지 않다면 자녀의 성적은 그저 꾸며진 것일 뿐이며 신뢰할 수 없는 데이터가 됩니다. 수학, 물리, 일부 생물 과목, 화학과 같은 과목들은 평균적으로 IRR이 90퍼센트 이상으로 나타납니다. 그렇지만 다른 과목들의 IRR은 대부분 50퍼센트에도 미치지 못합니다. 영어, 날짜 암기를 배제한 일부 역사 과목, 사회, 외국어 등은 모두 IRR이 50퍼센트 미만입니다.

한번 상상해보세요. 이는 학생의 GPA 데이터가 채점자에 크게 좌우된다는 것을 의미합니다. 영국에서 일부 연구원들이 이런 격차를 조사했습니다. 연구 결과에 따르면, IRR이 50퍼센트 미만으로 떨어진 과목에서 또 다른 교사가 채점했을 때 전체 학생의 4분의 1 이상은 성적이 한 단계 떨어지거나 한 단계 오르는 결과(A에서 B로 또는 B에서 A로)를 경험했습니다. 이는 채점자가 달랐다면 많은 학생이 처음과 다른 대학에 합격했을 가능성을 시사합니다.

다시 말해, 자녀가 받는 GPA는 쓸모없는 정크 데이터junk data입니다. 우리는 아이들에게 GPA가 엉터리가 아니라고 말하면서 그들에게 정서적으로 문제를 떠안기고 있습니다. 아이들은 신뢰할 수 있는 데이터의 중요성을 알고 있습니다. 비디오 게임에서 레벨을 올리는 것은 신뢰할 수 있는 데이터에 근거하며 소셜 네트워크 데이터도 마찬가지입니다. 하지만 우리는 처음부터 아이들의 미래를 정의하는 데이터가 신뢰할 수 없는 상황인데도 아이들에게 신뢰할 수 있다며 거짓을 말합니다. 대학들이 자체 브랜드를 정의하기 위해 합격 기준점으로 삼으며 세상에 공개하는 GPA 3.69점은 실질적인 데이터가 아닙니다. GPA는 고객인 대학에 서비스를 제공하기 위해 고등학교에서 설계하고 구축했지만 유효하지 않으므로 신뢰할 수 없는 기준입니다. GPA는 아이에 대한 정보를 거의 드러내지도 않습니다.

아이들의 기준에 맞춘 커리큘럼의 필요성

이 모든 지적이 과장이라면, 학교와 대학에서 각 학생의 정체성에 진정으로 관심을 두고 있다면, 다음과 같은 현상이 나타나야 합니다.

- 학생의 정체성에 초점을 맞춘 수업과 커리큘럼이 제공되어야 합니다. 이런 수업은 학생들이 성별, 종교 또는 국적 등 다른 사람들과 공유하는 특성과 자신의 정체성 그리고 자신의 고유한 성향과 얼마나 연관되어 있는지 파악하는 데 도움이 됩니다.

- 학생들이 무엇을 진심으로 사랑하는지, 어떤 학습 방식이 가장 잘 맞는지, 언제 자신의 고유한 특질에 푹 빠지는지, 또는 어떻게 건전한 관계를 구축하는지 알아낼 수 있도록 본래 정규 수업에서 다룬 내용을 활용할 방법을 알려주는 수업이 필요합니다. 단순히 학습 이론, 창의성 또는 관계에 관한 수업이 아니라 아름답고 고유한 인간으로서 주도적으로 배우고, 만들고, 관계를 구축하는 방법에 관한 수업이 이뤄져야 합니다.

- 우리는 학생들이 10대 시절에 쏟아지는 복잡한 사회적 압박을 극복하고 자신의 고유한 생각을 정립할 수 있도록 돕고, 자신의 의견을 다른 사람들에게 가치 있는 어떤 것으로 배양하는 방법을 지도해야 합니다.

- 학생들은 자신의 특질과 그것을 기여할 방법을 배우는 동시에 다른 사람의 특질을 존중하는 방법도 배워야 합니다. 이런 수업은 학생이 성별이나 인종이 획일적이지 않다는 사실(성별 간, 인종 간 차이보다 성별 내, 인종 내 차이가 더 많다는 사실)과 함께 인종과 성평등의 필요성에 관한 명백한 역설을 이해하는 데 도움이 될 것입니다. 이런 수업은 학생이 다른 사람들의 개성에

대한 실마리를 찾는 데 도움이 되고, 다른 사람들의 개성을 지원하고 지지하고 힘을 북돋아줄 방법을 조언할 것입니다.

- 의사 결정을 하는 방법, 회복력을 기르는 방법, 새로운 팀에 합류하는 방법, 여러 팀에 참여하는 방법, 새로운 팀원에게 자신을 설명하는 방법, 자신의 강점을 자랑하지 않으면서 전달하는 방법, 자기중심적으로 보이지 않으면서 자신의 사랑을 논하는 방법을 알려주는 수업이 제공되어야 합니다.

10년에 걸쳐 학생들이 자신이 사랑하는 분야에서 성장하고 그런 사랑을 다른 사람들에게 나누며 기여할 수 있는 방법에 초점을 맞춘 커리큘럼이 필요합니다. 기업들은 이런 수업을 경험하며 배운 학생들을 통해 커다란 이익을 얻을 것입니다. 말하자면, 자신감과 자기 효능감, 개별 회복력, 관대함이 넘쳐나고 다른 사람들과 신속하게 협력할 수 있는 능력을 지닌 신입사원들을 고용할 수 있게 될 테니 말이죠.

하지만 무엇보다 이런 수업이 학생들에게 어떤 도움이 될지 생각해야 합니다. 자기 자신을 알아가는 과정과 그들만의 개성으로 가득 찬 은하, 그런 힘에서 비롯되는 책임감과 확신은 우리가 보호해야 하는 개성 넘치는 아이들에게 얼마나 큰 선물이 될까요? 각 학생의 심리적 건강과 발달을 진정으로 걱정한다면 이런 종류의 수업을 만들어 제공해야 할 것입니다. 아쉽게도 현재 그런 수업은 세상 어디에서도 찾아볼 수 없습니다.

때때로 학생들에게 스트렝스파인더, 마이어스브릭스Myers-Briggs,

또는 다른 여러 평가를 치르게 하는 대학도 있지만, 이는 생일 파티 때 즐기는 헬륨 풍선처럼 그저 재미있는 오락 활동에 불과합니다. 이는 10년에 걸쳐 각 학생이 스스로 성장할 수 있도록 지원하는 커리큘럼이라 볼 수 없습니다.

더 나은 방법이 있습니다. 아이를 망치고 싶지 않다면, 아이의 성장을 진정으로 돕고 싶다면 많은 것을 고민해봐야 합니다. 학교와 대학의 생태계는 매우 강력하고 설득력이 있어 보입니다. 하지만 뒤로 물러서서 오즈의 마법사가 그럴듯하게 꾸민 것 같은 브랜드 커튼을 젖힐 방법을 찾아야 합니다. 바로 자녀와 부모 자신을 매우 다른 형태의 교육에 맞추는 것입니다. 우리가 문제의 일부라고 말하는 것은 옳지 않습니다. 우리는 모든 문제의 근원이며, 우리 모두가 이 생태계를 구체적으로 바꿔야만 우리 아이들이 올바르게 성장할 수 있을 것입니다.

사랑과 교육의 조화를 이끄는 10가지 변화

아이들을 위한 상위 10위권 변화 목록을 아래에서 살펴보고자 합니다. 난이도순으로 제시된 10위권 변화 목록은 학생 중심 학교와 대학을 위한 규범이 될 수 있습니다. 이 목록은 완전하진 않지만, 학생이나 교사 또는 부모로서 당신이 지금 당장 어떤 행동을 취할 수 있을지 영감을 받는 데 도움이 될 것입니다.

1. 양육을 경쟁 스포츠로 여기지 말라

우리는 시험을 치르고 클럽에 가입하고 여름 연수 프로그램에 참석하고 자원봉사를 할 때마다 점수를 기록합니다. 또 대학 입학을 결승선으로 생각하죠. 사실 양육을 경쟁 스포츠로만 바라본다면 결승 선도 없고 승자도 없으며 패자만 남게 될 것입니다. 대부분이 어린아이들인데 말입니다.

2. 부모의 두려움을 자녀에게 투사하지 말라

일각에서는 대학 집단 부정행위에 가담한 부모들이 그럴 만한 자격이나 능력이 있어서 그런 일에 뛰어들었다고 말합니다. 아마 그렇게 느낀 사람들이 꽤 있었을 것입니다. 하지만 그 부모들은 '두려움을 못 견디고' 부정행위에 가담했다고 보는 편이 더 정확할 것입니다.

누군가의 두려움을 알고 나면 그들이 부정행위를 해야겠다고 생각한 이유를 알게 됩니다. 그런 절박한 욕구를 이해하면 그들의 행동도 이해할 수 있습니다. 그 부모들은 자녀의 미래가 두려웠고 그런 미래를 더 안전하게 만들기 위해 뭐라도 해야만 했습니다. 심지어 부정행위와 거짓말까지 서슴없이 하고 말았죠. 이로써 그들은 평생 아이들에게 거짓말을 했을 뿐만 아니라, 두려움은 나쁜 것이며 두려움을 줄이는 행동이라면 무엇을 하든 정당하다는 더욱 심각한 거짓말을 퍼뜨렸습니다.

물론 사실을 말하자면, 인간이 살아가는 데 미래에 대한 두려움은 실제적이며 충분히 적응할 수 있는 부분입니다. 인생에서 도전은 두려움을 줄이는 것이 아니라 그 두려움을 느끼고 이해하고 헤치며 나아가는 것입니다. 두려움을 인정하고 더 나아가 그런 감정을 즐기는 것, 그리고 실제로 행동하며 위험을 감수하고 넘어지고 다시 일어나 위험에 맞서는 것이야말로 건전한 삶의 신호입니다. 두려움을 억지로 줄이려고 하면 오히려 그런 감정을 강화하고 아이들을 취약하게 만들 것입니다.

3. 대학 순위를 보지 말라

이사회의 상여금을 대학 순위와 연계하지 않고 분리할 것을 요구해야 합니다.

세상을 바꿀 방법을 생각해봅시다. 그런 힘과 통제는 어디에서 비롯되는 것일까요? 우리는 엄청난 구매력과 소비력을 갖고 있습니다. 부모들이 하나의 팀으로 단결하면 어떨까요? 자녀가 세 살이든 열여섯 살이든 상관없습니다. 부모의 소비는 부모가 무엇을 중요하게 여기는지 사회에 알려줍니다. 우리가 구매를 중단하면 그들은 생산을 중단할 것입니다. 《US 뉴스 & 월드 리포트》의 대학 순위는 원래 구독과 광고 상품을 판매하기 위해 만든 자료였지만, 이제 강력한 영향력을 발휘하고 있습니다. 대학들이 이 순위 목록에서 몇 단계 위로 올라가기 위해 정보를 왜곡하고 부모는 자녀에게 '최고' 대학에만 지원하도록 압박을 가하는 지경에 이르렀죠.

사실 이런 순위를 뒷받침하는 데이터는 난해하고 신뢰할 수도 없으며 정확도가 떨어지고 온갖 잡음이 넘쳐납니다. 제대로 된 신호를 주지도 않는 데다 의미도 퇴색했습니다. 그럼에도 대학 순위는 아직까지 좋은 기삿거리가 됩니다. 우리는 《US 뉴스 & 월드 리포트》 순위라는 입시 제단에 우리 아이들을 제물로 바치고 있죠. 이제 그만 멈출 때가 되었습니다.

4. 연구 논문을 읽어라

사실상 진학하는 대학을 근거로 이후의 성공은 물론이고 심리적 건강에 대해 아무것도 예측할 수 없습니다. 이와 관련된 연구는 지금도 진행 중이며 모든 연구 결과는 잠정적이지만 지금까지 두드러진 결과로는 두 가지를 꼽을 수 있습니다.

첫째, 학생이 진학하는 대학은 향후 학생이 벌어들일 수입 잠재력과 장기적으로 학생의 신체적·심리적 건강을 제대로 예측하지 못합니다. 둘째, 인구 통계적으로 아이비리그 대학에 진학해 가장 많은 도움을 받는 학생들은 소수민족 학생들입니다. 이런 현상은 그들이 대학을 경험하면서 새롭고 강력한 네트워크를 접하게 된다는 사실로 가장 잘 설명될 수 있습니다.

이는 사회경제적으로 덜 유리한 학생들에게 자리를 제공하고, 더 다양한 학생 단체들을 장려하기 위한 사회적 약자 우대 정책을 지속해야 한다는 강력한 근거가 됩니다. 또한 유복한 중산층 백인 부모가 자녀를 '더 좋은' 학교에 보내기 위해 자녀에게 스트레스를 주거나 시험에서 부정행위를 하는 것이 시간 낭비임을 보여줍니다. '더 좋은' 학교에 진학한다고 해서 아이가 더 출세하는 건 아니기 때문입니다.

5. 대학들을 압박해 표준 시험을 없애라

ACT와 SAT 점수는 향후 인생에서 정확히 무엇을 예측해 줄까요? 아무것도 예측하지 못합니다. 대학 입학 시험 점수는 IQ 테스트처럼 임의로 선정한 질문들을 풀어 받게 되는 점수이며, 시험 출제자가 시험에 포함하기로 한 질문에 답할 수 있는 아이들의 능력을 측정하는 수단으로서 유효할 뿐입니다. 이런 시험은 문제를 구성하고 판매하는 일로 많은 돈을 벌 수 있겠지만, 아이의 고유한 사고방식을 드러내는 도구로서는 전혀 쓸모가 없습니다.

그렇다면 저는 이 쓸모없는 시험에 아들이 대비할 수 있도록 시험 준비 비용을 지불했을까요? 네, 저도 돈을 냈습니다. 아들은 좋은 성적을 받고 싶다는 마음에 열심히 공부하고 과외 수업을 받았고, 처음으로 자기 힘으로 치른 시험에서 좋은 성적을 받았습니다. 그렇다면 그것은 '적절한' 점수였을까요? 그게 무슨 상관이 있을까요? 문제는 시험 대비조차 할 여유가 없는 아이들이 수백만 명에 달한다는 점입니다. 그 아이들을 어떻게 해야 할까요? 장학금 형태로 과외 수업을 제공해야 할까요? 아니면 시험에 세금을 부과하고 그렇게 벌어들인 세금으로 정부가 운영하는 과외 프로그램에 자금을 대는 방식은 어떨까요?

더 나은 해결책은 시험을 없애는 것입니다. SAT와 ACT는 모두 형편없는 사이비 과학입니다. 다행히 많은 학교에서 SAT와 ACT를 멀리하기 시작했습니다. 부모들이 이런 움직임을 지지하고 나선다면 변화는 더 빠르게 일어날 것입니다.

그렇다면 SAT와 ACT 대신 고등학교 성적 증명서, 개인 에세이,

면접에 기대어 평가하는 건 어떨까요? 이런 방식은 학생을 파악하고 선별하는 데 더 오랜 시간이 걸리고 절차를 건너뛸 방법도 거의 없습니다. 그저 대학 입학 부서에서 번거로워질 뿐이죠. 단순히 입학 절차에서 시간을 절약하자고 우리 아이들의 생기 넘치는 개성을 희생하고 싶은 부모는 없을 것입니다. 자녀에게 고등학교 성적 증명서를 제출하고 자기 자신과 열정을 논하는 글을 작성한 후 면접을 진행하는 건 어떤지 제안해보세요. 그 후 아이들에게서 발견한 특징을 기반으로 질적인 의사 결정을 내리면 됩니다. 질적인 결정을 내리는 데 의견에 기대는 것은 잘못된 방식이 아닙니다. 위조된 데이터로 가득 한 지름길에 의존하는 것보다 훨씬 나은 방식입니다.

6. 대학 지원서에 특별 활동, 자원봉사 이력 항목을 없애라

이런 특별 활동들은 아마도 아이가 자신의 진정한 모습을 최대한 표현할 수 있도록 장려하기 위해 시작됐겠지만 더 이상 그런 목적에 부합하지 않습니다.

이런 활동들은 대학 지원서에 무조건 추가해야 하는 일종의 '재능' 배지badge가 되었죠. 이는 부유한 사람들에게 유리합니다. 특별 활동마다 비용이 발생하거든요. 소수가 즐기는 활동일수록 더 많은 비용이 들어갑니다. 만일 당신이 야간 근무를 서야 하는 간호사라면 그토록 훌륭하다는 자원봉사 프로젝트에 딸을 등록시킬 시간이나 에너지 또는 돈을 마련할 수 있을까요?

더욱 놀라운 사실은 이와 같은 '배지'가 지원자의 진정한 모습을 가린다는 점입니다. 학생들은 펜싱, 콕스웨인(조정 경기에서 배를 조정하는 키잡이 - 옮긴이) 활동, 졸업 앨범 편집을 정말 좋아해서 참여한 걸까요? 그런 활동이 없는 세상을 상상할 수조차 없을 만큼 정말 푹 빠졌던 걸까요? 아니면 이런 '사랑'이 대학 지원서를 근사하게 꾸미는 데 필요하니까 어쩔 수 없이 골라 만든 작위적인 결과물일까요? 아이들의 개성을 배지로 가리지 말아야 합니다. 아이들이 좋아하는 취미나 특별한 관심사가 있다면 이에 대해 글을 쓰거나 면접 때 열심히 설명하도록 하는 것이 바람직합니다.

7. 자기 숙달 커리큘럼을 개발하도록 압력을 가하라

자기 숙달 커리큘럼 수업과 과정은 세 가지 영역에 초점을 맞춰야 합니다. 세 가지 영역으로는 아이가 가정과 학교에서 일상생활을 통해 자신을 특별하게 만드는 사랑과 강점을 점차 알아내는 방법, 아이가 이런 강점을 바탕으로 무언가를 달성하고 사랑을 일로 전환할 방법을 찾는 방법, 각 학생이 자신의 사랑과 다른 사람의 사랑을 이해하고 함께 모여 협력하는 팀을 구축하는 방법 등이 있습니다. 기업들은 기를 쓰고 이런 커리큘럼 개발을 지원하려 할 것입니다. ADP 연구소의 최신 글로벌 연구에 따르면, 회사 내 모든 업무의 85퍼센트가 팀 단위로 수행되므로 학교에서 학생들에게 팀에 기여하고 사랑을 가장 생산적인 방식으로 제공할 방법을 자세히 가르친다면 기업들은 이에 열렬히 환호할 것입니다.

그러나 무엇보다 학생들에게 배움이란 외부 지식을 습득하고 시험을 치르는 것이 아니라 그들 내면에 이미 존재하는 개성을 개발하고 그것을 토대로 무언가를 이뤄내는 일이라고 가르친다면 학생들은 훨씬 강인한 자기 확신과 자신감을 기르게 될 것입니다. 현재 그런 커리큘럼이 존재하지 않는다는 점은 생산성 면에서 엄청난 손해이자 도덕적 실패나 다름없습니다. 학교 측에 커리큘럼 변경을 요구하세요.

8. 교실을 뒤집어라

현재 일반적으로 통용되는 교육 방법은 교실에서 정보를 전달한 후 아이가 스스로 숙제와 과제를 수행하도록 이끄는 것입니다. 이는 중고등학교에서 학생들의 퀴즈, 시험, 과제 점수를 입학 양식에 입력하고 학생들을 대학에 보내는 것을 목표로 삼을 때만 의미가 있습니다.

만일 학교에서 각 학생이 자신의 사랑을 파악하고 이를 토대로 무언가를 이뤄내도록 돕는 것을 목표로 삼는다면, 이제 교실을 뒤집을 차례입니다. 각 학생은 집에서 스스로 공부하며 책을 읽고, 교실에서는 교사가 학생별로 새로운 정보, 지식, 또는 과정을 실제 작업으로 전환하는 고유한 방법을 터득하도록 도와주는 겁니다. 수학 문제를 풀고, 논문을 쓰고, 언어를 익히는 방식은 학생마다 다르겠죠. 교실은 교사가 각 학생의 특성에 주의를 기울이는 공간이 되어야 합니다.

따라서 가르침은 단순히 정보를 전달하는 행위가 아니라 학생들을 개별적으로 지도하는 일이 될 것입니다. 그렇다고 해서 교사가 부담해야 할 업무가 더 많아지진 않습니다. 채점할 과제가 적기 때문에 실질적으로 업무량은 적어지겠지요. 하지만 이런 교육 방식은 학생의 성장을 돕는 측면에서는 확실히 더 효과적일 것입니다.

9. GPA를 없애라

데이터 관점에서 GPA는 민망한 수준입니다. 현재 방식으로 계산해보면 IRR 수준이 70퍼센트 이하로 낮은 여러 과목에서 산출된 GPA는 정크 데이터일 뿐입니다. 약간의 통계 지식이 있는 사람이라면 이와 같은 데이터 출처가 간단히 말해 불량 데이터라는 사실을 알 수 있습니다. 잘못된 데이터와 적절한 데이터를 체계적으로 결합하면 모든 요약 데이터가 오염되기 마련입니다. '본래 취지와 다르게 정확하게 측정해내지 못한다'고 볼 수 있을 만큼 불량한 데이터로 전락하는 것이죠.

따라서 부모들은 모두 함께 연합을 이뤄 학생들의 능력을 측정할 기준으로 GPA를 사용하는 데 반대의 목소리를 내야 합니다. GPA를 사용하는 학교나 대학은 모두 이런 지적을 듣고 부끄러운 줄 알아야 합니다. 학교와 대학에서는 '분류' 작업을 수월하게 진행하기 위해 GPA를 사용합니다. 하지만 GPA는 데이터의 질을 낮출 뿐입니다. 학생들은 더 나은 대우를 받을 자격이 있습니다.

그렇다고 해서 보편적으로 성적과 채점 시스템을 버려야 한다는 의미는 아닙니다. 그런 시스템에서 벗어난 학교도 있지만, 아직 벗어나지 못한 학교가 많습니다. 데이터 관점에서 보면 이는 그리 문제가 되지 않습니다. 명확하게 밝히자면, 교사가 학생이 쓴 역사 논술을 읽고 숙련된 판단에 따라 등급을 부여해 성적을 매기는 것은 괜찮습니다. 하지만 학교 차원에서 등급을 숫자로 전환하고 다른 등급 또는 수치와 합치고 요약된 GPA 숫자를 만들어내는 것은 바람직하지 않습니다. 대부분의 과목에서 성적은 객관적인 측정 기준이 되지 못하며 교사마다 다를 정도로 완전히 주관적인 평가에 그칩니다.

우리는 교사들이 채점할 때 최선을 다해 평가해달라고 요청할 수밖에 없습니다. 이와 같은 최선의 판단을 성적표 형태로 만들어 대학에 제출해야 하죠. 그리고 이런 주관적인 판단을 객관적이고 신뢰할 수 있는 점수인 것처럼 포장해서 GPA에 추가하면 안 됩니다. GPA는 객관적이지도, 신뢰할 수도 없는 기준이며 앞으로도 절대 그렇지 않을 것이기 때문입니다.

10. 대학 등록금을 무료로 전환하라

2018년에 졸업한 학생들의 69퍼센트가 평균 2만 9,000달러의 빚을 졌습니다. 이전 연도에 졸업한 학생까지 고려하면 현재 4,500만 명의 미국 시민이 여전히 학자금 대출을 갚고 있고 대출 금액은 총 1조 6,500억 달러에 달합니다. 사람들이 신용카드 부채보다 두 배나 많은 학자금 대출 부채를 짊어진 탓에 거시경제적으로 발생하는 비효율성은 잠시 제쳐두더라도, 이것이 졸업생들의 심리적 건강에 어떤 영향을 미칠지 생각해봐야 합니다.

월평균 학자금 대출 상환액이 393달러일 때 졸업생들은 열정, 사명, 또는 자아 발견이 아니라 재정적 압박에 쫓겨 사회 진출을 위한 첫 발걸음을 내딛습니다. 이 직업으로 빚을 갚을 수 있을지 고민하면서 말이죠. 교사나 간호사라는 직업에 본능적으로 끌리는 사람들이 계산기를 두드리다가 이 일을 하면 빚을 갚을 만큼 돈을 많이 벌 수 없다는 사실을 깨닫고 단념한다면 어떨까요? 우수한 교사나 간호사가 될 인재를 얼마나 많이 놓치는 셈일까요? 이를 뒤집어 생각하면, 자신의 진정한 자아에는 적합하지 않아도 재정적인 조건이 뛰어난 직업, 예를 들어 변호사나 의사처럼 수익성 있는 직업을 선택하는 사람들이 얼마나 많을까요? 부채의 무게에 짓눌려 얼마나 많은 꿈이 무너지고 있는 걸까요?

이 질문에 정확한 수치를 제시하기는 어렵지만 앞서 언급했듯이 자신의 직업이 매일 최선을 다할 기회를 제공한다고 느끼는 사람은 전체의 14퍼센트에 불과하고, 간호사는 전쟁 지역에서 돌아온 참전 용사보다도 두 배나 높은 심리적 외상 후 스트레스 장애를 겪고 있습니다. 교직을 향한 사회적 존경은 그 어느 때보다 낮아졌고, 의사의 73퍼센트가 자녀에게 의사가 되라고 말하지 않겠다고 답했으며, 결과적으로 2025년에는 미국에서 의사가 2만 명이나 부족할 것이라는 전망도 있습니다.

이런 현상을 모두 학자금 대출에 따른 압박으로 설명할 수는 없지만, 상식적으로 볼 때 무언가 잘못되었다는 것을 알 수 있습니다. 건강하고 생산적인 팀에서는 각자가 최선을 다해 자아를 표현할 수 있는 역할을 찾아냅니다. 건강하고 생산적인 국가도 마찬가지입니다. 각자가 정말로 사랑하는 일을 할 수 있는 진로를 찾기란 매우 어려운 일이며, 특히 시야가 부채로 뒤덮여 흐려지면 거의 불가능한 일이 됩니다.

저는 인생에서 많은 혜택을 누렸습니다. 특히 중산층 가정에 태어나 안정적인 경제 환경에서 교육을 잘 받은 백인 남성으로 성장했죠. 하지만 제게 정말 유리했던 조건은 바로 모국에서 제 대학 등록금을 전액 지원해줬다는 점입니다. 누군가가 어딘가에서 제가 부채에 흔들리지 않는다면 더 많이, 더 현명하게 세상에 기여할 가능성이 높을 것이라고 생각했고 등록금 지원을 결정했습니다. 그땐 정말 좋은 시절이었습니다. 우리 아이들과 우리 자신, 국가를 위해 옛 시절로 돌아갈 길을 찾을 수 있을지 함께 모색해야 합니다.

지금까지 상위 10위권 변화 목록을 살펴봤습니다. 모두 종합해서 실천하려고 하면 힘들고 벅찰 수 있습니다. 하나씩 앞으로 나아가며 변화를 시도해봅시다. 그리고 의견을 밝힐 때 다음과 같은 한 가지 통찰을 가슴 깊이 새기길 바랍니다. 아이의 학습과 성장을 도울 가장 강력한 방법은 '아이에게 이미 내면에 자리한 특질을 드러내고 그것을 활용해서 세상에 기여할 방법을 보여주는 것'입니다. 사랑을 일로 전환하는 방법을 알려줘야 합니다. 이런 미래에 가까워지도록 만들 모든 행동과 수업, 교육 개혁은 당신의 자녀가 옳은 일을 하는 방향으로 이끌어줄 중요한 발걸음이 될 것입니다.

사랑하는 대상을
소유하려고 하지 마라

부모의 양육에 필요한 사랑

제 아들이 다섯 살, 딸이 세 살이었을 때 일어난 일입니다. 우리 가족은 아들의 가장 친한 친구의 생일 파티에 가는 길에 차도에서 광대 관련 용품을 나르는 어릿광대 코코를 마주친 적이 있습니다.

"다 끝났나요?"

아이들 엄마가 물었습니다. 그러자 코코가 대답했습니다.

"네. 광대 쇼는 몇 분 전에 끝났어요."

파티에 늦어 광대 쇼를 놓치고 말았지만, 아이들은 그다지 신경 쓰지 않는 것 같았습니다. 광대는 아들에게 시시한 존재였고 딸에게는 디즈니 공주보다 수준이 낮은 캐릭터였죠. 그러자 엄마가 지갑에 손을 뻗었습니다.

"제가 이 정도 드리면…."

그녀는 20달러 지폐 두 장을 내밀며 말했습니다.

"… 아이들을 위해 30분만 더 있어 주실래요?"

"음, 물론이죠."

코코가 말했습니다.

이는 독특한 양육 방식입니다. 부모들은 어떤 자격을 반드시 갖추지 않더라도 매우 적극적으로 대처하려 합니다. 자녀가 원할 만한 것을 손에 쥐어다 주기 위해 생각할 수 있는 모든 조치를 취하는 것이죠.

그 시절을 돌이켜보면 제 주변에 있는 수많은 부모가 뛰어난 팩맨Pac-Man(1980년에 발매된 유명 비디오 게임으로, 미로 안에서 캐릭터 팩맨을 움직여 쿠키를 모두 먹으면 다음 단계로 넘어간다 - 옮긴이) 플레이어 같은 인상을 주었습니다. 그들은 조이스틱을 손에 쥐고 경기장을 둘러보며 다른 누구보다도 더 멀리, 더 빨리 상황을 파악할 수 있었죠. 기회나 위험을 감지하고 조이스틱을 이리저리 움직이며 아이들이 위험을 피해 모퉁이를 돌고 안전하게 앞으로 나아가게 이끌었습니다. 이처럼 아이들은 방향키를 잡은 부모들에 이끌려 과일과 고스트를 우적우적 먹어 치우며 한 단계씩 달성한 후 다음 단계로 넘어가기를 반복했고 생명을 모두 온전하게 유지했습니다.

조이스틱을 너무 단단히 잡고 있는 부모를 누가 탓할 수 있겠습니까? 자녀가 없는 사람은 잘 이해가 되지 않을 수 있습니다. 하지만 모든 부모는 자녀가 몸 밖으로 튀어나온 심장처럼 연약한 존재로 느껴질 것입니다. 있는 힘을 다해 뛰는 심장을 지켜야 하지만, 그 심장은 세상의 모든 악습에 완전히 노출되어 있습니다. 심장이 다치면 목숨을 잃고 맙니다. 그러니까 자녀는 부모에겐 심장이나 다름없습니다. 그러므로 부모는 세상을 통제하고 심장을 보호할 방법을 알게 되면 자녀가 상처 없이 세상에 나올 수 있도록 세상을 움켜잡고 조작하려고 합니다. 이는 전혀 놀라운 일이 아닙니다.

저는 이처럼 늘 조이스틱을 쥐고 움직이는 상황에 직면했을 때 (아마도 기질 때문에 또는 정반대로 과잉 반응을 보이며) 한 발짝 뒤로 물러났습니다. 고백하자면, 그것은 제가 신중하게 고민해서 결정한 양육 전략이 아니라 엄청나게 숙련된 팩맨 플레이어로 가득한 세상에서 설 자리를 찾지 못한 결과였습니다. 저는 집에서 오후 시간에 낮잠을 자는 딸을 요람에서 놓쳐 뒷마당 벽돌 계단으로 굴러가게 한 적이 있었고, 한번은 두 살배기 아들을 안은 채로 계단에서 미끄러져 아들의 다리를 두 군데나 부러뜨린 적도 있습니다. 이런 실수를 저지른 후 뒤로 물러나 있는 것이 현명하다고 생각했던 거죠.

하지만 저는 그런 합리화와 상관없이 조이스틱을 잡으려는 시도조차 하지 않았습니다. 게임이 건강하지 않다고 꼬리표를 붙이거나, 조이스틱이 실제 어떤 것과도 연결되어 있지 않으며, 미로를 질주하는 캐릭터들은 우리 아이들이 아니며 아이들의 진정한 모습을 제대로 담아내지도 못했다는 사실을 지적할 적절한 방법을 찾지 못했습니다. 저는 어떤 시도도, 지적도 하지 않았습니다.

저는 아이들의 엄마가 체포된 후 며칠 동안 조이스틱을 파고들지 않은 자기 자신이 원망스러웠고 공포에 떨었습니다. 세상이 우리 아이들에게 재빠르게 다가와 해를 끼칠 수 있다는 사실에 충격을 받았고 분노가 치밀어 올랐습니다. 처음에는 슬픈 감정이 북받쳐 올라 눈물이 흐르기 시작했지만, 눈물이 마르자 저는 FBI 문서를 다시 읽고 도대체 어떻게, 왜, 무슨 일이 일어났는지 이해하려 애를 썼죠. 제 분노는 걷잡을 수 없이 타올랐습니다. 밤새도록 침실을 왔다 갔다 서성이고 주먹으로 벽을 치며 어떻게 아들에게 이런 일이 생길 수 있는지 생각하고 또 생각했습니다.

결국 분노는 사그라들었고 자기 연민은 끝이 났습니다. 다음 날 로스앤젤레스에는 밝은 하루가 새롭게 시작되었고 어김없이 자동차가 활기차게 움직이는 소리가 들려왔습니다. 힘들었던 저에게 앞으로 나아갈 방법을 제시해준 건 부모님에 대한 기억이었습니다. 저는 수년 동안 학교와 대학교에 다니고 미국으로 건너와 직장을 다녔지만 그때까지 한 번도 부모님의 양육 방식에 대해 그다지 깊이 생각해본 적이 없었습니다. 이제 저는 부모님을 몇 번이고 다시 떠올리게 되었습니다.

저는 제 부모님이 한 일을 이 책에 공유하려 합니다. 부모님의 이야기를 쓰는 이유는 부모님이 완벽하기 때문이 아닙니다. 세상에 완벽한 부모는 없습니다. 부모님의 접근 방식을 뒷받침하는 데이터가 있어서도 아닙니다. 저는 부모님이 한 일을 뒷받침하거나 반박하는 어떤 추적 연구도 알지 못합니다. 제가 부모님의 이야기를 공유하는 이유는 저와 제 아이들의 삶에서 그토록 치열한 시기에 정제된 분노가 사그라들었을 때, 부모님에게 얻은 결정적인 통찰 하나가 유일하게 마음속 깊이 남았기 때문입니다. 그것은 앞으로 제가 오랜 세월 아이들의 아버지로 살아가며 깊이 되새길 내용이기도 합니다. 부모님에 대한 기억이 제게 큰 도움이 되었듯이 당신에게도 도움이 되길 바랍니다.

부모의 양육 철학이 자녀에게 미치는 영향

제 아버지 그레임은 집안에서 처음으로 대학 교육을 받은 분입니다. 아버지는 세상을 움직이는 유일한 방법이 신뢰할 수 있는 연구를 수행하는 것이며 처음에는 결과에 동의하지 않을지라도 그것을 신뢰하는 것이라고 굳게 믿어온 경험주의자이셨습니다. 아버지의 임종을 앞두고 저는 아버지가 '의료인'이라고 불리는 사람들이 그의 몸 상태에 대해 아무것도 모른다며 몹시 불평했던 모습이 떠올랐습니다.

"마커스, 의료인 말로는 내가 살날이 몇 달밖에 남지 않았다던데 그런 연구가 있기나 한 거니? 도대체 그런 연구가 어디 있어?"

저는 지금도 아버지가 구사하는 영국 상류층 특유의 억양과 방언을 떠올릴 때마다 아버지의 분노가 느껴집니다.

어머니 조는 아버지와 다른 시각으로 인생을 바라보셨습니다. 노스요크셔에서 3대째 광부로 일하며 살아온 집안의 강인한 혈통을 이어받으셨지만, 그녀의 할머니는 신앙 요법사로 활동하셨습니다. 할머니는 어머니의 가족과 함께 쓰는 테라스 주택으로 사람들을 데려와 매일 아침 몸에 손을 얹고 기도했는데, 그로부터 6개월 후에 그 '손님'은 병을 고치고 멀쩡히 집을 걸어 나갔다고 합니다. 어머니는 할머니의 신앙과 재능을 물려받았고, 현재 여든 살이지만 예순이라 해도 믿을 만큼 정정한 상태로 환자들의 상처와 영혼을 치유하며 하루하루를 살고 계시죠.

그렇게 그레임과 조는 매우 달랐지만, 사랑을 나누는 것은 공간을 남기는 것이라는 깊은 믿음을 공유했습니다. 자녀를 사랑하려면 그 자녀를 바라봐야 하는데, 자녀에게 스스로 선택할 여지를 주지 않는다면 자녀를 제대로 바라볼 수 없다고 생각하셨죠. 부모님은 제 여동생과 형에게 이런 믿음을 실천하셨습니다. 어릴 때 말을 더듬었던 제게는 그런 믿음이 더더욱 밀접하게 느껴졌습니다. 말더듬증은 다루기 까다로운 증상입니다. 아이의 말더듬증을 고치기 위해 남이 대신 해줄 수 있는 일은 아무것도 없었습니다. 게다가 고치려고 애를 쓰면 쓸수록 상태가 더 나빠지기 일쑤였죠. 우리가 부모로서 하는 모든 일을 말더듬증에 비유하면 아마 완벽하게 들어맞을 겁니다.

처음에 부모님은 저를 치료하기 위해 언어 병리학자를 찾아가셨습니다. 그곳에서 저는 정해진 구절을 익히고 끝없이 반복해서 말해야 했죠. "피터 파이퍼Peter Piper(두운(頭韻)을 맞춰 빨리 말하는 영국 전승 동요의 주인공 이름 – 옮긴이)가 절인 피망을 한 펙Peck(약 9리터에 해당하는 부피 단위 – 옮긴이) 포장해왔어요." 같은 구절을 천 번 반복하고 나면 입 근육이 기억을 강렬하게 형성해서 말이 봇물 터지듯 나온다는 게 치료법의 논리였습니다. 하지만 그런 현상은 절대 일어나지 않았습니다. 제 마음과 입을 잇는 연결고리는 임무를 수행해야 한다는 압박에 오히려 끊어지고 제 입에서는 말이 아닌 경련만 일어났죠. 저는 구절을 듣는 순간 겁에 질려 얼어붙었고 입을 꾹 다물고 말았습니다.

모든 부모가 그렇듯이 제 부모님도 자녀가 고통받는 모습을 보고 절망에 빠졌을 것입니다. 저는 부모님이 이처럼 제대로 작동하지 않는 제 시냅스에서 절 해방시킬 수만 있다면 무엇이든 해보려 애를 썼다는 것을 알고 있습니다. 하지만 부모님이 말더듬증을 고치려고 개입하면 할수록 제 증상이 심해지고 선의의 노력을 기울일수록 제게 상처가 늘어나는 것을 보고 결국에는 모든 시도를 멈추기로 하셨죠. 그것은 진정한 사랑에서 우러나온 현명한 결정이었습니다.

결국 부모님은 제가 자유롭게 지내도록 그냥 놔두셨습니다. 넘치는 사랑으로 저를 감싸주며 그 안에서 마음껏 뛰어다닐 공간을 마련해주신 셈입니다. 첫 시도 이후로 다시는 저를 병리학자에게 데려가지도 않으셨죠. 형이 다닌 학교보다 규모가 작은 초등학교에 저를 보냈지만, 부모님은 제가 스스로 세상과 부딪치도록 자유롭게 풀어주셨습니다. 제가 넘어지면 부모님은 다시 사랑스러운 손길을 건네며 저를 붙잡아 곧장 일으켜 세우고는 다시 세상에 내보내셨어요. 저는 말을 더듬는 오뚝이였습니다. 아슬아슬해 보이지만 아주 사랑받는 아이였죠.

이처럼 부모님이 마련한 사랑스러운 공간은 단순히 아이를 자유롭게 방임하는 행위가 아니었습니다. 그것은 치밀한 전략이었습니다. 제가 여름에 미국으로 건너가 인턴십을 수행하게 된 것도 아버지의 전략적인 조언 덕분이었습니다. 아버지는 시카고행 편도 비행기 표와 네브래스카행 그레이하운드 버스 승차권을 사는 데는 돈을 아끼지 않을 거라고 하셨습니다. 한편 귀국행 표를 살 돈은 당시 열여섯 살이었던 제가 직접 벌어야 한다는 말도 덧붙이셨죠. 저는 이제야 깨달았습니다. 형과 친구들은 열다섯 살 때 자전거를 타고 프랑스를 여행했고, 여동생은 열여섯 살에 뮌헨으로 이주했을 만큼 부모님이 지나치게 편안한 마음으로 자식과 거리를 두셨다는 사실을요.

저는 깨달음을 얻었지만 아버지와 그에 대해 이야기를 나눌 수는 없었습니다. 아버지는 작은 아파트에서 저와 스카치위스키 한 잔을 나눠 마신 지 하루 만인 2017년 10월 31일에 '연구되지 않은' 상태로 돌아가셨습니다. 아버지의 근엄하고 부드러운 파란 눈을 들여다보며 "아버지, 감사합니다. 저는 지금 제가 할 수 있는 일, 세상에 도움이 되길 바라는 일을 할 수 있어요. 아버지가 마련한 공간과 그때 구매한 그레이하운드 편도 버스 승차권 덕분이에요"라고 말할 수 있으면 좋겠습니다. 시간을 되돌려 말더듬증이 사라진 그날 아침에 학교에서 일어난 일을 아버지에게 들려드릴 수 있으면 좋겠습니다.

저는 그날 겪은 일을 저만의 비밀로 간직했습니다. 괜히 입 밖으로 내뱉으면 징크스가 될 것 같아서 걱정했거든요. 그 무렵에 저는 대화를 짧게 유지하고, 말더듬증으로 농담의 핵심 구절을 망치지 않도록 농담을 절대 하지 않고, 사람들에게 자기소개도 하지 않았습니다. 제 나름대로 말더듬증으로 발생하는 피해를 제한하는 방법을 찾아냈던 겁니다. 하지만 말더듬증은 여전히 제 인생에 강력한 영향을 주고 있었습니다. 앞서 7장에서 언급한 예배일 전날, 저는 프랫 교장 선생님과 함께 어둡고 차가운 예배당에 들어갔습니다. 교장 선생님은 제가 낭독을 통해 말을 할 수 있도록 유도하려 하셨죠. 예배당은 텅 비어 있었고, 제가 성서대에 서서 말을 하려고 애를 쓰는 사이 나무로 된 신도 좌석이 촛불에 반사되어 반짝였습니다. 저는 불균형하게 말을 더듬었습니다. 제가 내는 짧고 날카로운 소리는 제가 내는 또 다른 소리와 충돌했고 각 구간은 기형적으로 길게 늘어졌습니다.

저는 저녁 식사 자리에서 부모님에게 이 모든 이야기를 설명하면서 눈물과 분노를 삭였습니다. 저는 대놓고 이야기하진 않았지만, 부모님 중 한 명이라도 제 원인을 밝히고 제게 도움의 손길을 건네며 대신 문제를 해결해주시길 기대했습니다. 교장 선생님에게 전화를 걸어 이런 식으로 아들을 모욕하지 말라고 말해주시길 바랐죠. 자식을 위해 부모라면 응당 그래야 하지 않겠냐고 생각했습니다. 부모라면 자녀의 고통과 괴로움을 멈추기 위해 학교에 전화를 걸어 할 수 있는 모든 일을 해보지 않겠어요?

팩맨 부모들은 모두 그럴 것입니다. 그날 저녁 저는 팩맨 부모님을 간절히 원했습니다. 하지만 제 부모님은 팩맨 플레이어가 아니었습니다. 어머니는 전화기를 들지 않았고 대신 이렇게 말하셨죠.

"우리 귀염둥이, 정말 잘됐구나. 재밌는 경험이 될 거야!"

'귀염둥이', '플뤼겔호른Flugelhorn(작은 트럼펫처럼 생긴 금관 악기 – 옮긴이)', '소시지'는 모두 엄마가 좋아하는 제 애칭입니다. 그날 저는 아무것도 먹지 않았고 좀처럼 밤에 잠을 이룰 수 없었습니다.

저는 다음 날 아침 자전거를 타고 4.8킬로미터 거리에 있는 학교로 향하면서 엉뚱한 생각이 들었습니다. 자전거를 타고 나서 진이 다 빠지면 말을 더듬지 못할 정도로 피곤한 상태라고 제 마음을 속일 수 있을지도 모른다는 생각에 더욱 힘차게 페달을 밟았죠. 저는 학교에 도착한 후 모든 학생이 평소처럼 언덕을 걸어 올라가는 모습을 지켜봤습니다. 시간이 흘러 예배당에 들어가 성가대석에서 친구들 옆에 자리를 잡았죠. 목사님이 예배를 시작했고 저는 피할 수 없는 시간을 기다렸습니다.

불가피한 상황은 이내 그렇지 않은 것으로 밝혀졌습니다. 많은 사람들의 얼굴이 제 뇌에서 무언가를 촉발하면서 제 시냅스가 정상적으로 작동했고 말더듬증이 갑자기 사라졌습니다. 저를 응시하는 시선들의 힘을 느꼈고 사람들의 관심은 제 잠재력을 여는 계기가 되었습니다. 그로써 저는 치유되었죠. 부모님은 어떻게 이 모든 일을 예측할 수 있었을까요? 어떻게 말을 더듬는 제가 가장 두려워하는 상황이 반대로 잠재력을 여는 커다란 계기로 작용하도록 저를 유도할 수 있었을까요?

사실 부모님이 의도적으로 그렇게 할 수는 없었습니다. 그렇게 할 수 없다는 것도 이미 알고 계셨고요. 부모님은 6월 그날 아침에 일어날 일을 예측할 수 없었을지라도 저와 '사랑스러운 간격'을 두는 양육 방식을 계속 이어가셨습니다. 부모님은 간격과 사랑이 갖는 힘을 인지할 만큼 현명했지만, 막상 그것들의 자세한 내용에 대해서는 사실상 아는 게 아무것도 없다는 점도 스스로 잘 알고 계셨죠.

지적이고 단호하고 사랑스럽게

40년이 지난 지금 돌이켜보면 모든 것이 너무도 예측 가능하고 심지어 진부하게 들릴 정도지만, 부모님이 그날 아침에 무엇을 생각하셨을지 저는 상상조차 할 수 없습니다. 부모라면 모두 본능적으로 전화기를 들고 싶었을 테지만, 제 부모님은 교장 선생님에게 전화를 거는 것이 자기들에게 도움이 될지라도 아이에게는 그다지 도움이 되지 않는다는 사실을 알고 계셨습니다. 부모님은 그날 아침에 무슨 일이 일어날지 예측할 수는 없었겠죠. 하지만 저를 위해 본인들이 직접 상황을 해결해버리면, 제 세상은 점점 고유의 공간이 제한될 것이며 결국 공간이 줄어든 세상은 제게 더 작은 세상만 안겨줄 것이라는 사실은 알고 계셨습니다.

돌이켜보니 부모님의 굳은 다짐이 정말 놀랍습니다. 부모님이 전화를 걸고 싶은 유혹에 넘어갔다면 어떤 일이 벌어졌을지 생각하니 무척 당황스럽기도 합니다. 아마 그러면 저는 예배당에서 말할 필요가 없었을 것이고, 성서대에 서서 그 많은 얼굴들을 보지도 않았을 테고, 그날 제가 느낀 감정을 느끼지도 않았을 것이며, 제가 얻은 교훈도 얻지 못했을 겁니다. 더 나아가 오늘날 제가 하고 있는 직업으로 이어지지 않았을 수도 있습니다.

그런 굳은 다짐은 저를 향한 부모님의 사랑이 갖고 있는 강력한 힘이었습니다. 부모님은 자신들이 느끼는 두려움을 제쳐두고 제가 세상에 나가 행동하고 선택하고 배우고 선택 의지를 강화하는 데 필요한 모든 공간을 허용해주셨죠. 이미 오래전에 조이스틱을 내려 놓고 그런 선택(즉 저의 선택)이 배움의 원동력이라는 사실을 깨달은 부모님 덕분에 저는 많은 혜택을 누렸습니다.

칼릴 지브란은 〈아이들에 대하여〉라는 시에서 다음과 같이 말합니다.

그대의 아이들은 그대의 아이들이 아니다.
아이들은 스스로 열망하는 삶을 가진 아들과 딸이다.
아이들은 그대를 거쳐 태어났을지라도 그대에게서 나오지 않았다.
그대와 함께 있을지라도 그대의 소유가 아니다.
그대는 활이며 그대의 아이들은 살아 있는 화살처럼 활에서 벗어나 앞으로 나아간다.
신은 궁수가 되어 무한히 펼쳐진 길에서 과녁을 겨누고 화살이 더 빠르고 멀리 날아갈 수 있도록 전능한 힘으로 그대들을 당기신다.
궁수이신 신의 손길에 당겨지는 것에 기뻐하라.
신은 날아가는 화살을 사랑하듯 흔들리지 않는 활도 사랑하시니.

제 아이들은 제 소유물이 아닙니다. 당신의 아이들도 당신의 소유물이 아닙니다. 우리는 부모이고 활이기에 아이들을 우리에게 가까이 끌어당긴 후 아이들이 스스로 멀리 날아가도록 손을 놓아줘야 합니다. 우리의 역할은 날아가는 화살을 직접 지휘하거나 화살이 떨어질 때 잡아주는 것이 아닙니다. 그저 안정적인 상태를 유지한 채 활시위를 뒤로 당기고 화살이 앞에 펼쳐진 공간으로 날아가게 하는 것입니다. 제 부모님은 제게 그와 같은 공간을 허용해주셨습니다. 진심으로 자녀를 바라보고 싶다면 제 부모님처럼 자녀에게도 똑같이 해주면 됩니다. 당신은 가장 지적이고 단호하고 사랑스럽게 간격과 공간을 마련하는 부모가 될 수 있을 것입니다.

부모로서 품는 두려움과 야망을 돌아보지 말고 자녀를 바라보길 바랍니다. 제 아들은 제 딸과 다르고 앞으로도 다를 것입니다. 아들의 유머는 무미건조하고 딸의 유머는 즐겁습니다. 아들은 주목받는 걸 부담스러워 하지만 딸은 눈부신 조명 아래에 있을 때 활기를 되찾습니다. 아들의 매력이 자기 비판에서 나온다면 딸의 매력은 패기 넘치는 태도에서 나옵니다. 둘 다 지나칠 정도로 충실하고 스트레스를 받으면 먼저 서로에게 의지하죠. 하지만 둘 중 하나만 여행을 좋아하고 다른 하나는 여행을 몹시 싫어합니다. 이처럼 다양한 사랑과 혐오의 기이한 조합을 마주해야 하는 부모로서 제가 할 수 있는 유일한 일은 각자를 원래 타고난 모습 그대로 바라봐주고 아이들의 사랑을 똑똑하게, 도덕적·생산적으로 전환할 수 있도록 곁에서 돕는 것입니다.

우리 아이들은 매일 수천 가지의 반응과 상호 작용, 선택과 결과를 통해 자신이 어떤 사람인지 보여줍니다. 그렇지만 분명히 많은 부모가 아이들을 제대로 꿰뚫어 보지 못합니다. 우리는 아이들을 세상으로부터 보호하기 위해 반짝이는 은박지로 감쌉니다. 그리고 은박지로 꽁꽁 싸맨 아이들을 보면서 은박지에 비친 우리 자신을 바라볼 뿐이죠.

아이들은 은박지가 필요하지 않습니다. 아이들은 보호해야만 하는 존재가 아닙니다. 아이들은 세상에 드러나야 합니다. 우리 모두가 그러하듯.

나가는 말

인생을 풍요롭게 바꾸는 사랑의 놀라운 힘

제가 다닌 대학교에서는 학생들이 모자와 가운을 착용한 상태로 마을의 중심가를 따라 법원까지 행진하는 이른바 킹스 퍼레이드King's Parade라는 행사를 진행했습니다. 학생들의 최종 시험 결과가 벽에 게시되기 때문에 온 세상이 학생들의 졸업 여부와 성적을 알 수 있었습니다. 낙제를 받으면 이름 옆에 S가 표시되었죠. S는 '스페셜Special'의 앞글자로, 사실상 당신이 특별하지 않다는 것을 의미했습니다. 전형적인 영국식 표현입니다.

최종 시험을 통과하면(저는 다행히 통과했습니다) 학생들은 소풍 음식을 챙기고 재빨리 나루터로 달려가 오후 한나절 동안 쓸, 바닥이 평평한 작은 배 한 척을 빌린 후 캠강River Cam을 따라 노를 저어 강줄

기가 흐르는 영국식 들판과 울타리가 있는 작은 마을인 그랜트체스터Grantchester로 향합니다.

그날 저와 친구들을 포함한 총 일곱 명이 배를 타고 캠강을 수월하게 거슬러 올라갔지만 그랜트체스터에는 도달하지 못했습니다. 우리는 천천히 움직였고, 그날 서로 가까이에 있었지만 머지않아 모두 흩어질 것이라는 사실을 깨닫기 시작했습니다. 우리가 서로에게 느낀 안전한 감정과 확신은 머지않아 보이지 않는 대중에게서 오는 스트레스로 대체될 것이었죠.

작은 배가 천천히 강 상류로 미끄러져 갔습니다. 키란이 배의 키를 잡았습니다. 그는 배질은 물론이고 저글링에도 재능을 보인 최고의 실력자였지만, 이번에는 제방이 있는 곳으로 배를 너무 가까이 이끌었습니다. 우리는 단단하게 뿌리를 내리고 서 있는 나무 아래를 지나갔습니다. 우리는 모두 빵과 치즈, 따뜻한 영국식 맥주병을 붙잡은 채 웃으며 나뭇가지를 피했지만 결국 제방에 부딪히고 말았죠. 제가 자리에서 일어서자 배 바닥에서 운동화가 질척거리는 기분이 들었습니다. 배의 가장자리에 발을 힘겹게 딛고 서서 빽빽하게 자란 수양버들 가지를 옆으로 밀어쳤습니다. 그렇게 힘이 다 빠진 상태로 저는 곧장 미국으로 넘어가 링컨에 있는 그레이하운드 버스 터미널에 발을 내딛었습니다. 네브래스카주는 기온이 화씨 101도(섭씨 38도)에 달했죠. 그 후 갤럽에 입사해서 새로운 사람들을 만나 새로운 삶을 시작했습니다.

마무리를 짓는 일은 무섭습니다. 이유를 잘 모르겠지만 겁이 납니다. 저는 책이나 연설문을 쓸 때마다 끝에서 막히곤 하죠. 결말은 마지막처럼 느껴집니다. 어쩌면 저는 마지막을 좋아하지 않나 봅니다. 물론 힘든 일은 끝이 나는 게 좋죠. 하지만 정말 좋아하는 일을 끝내고 싶은 사람이 어디 있겠어요? 저는 정말 즐겁게 이 책을 썼습니다.

아무튼 이제 마지막 장입니다.

2006년에 저는 영화 한 편을 만들었습니다. 엄밀히 말하자면 톰 링크스Tom Rinks가 영화를 만들었고 저는 강점과 데이터에 대해 떠들었죠. 오프라 윈프리가 그 영화를 봤습니다. 톰 덕분에 저는 〈오프라 윈프리 쇼〉에도 출연할 수 있었습니다. 톰은 미국에서 큰 인기를 끌고 있는 자외선 차단제를 판매하는 선 범Sun Bum의 창립자이자 CEO였습니다. 그의 배경은 영화 이야기와 관련이 없으니 참고만 해주시길 바랍니다. 어쩌면 이미 영화를 본 독자도 계실 겁니다. 조직에서 강점 기반 학습을 설계하는 데 참고 자료로 사용했을 수도 있고요.

영화는 흔히 인생에서 접할 법한 어려운 싸움을 마주하게 된 한 소년의 이야기를 다룹니다. 소년은 학교 밴드에서 트롬본을 연주합니다. 좋아하는 밴드 리더를 돕기 위해 트롬본을 선택했지만, 사실 진정으로 좋아하는 악기는 팀파니였죠. 그는 자신이 좋아하는 팀파니를 연주하기 위해 트롬본을 공석으로 만들고 밴드 리더를 곤경에 처하게 놔둘까요? 아니면 팀파니를 좋아하는 마음을 억누르고 다른 사람들이 바라는 대로 순응하며 살아갈까요?

영화 중반부에 그는 불가능한 일에 도전합니다. 소년이 두꺼운 파란색 마커로 종이에 연이어 무언가를 적는 장면이 나옵니다. 무엇을 쓰고 있는지 알 수 없지만, 소년이 무언가를 알아낸 듯 기뻐하는 모습을 볼 수 있죠. 그 후 소년이 학교 버스의 좌석 뒤편과 사물함에 무언가를 붙이는 장면이 나오고 마침내 카메라가 소년이 붙인 포스터 하나를 찾아 확대해 보여줍니다. 흰색 종이에는 '트롬본 연주자 모집Trombone Player Wanted'이라고 적혀 있습니다. 톰이 말했습니다.

"그게 영화 제목이에요."

저는 이 영화를 만드는 내내 즐거웠습니다. 톰과 함께 대본을 작성하고, 배우들을 캐스팅하고, 주인공 소년을 찾고, 월트 디즈니 콘서트홀을 5일 동안 통째로 빌리고, 콘서트홀 한가운데서 촬영하는 작업이 이어졌죠.

가장 즐거웠던 순간은 대본을 작성하거나 촬영을 진행하는 작업이 아니었습니다. 그것은 바로 편집실에서 마지막 장면을 편집하는 과정이었죠. 영화의 마지막 순간에 주연 배우가 실수로 카메라를 똑바로 쳐다봤습니다. 그때 톰과 저는 같이 영상을 시청하고 있었습니다. 주연 배우가 막판에 실수하기 전까진 정말 완벽한 테이크라고 생각했죠.

"저런, 저 장면은 잘라내야겠어요. 그가 벽을 무너뜨리고 말았네요(연극, 영화, 소설 등 매체에서 극중 인물이 관객 사이에 존재하는 가상의 벽Fourth Wall을 무너뜨리고 자신을 노출하는 행위를 의미한다 – 옮긴이)."

제가 말했습니다.

"말도 안 돼요. 이건 정말 훌륭한 실수예요."

톰이 필름을 되감으며 말했습니다.

"보세요. 아이가 카메라를 응시하잖아요. 이후에 이어지는 모든 장면을 잘라내고 바로 여기 이 장면에서 영화를 끝내는 게 좋겠어요."

"잠깐만요. 뭐라고요?"

저는 혼란스러웠습니다. 그것은 계획된 편집이 아니었거든요. 저는 과학자라서 더 많은 데이터가 필요했습니다.

"보세요."

그는 필름을 되감아 같은 장면을 여섯 번이나 재생했습니다.

"이 눈빛 좀 보세요. '당신 차례입니다'라고 말하는 것 같지 않나요?"

독자가 볼 수 있도록 영화 속 장면을 이 책에 넣을 수 있으면 좋겠네요. 아마 유튜브YouTube에서 관련 영상을 찾을 수 있을 것입니다. 영화의 맨 마지막 장면 중에서도 마지막 장면이죠. 소년의 눈은 정확히 그렇게 말하고 있었습니다. 그보다 더 완벽하게 연출할 수도 없었을 겁니다. 마치 "자, 여기 있는 걸 전부 가져가서 직접 뭔가를 해보세요"라고 말하듯 시청자에게 건네주는 것처럼 보입니다.

이제 우리는 이 책에서도 그런 지점에 다다랐습니다. 저는 당신을 바라보고 있습니다. 바로 당신에게 "당신 차례입니다"라고 말하고 있습니다. 이 책은 당신을 파악하는 데 중점을 두었습니다. 당신이 어떻게 자기 자신을 이해하고 사랑을 바탕으로 스스로 관계를 구축할 수 있을지 살펴보았죠. 저는 이 여정이 당신에게 귀중한 선물이 되어 인생을 선택하는 데 유리하게 작용할 수 있기를 바랍니다.

직관에 어긋나지만 세상에 일으킬 수 있는 가장 큰 변화 중 하나는 다른 사람을 바라보고 이해하는 방법을 선택하는 것입니다. 철학자 장폴 사르트르Jean-Paul Sartre는 희곡 《닫힌 방Huis Clos》에서 "타인은 지옥이다"라는 유명한 말을 썼습니다. 타인은 당신이 아니라는 뜻에서 지옥에 비유되었죠. 다른 사람들의 동기, 의도, 관심사는 당신과 다릅니다. 그들은 당신을 방해하고 오해하고 왜곡하고 오도합니다. 그래서 타인은 지옥입니다.

하지만 이 책이 그런 통념을 뒤집길 바랍니다. 다른 사람들이 무서운 이유는 당신이 그들을 잘 모르기 때문입니다. 만약 다른 사람들이 당신과 같다면(실제로 당신과 같은 인간입니다), 그들 안에도 그들만의 은하가 있을 겁니다. 그들 역시 아름답고 복잡하며 예상치 못한 사랑과 혐오의 패턴을 품고 있죠. 그들은 같은 국가, 인종, 성별을 공유할지라도, 심지어는 가족일지라도 모두 다릅니다. 그들도 하나의 범주를 차지합니다.

행복에 관한 최신 연구에 따르면, 행복과 관련된 모든 기술 중에서도 '경외감'이 행복과 가장 관련성이 높은 것으로 나타났습니다. 경외감을 느끼는 기술을 길러야 합니다. 숨이 멎을 정도로 광활한 중서부의 밤하늘과 소용돌이 모양의 선인장 꽃을 떠올려보세요. 그러면 인생에서 느끼는 외로움과 중압감을 덜고 근심에서 벗어나 더 높고 행복한 차원으로 넘어갈 것입니다.

타인은 당신에게 경외감을 줄 수 있습니다. 당신이 만나는 모든 사람은 놀랍도록 복잡한 존재이며 늘 당신의 호기심에 보답합니다. 타인에게 열린 질문을 던지고 답변에 귀를 기울일 때마다 그 사람은 주목받는 기분이 들 것이고, 당신은 인생에 경외감을 좀 더 불러일으킬 기회를 스스로 만들어낼 것입니다.

그러니 이제부터 자기소개를 할 때 생각을 바꿔야 합니다. 누군가가 다가올 때마다 약간 경직된 자세로 고개를 끄덕이며 악수를 할 준비를 했다면 잠시 멈춰보세요. 자기소개가 늘 무의미하고 의례적인 행위가 될 필요는 없습니다. 그것은 아주 중대한 일이죠. 단순히 어색한 분위기를 깨기 위한 가벼운 시도가 아니라 미지의 나라로 들어서기 위해 해안에 착륙하는 과정이 될 수 있습니다. 다채롭고 복잡하게 뒤얽혀 있으며 매우 특별한 미개척지가 눈앞에 펼쳐질 것입니다. 사람들이 하는 자기소개는 완전히 새로운 은하로 당신을 초대하는 셈입니다.

타인은 지옥이라고요? 그렇지 않습니다. 사랑의 시선으로 바라보면 타인은 천국입니다. 당신이 어떤 관점으로 바라볼지는 마음먹기에 달려 있습니다.

안녕하세요. 저는 마커스입니다. 만나서 반가워요.

"우리는 소유하기 위해서 일을 하는 것이 아니라
진정한 자신이 되기 위해서 일한다."

– 엘버트 허버드 Elbert Hubbard

인생의 변화를 만드는 가장 현명한 질문

어떻게 일을 사랑할 것인가

1판 1쇄 인쇄 2025년 3월 19일
1판 1쇄 발행 2025년 3월 26일

지은이 마커스 버킹엄
옮긴이 송이루
펴낸이 고병욱

기획편집1실장 윤현주 **책임편집** 신민희
마케팅 이일권 황혜리 복다은 **디자인** 공희 백은주
제작 김기창 **관리** 주동은 **총무** 노재경 송민진 서대원

펴낸곳 청림출판(주)
등록 제2023-000081호

본사 04799 서울시 성동구 아차산로17길 49 1010호 청림출판(주)
제2사옥 10881 경기도 파주시 회동길 173 청림아트스페이스 (문발동 518-6)
전화 02-546-4341 **팩스** 02-546-8053
홈페이지 www.chungrim.com **이메일** cr1@chungrim.com
블로그 blog.naver.com/chungrimpub
페이스북 www.facebook.com/chungrimpub

ISBN 978-89-352-1469-3 03320